本项目由深圳市宣传文化事业发展专项基金资助

深圳学派建设丛书（第九辑）

大城市农民工的
阶层与社会融入研究

Research of Migrant Workers' Stratum and
Social Integration in Major Cities

史敏 著

中国社会科学出版社

图书在版编目（CIP）数据

大城市农民工的阶层与社会融入研究／史敏著.—北京：中国社会科学出版社，
2022.5

（深圳学派建设丛书.第九辑）
ISBN 978 - 7 - 5203 - 9923 - 4

Ⅰ.①大…　Ⅱ.①史…　Ⅲ.①民工—城市化—研究—深圳　Ⅳ.①D422.64

中国版本图书馆 CIP 数据核字（2022）第 047031 号

出　版　人	赵剑英
责任编辑	李凯凯
责任校对	胡新芳
责任印制	王　超

出　　　版	中国社会科学出版社
社　　　址	北京鼓楼西大街甲 158 号
邮　　　编	100720
网　　　址	http://www.csspw.cn
发　行　部	010 - 84083685
门　市　部	010 - 84029450
经　　　销	新华书店及其他书店

印　　　刷	北京君升印刷有限公司
装　　　订	廊坊市广阳区广增装订厂
版　　　次	2022 年 5 月第 1 版
印　　　次	2022 年 5 月第 1 次印刷

开　　　本	710 × 1000　1/16
印　　　张	15.5
字　　　数	231 千字
定　　　价	85.00 元

凡购买中国社会科学出版社图书,如有质量问题请与本社营销中心联系调换
电话:010 - 84083683

总序　学派的魅力

王京生

学派的星空

在世界学术思想史上，曾经出现过浩如繁星的学派，它们的光芒都不同程度地照亮人类思想的天空，像米利都学派、弗莱堡学派、法兰克福学派等，其人格精神、道德风范一直为后世所景仰，其学识与思想一直成为后人引以为据的经典。就中国学术史而言，不断崛起的学派连绵而成群山之势，并标志着不同时代的思想所能达到的高度。自晚明至晚清，是中国学术尤为昌盛的时代，而正是在这个时代，学派的存在也尤为活跃，像陆王学派、吴学、皖学、扬州学派等。但是，学派辈出的时期还应该首推古希腊和中国的春秋战国时期，古希腊出现的主要学派就有米利都学派、毕达哥拉斯学派、埃利亚学派、犬儒学派；而儒家学派、黄老学派、法家学派、墨家学派、稷下学派等，则是中国春秋战国时代学派鼎盛的表现，百家之中几乎每家就是一个学派。

综观世界学术思想史，学派一般都具有如下的特征：

其一，有核心的代表人物，以及围绕着这些核心人物所形成的特定时空的学术思想群体。德国19世纪著名的历史学家兰克既是影响深远的兰克学派的创立者，也是该学派的精神领袖，他在柏林大学长期任教期间培养了大量的杰出学者，形成了声势浩大的学术势力，兰克本人也一度被尊为欧洲史学界的泰斗。

其二，拥有近似的学术精神与信仰，在此基础上形成某种特定的学术风气。清代的吴学、皖学、扬学等乾嘉诸派学术，以考据为治学方法，继承古文经学的训诂方法而加以条理发明，用于古籍整理和语言文字研究，以客观求证、科学求真为旨归，这一学术风气也因此成为清代朴学最为基本的精神特征。

其三，由学术精神衍生出相应的学术方法，给人们提供了观照世界的新的视野和新的认知可能。产生于 20 世纪 60 年代、代表着一种新型文化研究范式的英国伯明翰学派，对当代文化、边缘文化、青年亚文化的关注，尤其是对影视、广告、报刊等大众文化的有力分析，对意识形态、阶级、种族、性别等关键词的深入阐释，无不为我们认识瞬息万变的世界提供了丰富的分析手段与观照角度。

其四，由上述三点所产生的经典理论文献，体现其核心主张的著作是一个学派所必需的构成因素。作为精神分析学派的创始人，弗洛伊德所写的《梦的解析》等，不仅成为精神分析理论的经典著作，而且影响广泛并波及人文社科研究的众多领域。

其五，学派一般都有一定的依托空间，或是某个地域，或是像大学这样的研究机构，甚至是有着自身学术传统的家族。

学派的历史呈现出交替嬗变的特征，形成了自身发展规律：

其一，学派出现往往暗合了一定时代的历史语境及其"要求"，其学术思想主张因而也具有非常明显的时代特征。一旦历史条件发生变化，学派的内部分化甚至衰落将不可避免，尽管其思想遗产的影响还会存在相当长的时间。

其二，学派出现与不同学术群体的争论、抗衡及其所形成的思想张力紧密相关，它们之间的"势力"此消彼长，共同勾勒出人类思想史波澜壮阔的画面。某一学派在某一历史时段"得势"，完全可能在另一历史时段"失势"。各领风骚若干年，既是学派本身的宿命，也是人类思想史发展的"大幸"：只有新的学派不断涌现，人类思想才会不断获得更为丰富、多元的发展。

其三，某一学派的形成，其思想主张都不是空穴来风，而有其内在理路。例如，宋明时期陆王心学的出现是对程朱理学的反动，但其思想来源却正是后者；清代乾嘉学派主张朴学，是为了反对陆王心学的空疏无物，但二者之间也建立了内在关联。古希腊思想作为欧洲思想发展的源头，使后来西方思想史的演进，几乎都可看作是对它的解释与演绎，"西方哲学史都是对柏拉图思想的演绎"的极端说法，却也说出了部分的真实。

其四，强调内在理路，并不意味着对学派出现的外部条件重要性的否定；恰恰相反，外部条件有时对于学派的出现是至关重要的。政治的开明、社会经济的发展、科学技术的进步、交通的发达、移民的汇聚等，都是促成学派产生的重要因素。名震一时的扬州学派，就直接得益于富甲一方的扬州经济与悠久而发达的文化传统。综观中国学派出现最多的明清时期，无论是程朱理学、陆王心学，还是清代的吴学、皖学、扬州学派、浙东学派，无一例外都是地处江南（尤其是江浙地区）经济、文化、交通异常发达之地，这构成了学术流派得以出现的外部环境。

学派有大小之分，一些大学派又分为许多派别。学派影响越大分支也就越多，使得派中有派，形成一个学派内部、学派之间相互切磋与抗衡的学术群落，这可以说是纷纭繁复的学派现象的一个基本特点。尽管学派有大小之分，但在人类文明进程中发挥的作用却各不相同，有积极作用，也有消极作用。如，法国百科全书派破除中世纪以来的宗教迷信和教会黑暗势力的统治，成为启蒙主义的前沿阵地与坚强堡垒；罗马俱乐部提出的"增长的极限""零增长"等理论，对后来的可持续发展、协调发展、绿色发展等理论与实践，以及联合国通过的一些决议，都产生了积极影响；而德国人文地理学家弗里德里希·拉采尔所创立的人类地理学理论，宣称国家为了生存必须不断扩充地域、争夺生存空间，后来为法西斯主义所利用，起了相当大的消极作用。

学派的出现与繁荣，预示着一个国家进入思想活跃的文化大发展时期。被司马迁盛赞为"盛处士之游，壮学者之居"的稷下学宫，之所以能成为著名的稷下学派之诞生地、战国时期百家争鸣的主要场所与最负盛名的文化中心，重要原因就是众多学术流派都活跃在稷门之下，各自的理论背景和学术主张尽管各有不同，却相映成趣，从而造就了稷下学派思想多元化的格局。这种"百氏争鸣、九流并列、各尊所闻、各行所知"的包容、宽松、自由的学术气氛，不仅推动了社会文化的进步，而且也引发了后世学者争论不休的话题，中国古代思想在这里得到了极大发展，迎来了中国思想文化史上的黄金时代。而从秦朝的"焚书坑儒"到汉代的"独尊儒术",百家争鸣局面便不复存在,思想禁锢必然导致学派衰落,国家文化发展也必将受到极大的制约与影响。

深圳的追求

在中国打破思想的禁锢和改革开放40多年,面对百年未有之大变局的历史背景下,随着中国经济的高速发展以及在国际上的和平崛起,中华民族伟大复兴的中国梦正在实现。文化是立国之根本,伟大的复兴需要伟大的文化。树立高度的文化自觉,促进文化大发展大繁荣,加快建设文化强国,中华文化的伟大复兴梦想正在逐步实现。可以预期的是,中国的学术文化走向进一步繁荣的过程中,将逐步构建起中国特色哲学社会科学学科体系、学术体系和话语体系,在世界舞台上展现"学术中的中国"。

从20世纪70年代末真理标准问题的大讨论,到人生观、文化观的大讨论,再到90年代以来的人文精神大讨论,以及近年来各种思潮的争论,凡此种种新思想、新文化,已然展现出这个时代在百家争鸣中的思想解放历程。在与日俱新的文化转型中,探索与矫正的交替进行和反复推进,使学风日盛、文化昌明,在很多学科领域都出现了彼此论争和公开对话,促成着各有特色的学术阵营的形成与发展。

一个文化强国的崛起离不开学术文化建设,一座高品位文化城市的打造同样也离不开学术文化发展。学术文化是一座城市最内在的精神生活,是城市智慧的积淀,是城市理性发展的向导,是文化创造力的基础和源泉。学术是不是昌明和发达,决定了城市的定位、影响力和辐射力,甚至决定了城市的发展走向和后劲。城市因文化而有内涵,文化因学术而有品位,学术文化已成为现代城市智慧、思想和精神高度的标志和"灯塔"。

凡工商发达之处,必文化兴盛之地。深圳作为我国改革开放的"窗口"和"排头兵",是一个商业极为发达、市场化程度很高的城市,移民社会特征突出、创新包容氛围浓厚、民主平等思想活跃、信息交流的"桥头堡"地位明显,形成了开放多元、兼容并蓄、创新创意、现代时尚的城市文化特征，具备形成学派的社会条件。在创造工业化、城市化、现代化发展奇迹的同时，深圳也创造了文化跨越式发展的奇迹。文化的发展既引领着深圳的改革开放和现代化进程，激励着特区建设者艰苦创业，也丰富了广大市民的生活，提升了城市品位。

如果说之前的城市文化还处于自发性的积累期，那么进入新世纪以来，深圳文化发展则日益进入文化自觉的新阶段：创新文化发展理念，实施"文化立市"战略，推动"文化强市"建设，提升文化软实力，争当全国文化改革发展"领头羊"。自 2003 年以来，深圳文化发展亮点纷呈、硕果累累：荣获联合国教科文组织"设计之都""全球全民阅读典范城市"称号，被国际知识界评为"杰出的发展中的知识城市"，连续多次荣获"全国文明城市"称号，屡次被评为"全国文化体制改革先进地区"，"深圳十大观念""新时代深圳精神"影响全国，《走向复兴》《我们的信念》《中国之梦》《永远的小平》《迎风飘扬的旗》《命运》等精品走向全国，深圳读书月、市民文化大讲堂、关爱行动、创意十二月、文化惠民等品牌引导市民追求真善美，图书馆之城、钢琴之城、设计之都等"两城一都"高品位文化城市正成为现实。

城市的最终意义在于文化。在特区发展中，"文化"的地位正发生着巨大而悄然的变化。这种变化不仅在于大批文化设施的兴建、各类文化活动的开展与文化消费市场的繁荣，还在于整个城市文化地理和文化态度的改变，城市发展思路由"经济深圳"向"文化深圳"转变。这一切都源于文化自觉意识的逐渐苏醒与复活。文化自觉意味着文化上的成熟，未来深圳的发展，将因文化自觉意识的强化而获得新的发展路径与可能。

与国内外一些城市比起来，历史文化底蕴不够深厚、文化生态不够完善等仍是深圳文化发展中的弱点，特别是学术文化的滞后。近年来，深圳在学术文化上的反思与追求，从另一个层面构成了文化自觉的逻辑起点与外在表征。显然，文化自觉是学术反思的扩展与深化，从学术反思到文化自觉，再到文化自信、自强，无疑是文化主体意识不断深化乃至确立的过程。大到一个国家和小到一座城市的文化发展皆是如此。

从世界范围看,伦敦、巴黎、纽约等先进城市不仅云集大师级的学术人才,而且有活跃的学术机构、富有影响的学术成果和浓烈的学术氛围,正是学术文化的繁盛才使它们成为世界性文化中心。可以说,学术文化发达与否,是国际化城市不可或缺的指标,并将最终决定一个城市在全球化浪潮中的文化地位。城市发展必须在学术文化层面有所积累和突破,否则就缺少根基,缺少理念层面的影响,缺少自我反省的能力,就不会有强大的辐射力,即使有一定的辐射力,其影响也只是停留于表面。强大而繁荣的学术文化,将最终确立一种文化类型的主导地位和城市的文化声誉。

深圳正在抢抓粤港澳大湾区和先行示范区"双区"驱动,经济特区和先行示范区"双区"叠加的历史机遇,努力塑造社会主义文化繁荣兴盛的现代城市文明。近年来,深圳在实施"文化立市"战略、建设"文化强市"过程中鲜明提出:大力倡导和建设创新型、智慧型、包容型城市主流文化,并将其作为城市精神的主轴以及未来文化发展的明确导向和基本定位。其中,智慧型城市文化就是以追求知识和理性为旨归,人文气息浓郁,学术文化繁荣,智慧产出能力较强,学习型、知识型城市建设成效卓著。深圳要大力弘扬粤港澳大湾区人文精神,建设区域文化中心城市和彰显国家文化软实力的现代文明之城,建成有国际影响力的智慧之城,学术文化建设是其最坚硬的内核。

经过40多年的积累,深圳学术文化建设初具气象,一批重要学科确立,大批学术成果问世,众多学科带头人涌现。在中国特色社会主义理论、先行示范区和经济特区研究、粤港澳大湾区、文化发展、城市化等研究领域产生了一定影响;学术文化氛围已然形成,在国内较早创办以城市命名的"深圳学术年会",举办了"世界知识城市峰会"等一系列理论研讨会。尤其是《深圳十大观念》等著作的出版,更是对城市人文精神的高度总结和提升,彰显和深化了深圳学术文化和理论创新的价值意义。这些创新成果为坚定文化自信贡献了学术力量。

而"深圳学派"的鲜明提出,更是寄托了深圳学人的学术理想和学术追求。1996 年最早提出"深圳学派"的构想；2010 年《深圳市委市政府关于全面提升文化软实力的意见》将"推动'深圳学派'建设"载入官方文件；2012 年《关于深入实施文化立市战略建设文化强市的决定》明确提出"积极打造'深圳学派'"；2013年出台实施《"深圳学派"建设推进方案》。一个开风气之先、引领思想潮流的"深圳学派"正在酝酿、构建之中，学术文化的春天正向这座城市走来。

"深圳学派"概念的提出，是中华文化伟大复兴和深圳高质量发展的重要组成部分。树起这面旗帜，目的是激励深圳学人为自己的学术梦想而努力，昭示这座城市尊重学人、尊重学术创作的成果、尊重所有的文化创意。这是深圳 40 多年发展文化自觉和文化自信的表现，更是深圳文化流动的结果。因为只有各种文化充分流动碰撞，形成争鸣局面，才能形成丰富的思想土壤，为"深圳学派"形成创造条件。

深圳学派的宗旨

构建"深圳学派"，表明深圳不甘于成为一般性城市，也不甘于仅在世俗文化层面上做点影响，而是要面向未来中华文明复兴的伟大理想，提升对中国文化转型的理论阐释能力。"深圳学派"从名称上看，是地域性的，体现城市个性和地缘特征；从内涵上看，是问题性的，反映深圳在前沿探索中遇到的主要问题；从来源上看，"深圳学派"没有明确的师承关系，易形成兼容并蓄、开放择优的学术风格。因而，"深圳学派"建设的宗旨是"全球视野，民族立场，时代精神，深圳表达"。它浓缩了深圳学术文化建设的时空定位，反映了对学界自身经纬坐标的全面审视和深入理解，体现了城市学术文化建设的总体要求和基本特色。

一是"全球视野"：反映了文化流动、文化选择的内在要求，体现了深圳学术文化的开放、流动、包容特色。它强调要树立世界眼光，尊重学术文化发展内在规律，贯彻学术文化转型、流动与选择辩证统一的内在要求，坚持"走出去"与"请进来"相结合，推动深圳与国内外先进学术文化不断交流、碰撞、融合，保持旺盛活力，构建开放、包容、创新的深圳学术文化。

文化的生命力在于流动，任何兴旺发达的城市和地区一定是流动文化最活跃、最激烈碰撞的地区，而没有流动文化或流动文化很少光顾的地区，一定是落后的地区。文化的流动不断催生着文化的分解和融合，推动着文化新旧形式的转换。在文化探索过程中，唯一需要坚持的就是敞开眼界、兼容并蓄、海纳百川，尊重不同文化的存在和发展，推动多元文化的融合发展。中国近现代史的经验反复证明，闭关锁国的文化是窒息的文化，对外开放的文化才是充满生机活力的文化。学术文化也是如此，只有体现"全球视野"，才能融入全球思想和话语体系。因此，"深圳学派"的研究对象不是局限于一国、一城、一地，而是在全球化背景下，密切关注国际学术前沿问题，并把中国尤其是深圳的改革发展置于人类社会变革和文化变迁的大背景下加以研究，具有宽广的国际视野和鲜明的民族特色，体现开放性甚至是国际化特色，融合跨学科的交叉和开放，提高深圳改革创新思想的国际影响力，向世界传播中国思想。

二是"民族立场"：反映了深圳学术文化的代表性，体现了深圳在国家战略中的重要地位。它强调要从国家和民族未来发展的战略出发，树立深圳维护国家和民族文化主权的高度责任感、使命感、紧迫感。加快发展和繁荣学术文化，融通马克思主义、中华优秀传统文化和国外学术文化资源，尽快使深圳在学术文化领域跻身全球先进城市行列，早日占领学术文化制高点。推动国家民族文化昌盛，助力中华民族早日实现伟大复兴。

任何一个大国的崛起，不仅伴随经济的强盛，而且伴随文化的昌盛。文化昌盛的一个核心就是学术思想的精彩绽放。学术的制高点，是民族尊严的标杆，是国家文化主权的脊梁骨；只有占领学术制高点，才能有效抵抗文化霸权。当前，中国的和平崛起已成为世界的最热门话题之一，中国已经成为世界第二大经济体，发展速度为世界刮目相看。但我们必须清醒地看到，在学术上，我们还远未进入世界前列，特别是还没有实现与第二大经济体相称的世界文化强国的地位。这样的学术境地不禁使我们扪心自问，如果思想学术得不到世界仰慕，中华民族何以实现伟大复兴？在这个意义上，深圳和全国其他地方一样，学术都是短板，理论研究不能很好地解读实践、总结经验。而深圳作为"全国改革开放的一面旗帜"，肩负着为国家、为民族文化发展探路的光荣使命，尤感责任重大。深圳这块沃土孕育了许多前沿、新生事物，为学术研究提供了丰富的现实素材，但是学派的学术立场不能仅限于一隅，而应站在全国、全民族的高度，探索新理论解读这些新实践、新经验，为繁荣中国学术、发展中国理论贡献深圳篇章。

三是"时代精神"：反映了深圳学术文化的基本品格，体现了深圳学术发展的主要优势。它强调要发扬深圳一贯的"敢为天下先"的精神，突出创新性，强化学术攻关意识，按照解放思想、实事求是、求真务实、开拓创新的总要求，着眼人类发展重大前沿问题，聚焦新时代新发展阶段的重大理论和实践问题，特别是重大战略问题、复杂问题、疑难问题，着力创造学术文化新成果，以新思想、新观点、新理论、新方法、新体系引领时代学术文化思潮，打造具有深圳风格的理论学派。

党的十八大提出了完整的社会主义核心价值观，这是当今中国时代精神的最权威、最凝练表达，是中华民族走向复兴的兴国之魂，是中国梦的核心和鲜明底色，也应该成为"深圳学派"进行研究和探索的价值准则和奋斗方向。其所熔铸的中华民族生生不息的家国情怀，无数仁人志士为之奋斗的伟大目标和每个中国人对幸福生活的向往，是"深圳学派"的思想之源和动力之源。

创新，是时代精神的集中表现，也是深圳这座先锋城市的第一标志。深圳的文化创新包含了观念创新，利用移民城市的优势，激发思想的力量，产生了一批引领时代发展的深圳观念；手段创新，通过技术手段创新文化发展模式，形成了"文化＋科技""文化＋金融""文化＋旅游""文化＋创意"等新型文化业态；内容创新，以"内容为王"提升文化产品和服务的价值，诞生了华强文化科技、腾讯、华侨城等一大批具有强大生命力的文化企业，形成了文博会、读书月等一大批文化品牌；制度创新，充分发挥市场的作用，不断创新体制机制，激发全社会的文化创造活力，从根本上提升城市文化的竞争力。"深圳学派"建设也应体现出强烈的时代精神，在学术课题、学术群体、学术资源、学术机制、学术环境方面迸发出崇尚创新、提倡包容、敢于担当的活力。"深圳学派"需要阐述和回答的是中国改革发展的现实问题，要为改革开放的伟大实践立论、立言，对时代发展作出富有特色的理论阐述。它以弘扬和表达时代精神为己任，以理论创新、知识创新、方法创新为基本追求，有着明确的文化理念和价值追求，不局限于某一学科领域的考据和论证，而要充分发挥深圳创新文化的客观优势，多视角、多维度、全方位地研究改革发展中的现实问题。

四是"深圳表达"：反映了深圳学术文化的个性和原创性，体现了深圳使命的文化担当。它强调关注现实需要和问题，立足深圳实际，着眼思想解放、提倡学术争鸣，注重学术个性、鼓励学术原创，在坚持马克思主义的指导下，敢于并善于用深圳视角研究重大前沿问题，用深圳话语表达原创性学术思想，用深圳体系发表个性化学术理论，构建具有深圳风格和气派的话语体系，形成具有创造性、开放性和发展活力的理论。

称为"学派"就必然有自己的个性、原创性，成一家之言，勇于创新、大胆超越，切忌人云亦云、没有反响。一般来说，学派的诞生都伴随着论争，在论争中学派的观点才能凸显出来，才能划出自己的阵营和边际，形成独此一家、与众不同的影响。"深圳学派"依托的是改革开放前沿，有着得天独厚的文化环境和文化氛围，因此不是一般地标新立异，也不会跟在别人后面，重复别人的研究课题和学术话语，而是要以改革创新实践中的现实问题研究作为理论创新的立足点，作出特色鲜明的理论表述，发出与众不同的声音，充分展现深圳学者的理论勇气和思想活力。当然，"深圳学派"要把深圳的物质文明、精神文明和制度文明作为重要的研究对象，但不等于言必深圳，只囿于深圳的格局。思想无禁区、学术无边界，"深圳学派"应以开放心态面对所有学人，严谨执着，放胆争鸣，穷通真理。

狭义的"深圳学派"属于学术派别，当然要以学术研究为重要内容；而广义的"深圳学派"可看成"文化派别"，体现深圳作为改革开放前沿阵地的地域文化特色，因此除了学术研究，还包含文学、美术、音乐、设计创意等各种流派。从这个意义上说，"深圳学派"尊重所有的学术创作成果，尊重所有的文化创意，不仅是哲学社会科学，还包括自然科学、文学艺术等，应涵盖多种学科，形成丰富的学派学科体系，用学术续写更多"春天的故事"。

"寄言燕雀莫相唗，自有云霄万里高。"学术文化是文化的核心，决定着文化的质量、厚度和发言权。我们坚信，在建设文化强国、实现文化复兴的进程中，植根于中华文明深厚沃土、立足于特区改革开放伟大实践、融汇于时代潮流的"深圳学派"，一定能早日结出硕果，绽放出盎然生机！

写于 2016 年 3 月
改于 2021 年 6 月

目　　录

第一章

导　论

第一节　现实背景

　　我国"十四五"规划和 2035 年远景目标中提出，计划城镇新增就业超过六千万人，实现基本公共服务均等化，城乡区域发展差距和居民生活水平差距显著缩小，深化户籍制度改革，完善财政转移支付和城镇新增建设用地规模与农业转移人口市民化挂钩政策，强化基本公共服务保障，加快农业转移人口市民化。农民工融入城市势在必行。2014 年，国务院发布《关于调整城市规模划分标准的通知》，新标准将城市划分为超大城市、特大城市、大城市、中等城市和小城市五类七档。其中，城市地区常住人口在 100 万以上的为大城市，超大城市、特大城市规模更甚，也属于大城市的范畴。按此标准，中国目前共有城市 663 个，其中大城市有 70 个，是中国经济发展的中流砥柱，也是农民工最主要的流入地。农民工群体占据了城市人口的相当比例，大城市的经济社会发展离不开农民工，近年来，国家颁布了多种政策保障农民工的权益，强调农民工融入城市的重要性。党的十九大报告指出，新型城镇化是人口的城镇化，应该重点关注进城人口的权益。2020 年国家新型城镇化建设重点任务明确指出，城区常住人口 300 万以下城市全面取消落户限制，Ⅱ型大城市和中小城市全面取消落户限制，促进劳动力和人才社会性流动；城区常住人口 300 万以上的城市基本取消重点人群落户限制，除个别超大城市外的其他超大特大城市和Ⅰ型大城市要坚持存量优先原则，取消进城就业生活 5 年以上和举家迁徙的农业转移人口、在城镇稳定就业生活的新生代农民工等重点人群落户限制；推动Ⅰ型大城市探索进城常住的农村贫困人口应落尽落，鼓励有条件的Ⅰ型大城市全面取消落户限制、超大特大城市取消郊区新区落户限制；推动超大特大城市和Ⅰ型大城市改进积分落户政策。同时，文件还要求各城市政府简化户籍迁移手续，促进农业转移人口等非户籍人口在城市便捷落户；推动城镇基本公共服务覆盖未落户常住人口，实施农民工职业技能提升计划，提升农业转移人口就业能力。

新形势下，农民工融入中小城市已经基本没有障碍，而融入大城市仍然举步维艰。大城市具有集聚效应的优势，对农民工就业选择具有吸引力，吸纳了农民工的主体人口，但是人口规模过大又造成城市治理超负荷，落户政策常常以文凭为门槛，将农民工排除在外，而城市公共服务又与户籍挂钩，使农民工无法享受城市的公共服务。农民工通过空间流动期待获得社会地位或经济地位的向上流动，这一过程为城市发展做出了巨大贡献，但是农民工却无法完全享受城市公共服务与经济社会发展的成果，整体呈现"半城市化"现象，尤其在大城市中农民工被固化在低端劳动力市场。如何在防止人口无序扩张、控制人口规模与促进农民工深度融入城市之间取得平衡，成为大城市人口管理和城市治理的难题。

一　农民工社会融入作为亟须解决的社会问题

工业化、城镇化和市民化是社会现代化发展的必经之路。自改革开放以来，社会的发展、经济的增长、城市的扩张将农民工从土地中解放出来，穿梭在城市的街头巷尾，成为城市的一部分。农民工靠出卖自己的体力，投入到城市的建设、工厂的运营和低端的服务产业中，为自己和家人构筑"城市梦"。对于宏观的社会发展来说，农民工的社会融入是推动新型城镇化的重要抓手。根据国家统计局①的最新数据，2019 年农民工数量达到 2.9 亿人，比上一年增加 241 万人，增长 0.8%。自 2010 年以来，农民工的数量稳定在 2

---

① 国家统计局：《2019 年农民工监测调查报告》（2021 年 3 月 17 日），2021 年 5 月 1 日，http：//www.stats.gov.cn/ztjc/zdtjgz/yblh/zysj/201710/t20171010_ 1540712.html。

亿以上（见表1-1），在未来很长一段时间里，将仍然保持较大规模，是城市常住人口的重要组成部分。农民工在城市中的现实社会处境总体趋势向好，但是农民工无法获得城市的成员资格，也不能享受与拥有城市户籍的市民相同的公共服务与资源，属于"半城市化""虚假城市化"或"临时城镇化"的状态,[①] 这种状态也带来了许多诸如留守儿童、留守空巢老人、社会治安等诸多社会问题。简言之，农民工群体规模庞大、流动范围广、人口结构复杂、整体社会地位偏低，具有跨越城乡的双重性和边缘性特征。

表1-1 农民工规模 （单位：亿人）

年份	流动人口	人户分离人口
2000	1.21	1.44
2005	1.47	——
2010	2.21	2.61
2011	2.30	2.71
2012	2.36	2.79
2013	2.45	2.89
2014	2.53	2.98
2015	2.47	2.94
2016	2.45	2.92
2017	2.44	2.91
2018	2.41	2.86
2019	2.36	2.80

资料来源：《中国统计年鉴2020》。

在历时40年的社会流动中，农民工经历了"盲流""民工潮""民工荒"等社会变迁过程。20世纪80年代到90年代，城乡户籍制度的分割让农民工进入城市受到诸多阻碍，流动面临"遣返"

---

① Wu, J. M. , "Rural Migrant Workers in China's Differential Citizenship: A Comparative Institutional Analysis", *Rural-urban Inequality in Contemporary China*, Vol. 38, No. 1, 2010, pp. 58-81.

"罚款"等诸多惩罚，让广大农民获得合法、平等在城市就业的权利，从农民身份变为农民工身份成为他们的迫切需要。进入 21 世纪，针对农民工的社会政策发生了重大变化：首先，取消了农民工进城的各种不合理限制，农民工实现自由流动并可以到城市自由就业；其次，出台了许多维护农民工合法权益的政策法规，在就业、劳动保障、户籍、子女教育和住房等关系农民工生活和福祉的方面进行了探索性的改革。农民工实现自由流动，完成向农民工的身份转变，但是仍然属于城市的边缘群体，与市民之间存在鸿沟，这种不平等现象成为社会矛盾的源头，与城市就业相联系的权利如同工同酬、失业保险、养老保险、工伤保险、医疗保险等普惠意义的社会保障成为他们的诉求。新时代以来，市场经济的完善，就业、土地、户籍、社会保障制度改革的完成，社会发展的现代化以及产业结构的优化，农民工逐渐由"急流"变成"缓流"，成为正常合理的流动，实现自由流动。① 他们在城市获得了有尊严的工作，但是与市民之间仍然存在因户籍、住房等因素附属的社会权利如义务教育权利、生存保障权利（指最低住房保障和最低生活保障权利），② 与市民平权是实现农民工融入城市的最后一道门槛。

新形势下，农民工的流动表现出新的特征，他们居住时间越来越长，且举家迁移的比例越来越高；新生代农民工甚至没有乡村经历，对城市的认同超过对农村的认同，③ 融入城市不仅仅是希望拿到城市户籍，还包括文化、心理等方面的融入。同时，城市继续现代化也需要农民工市民化作为人口支撑，农民工融入城市势在必行。

二 农民工作为国家关注的重点群体

农民工一直是国家政策关注的重点群体。从 2003 年以来，国家

---

① 简新华、张建伟：《从农民到农民工再到市民——中国农村剩余劳动力转移的过程和特点分析》，《中国地质大学学报》（社会科学版）2007 年第 5 期。王兴周、张文宏：《城市性：农民工市民化的新方向》，《社会科学战线》2008 年第 12 期。
② 蔡禾、王进：《"农民工"永久迁移意愿研究》，《社会学研究》2007 年第 6 期。
③ 林彭、张东霞：《社会关系网络视野中的农民工研究》，《党政干部论坛》2004 年第 4 期。

相继制定和出台解决农民工社会融入的各种政策措施，早期政策主要关注农民工工资拖欠、不合理收容等问题，近年来政策逐渐转向促进农民工就业、市民化和社会融入等主题上，见表1-2。2014年，我国开始逐步取消城市居民和农村居民的户籍制度，标志着城乡二元结构开始瓦解。2014年国务院印发《关于进一步推进户籍制度改革的意见》，明确规定合理引导农业人口有序向城镇转移，农业转移人口市民化有序推进。2016年1月1日，《居住证暂行条例》施行，9月印发《推动1亿非户籍人口在城市落户方案》。根据国务院2016年发布的《国务院关于印发国家人口发展规划（2016—2030年）的通知》，未来人口流动仍然会很活跃，人口进一步向城市集聚，城市群集聚度加大，预计2016—2030年，农村向城市累计转移人口将达到2亿。规划中也指出，我国人口合理有序流动仍面临体制机制障碍，城乡、区域间的人口流动仍面临户籍、财政、土地等方面改革不充分形成的制度性约束，人口集聚与产业集聚不同步、公共服务资源配置与常住人口不衔接等问题，保障进城农业转移人口与城镇居民享有同等的义务和权利也是户籍制度改革的重要内容。自2018年起，国家发改委每年出台的新型城镇化建设重点任务都将农民工市民化和融入城市作为第一任务。

表1-2　　　　　　　　与农民工相关的政策

年份	文件名称	发文部门	政策关注重点
2003	《国务院办公厅关于做好农民工进城务工就业管理和服务工作的通知》	国务院办公厅	"收容"等农民工进城务工的不合理限制、拖欠及克扣工资等问题
2004	《国务院关于促进农民工增加收入若干政策意见》	国务院办公厅	农民工收入
2004	《国务院办公厅关于进一步做好改善农民工进城就业环境工作的通知》	国务院办公厅	就业培训、就业咨询、就业信息、劳动权益保护等
2006	《国务院关于促进农民工问题的若干意见》	国务院办公厅	劳动权益、城乡平等就业、基本工资水平、收入支付保障等

续表

时间	文件名称	发文部门	政策关注重点
2008	《国务院关于切实做好当前农民工工作的通知》	国务院办公厅	社会保障、公共服务
2010	《国务院关于进一步做好农民工培训工作的指导意见》	国务院办公厅	培训
2011	《关于加强建设工程项目管理解决拖欠农民工工资问题的通知》	人力资源和社会保障部、国家发改委、监察部、财政部、住建部	建筑行业农民工工资拖欠
2014	《关于进一步推进户籍制度改革的意见》	国务院办公厅	统一城乡户口登记制度、实施居住证制度、积分落户制度、农业转移人口市民化
2016	《国务院关于印发国家人口发展规划（2016—2030 年）的通知》	国务院办公厅	农民工市民化
2016	《推动 1 亿非户籍人口在城市落户方案》	国务院办公厅	农民工城市落户
2019	《国家发展改革委关于印发〈2019 年新型城镇化建设重点任务〉的通知》	国家发改委	加快农业转移人口市民化、城市高质量发展、城乡融合发展
2020	《国家发展改革委关于印发〈2020 年新型城镇化建设和城乡融合发展重点任务〉的通知》	国家发改委	提高农业转移人口市民化质量、城乡融合发展

资料来源：笔者自制。

三　大城市农民工的社会融入

大城市资源集聚效应强，经济辐射效应大，社会开放程度更高，劳动生产率高且相比中小城市工资溢价高，同时，大城市聚集了高技能的劳动力，存在知识外溢，提供了更好的学习平台，加上劳动力市场庞大，吸引了大批农民工的流入。研究发现，流动人口近54%流向大城市，25%流向超大城市和特大城市。① 通常发展快的城市都是人口与资源不断聚集的城市；人口流入少、资源吸纳能力有限的城市则发展较慢；完全对人口没有吸引力、劳动力净流出又缺乏其他资源的城市则会在发展中掉队、陷入收缩状态。② 大城市本身并不创造新知识，但是可以为个体提供更多模仿、学习的机会，劳动力在大城市学习技能的时间更短，从而使人力资本水平提升更快。③ 当然，不同规模的城市与劳动力是一种互选的过程，大城市要求高技能的劳动力，同时大城市的集聚经济、多样的消费选择和居住适宜性，也是高技能劳动力的优选。④

《2019年农民工监测调查报告》发现，进城农民工在不同城市规模生活的归属感和认同感较上年均有提高，但城市规模越大，农民工对所在城市的归属感越弱，对城市生活的适应难度越大。⑤ 大城市因为规模大，公共服务资源紧张需要控制人口，通常通过户籍控制人口规模，同时大城市房价高、生活成本高，对于农民工来说，融入的门槛更高。⑥ 天津曾经尝试放开落户限制，落户人数过多导致城市秩序紊乱，最终不得不叫停宽松的户籍政策，并紧急加

---

① 王静：《大城市流动人口的"职业转换"对工资影响的研究》，《西北人口》2020年第2期。

② 《国家发展改革委关于印发〈2020年新型城镇化建设重点任务〉的通知》，2021年3月14日，http://www.gov.cn/zhengce/zhengceku/2020-04/09/content_5500696.htm。

③ Glaeser E. and D. Mare，"Cities and Skills"，*Journal of Labor Economics*，Vol. 19，2001，pp. 316-342.

④ Combes，P.，G. Duraton，L. Gobillon，et. al.，"The Productivity Advantage of Large Cities：Distinguishing Agglomeration from Firm Selection"，*Econometrica*，Vol. 80，2012，pp. 2543-2594.

⑤ 国家统计局：《2019年农民工监测调查报告》，2021年3月17日，http://www.stats.gov.cn/ztjc/zdtjgz/yblh/zysj/201710/t20171010_1540712.html。

⑥ 刘传江、龙颖桢、李雪：《城乡统筹背景下农民工迁移范围与行为决策》，《南方人口》2020年第6期。

码就业等限制条件。① 大城市的公共产品供给政策与户籍挂钩，吸收新的落户人口会加重地方政府负担，户籍制度改革的成本往往高于收益，② 所以大城市常常采用以文凭落户的政策将农民工排除在公共服务之外。然而，大城市又希望外来人口继续为城市运转提供人口红利，农民工能够为城市建设和发展提供充足的劳动力，因此，农民工对于大城市来说是制度上排斥，现实上需要。

普通城市的农民工社会融入政策对于大城市的农民工来说不够现实，需要针对不同类型的地区和城市推出更有针对性的政策，精准施策才能够保证达到目标。大城市对农民工的社会融入政策呈现两难的处境：一方面，降低户籍门槛会带来过大的人口流入压力；另一方面，要发展经济、保持社会活力就必须降低户口的"含金量"，这势必会引起大城市原住人口的反对。现实情况是往往户口越具有吸引力的地方改革越艰难。③ Welllisch④ 的研究发现，为了控制人口流入带来的拥挤效应，政府往往会通过设定流动障碍来限制人口流入，但是人口流入又能带来新的税基，因此政府面临双重的目标选择。大城市对外来人口的户籍改革会给政府带来财政和治理负担，不改革又会抑制经济增长。张芯悦、王颂吉⑤ 的研究指出，大城市对农民工融入城市的态度实际上是政府行为策略的选择问题，不仅仅是成本分担问题，更是中央对地方的激励问题，农民工融入大城市带来的收益大于成本。农民工融入大城市的预期和诉求颇高，经济因素是他们融入城市的现实基础，社会网络、城市满意度等非经济因素代表农民工具有安家立业性质的计划性和长期性。

对农民工群体的研究已经汗牛充栋，针对全国范围内普遍意义

---

① 董鑫：《天津紧急为落户新政"打补丁"，外地有工作不能按在津无工作申报》（2018 年），2021 年 3 月 14 日，https://36kr.com/p/5134948。

② 张雪、吕斌：《农民工市民化用时差异的影响因素》，《城市问题》2013 年第 12 期。

③ 张国胜、陈瑛：《我国户籍制度改革的利益分配与重组研究——新时期全面深化改革的政治经济学思考》，《中南财经政法大学学报》2015 年第 4 期。

④ Welllisch D. E., *Theory of Public Finance in A Federal State*, Cambridge: Cambridge University Press, 2000.

⑤ 张芯悦、王颂吉：《大城市的农民工为何难以市民化？兼论新时代地方政府治理模式转型》，《湖北社会科学》2020 年第 1 期。

的农民工就业、社会融入、社会心态、生活方式等方面都得到充分研究，现实中，流入不同区域、不同城市的农民工所面临的社会融入处境差别非常大，普遍意义上的农民工研究难以深入刻画大城市农民工的生活图景，本书关注大城市农民工群体的社会融入情况，力求在现有研究的基础上向前更进一步。同时，在了解大城市农民工社会融入现状的基础上，为大城市治理流动人口提供具体的政策建议，以更好优化大城市城市治理。

四 社会融入作为实现社会公平、促进社会发展的途径

社会融入是许多国家和地区评价人类生活质量的主要指标，较高的融入水平是人类社会发展追求的目标之一。[①] 如今，"社会融入"是农民工新阶段社会政策的主要发展方向。党的十九大报告中提出"促进农民工多渠道就业""破除妨碍劳动力、人才社会性流动的体制机制弊端，使人人都有通过辛勤劳动实现自身发展的机会"。每年的中央经济会议也强调有序推进农业转移人口市民化，市民化政策要与宏观政策上的城镇化步调保持一致。

农民工的社会融入是城市发展需要重视的问题。从 2004 年开始，东南沿海开始出现招工难、用工荒的问题，"民工潮"渐变为"民工荒"，"民工荒"是农民工在城市劳动就业和生存发展的社会问题和制度缺陷的表现，这一现象也促进了政府和学界对农民工在城市生存的关注，推动了向"社会融入"方向的迈进。现阶段，农民工流动发生了重要的变化，越来越多的农民工从季节性、临时性流动转向定居、融入城市。劳动力在全国范围的流动规模越来越大，每年新增流动人口约 1576 万人，但是这些流动人口的空间流向不均衡，流向大中城市的趋势越来越明显，待融入人口规模最大的是经济发展好的东南沿海地区，包括长三角、珠三角、环渤海经

---

① Taylor M. ，"Communities in Partnership：Developing a Strategic Voice"，*Social Policy and Society*，Vol. 5，No. 2，2006，pp. 269 – 279.

济带。① 农民工融入城市对于城市来说具有潜在收益，国务院发展研究中心课题组的研究发现，每年多城市化 1000 万人口，可以使经济增长速度提高约 1 个百分点。② 户籍松动还可以提高居民总体消费水平，带来社会效益和财务效益。③

农民工整体上处于"半融入"的状态。尽管农民工在城市中的数量规模很大，但是其在城市中的话语权依然很有限，在城市中的社会地位相对低下。总体来说，他们仍然是相对边缘的群体，与城市市民相比，他们在职业、居住空间、家庭模式、社会地位、经济地位上都有所不同，城市对他们来说形成了"经济吸纳，社会排斥"的状况。他们的边缘社会地位和生存状态也让他们成为社会普遍关注的弱势群体，④ 他们经历了以往的个人或集体排斥的"被边缘化"到当前群体性自我隔离的"自边缘化"，在城市中他们的人力资本、社会资本、权利资本和财力资本都处于缺失状态，⑤ 这种边缘状态并不是一成不变的，而是随着时代变迁表现出新的特征。以往，农民工关注能否在城市生活，如今农民工更多关注自我发展，然而现实情况是自我实现机会的渠道不通畅、向上社会流动的机制不完善，"边缘人"状态使农民工产生了强烈的"相对剥夺感"，在城市中产生自我隔离现象。农民工融入城市和边缘化是两种相反方向的社会流动模式，如果不能有效实现社会融入，成为城市市民，那么农民工边缘化问题可能会演变成城市的贫民窟化。⑥

农民工的社会背景和政策背景在不断变化，对社会融入的研究

① 刘锐、曹广忠：《中国农业转移人口市民化的空间特征与影响因素》，《地理科学进展》2014 年第 6 期。魏后凯、苏红健：《中国农业转移人口市民化进程研究》，《中国人口科学》2013 年第 5 期。

② 国务院发展研究中心课题组：《农民工市民化对扩大内需和经济增长的影响》，《经济研究》2010 年第 6 期。

③ 陈斌开、陆铭等：《户籍制约下的居民消费》，《经济研究》2010 年第 1 期。胡桂兰、邓朝晖等：《农民工市民化成本效益分析》，《农业经济管理》2013 年第 5 期。

④ Solinger D. J., *Contesting Citizenship in Urban China: Peasant Migrants, the State and the Logic of Market*, CaliforniaL: University of California Press, 1999.

⑤ 刘传江：《推进农民工有序市民化的微观考量》，《参政议政》2013 年第 7 期。刘传江、董延芳：《农民工市民化障碍解析》，《人民论坛》2011 年第 9 期。

⑥ 刘传江：《中国农民工市民化研究》，《理论月刊》2006 年第 10 期。

需要不断更新视角、与时俱进。以往户籍制度是隔离的主要障碍，现在户籍制度的弱化让户籍身份不再是农民工的身份和社会地位标签，职业和经济身份成为农民工社会地位的重要标签。他们开始逐步向城市迁移，从以前的"离土不离乡""进厂不进城"向现在的"离土又离乡""进厂又进城"的状态变化。农民工社会融入的过程，实质是公共服务均等化的过程，在这个过程中，户口的转换是形，服务的分享是实。[①] 庞大的"异乡人"群体，他们的工作和生存状况得到社会学、人口学、政治学、经济学等学科的关注，然而，很多研究都是将农民工研究置于社会转型背景下作为一个社会亟须解决的问题。这种背景下，较少从农民工主体地位进行研究，农民工本身有特殊的目标追求、生活境遇、行动逻辑和社会身份，有追求高生活质量和生活福祉的权利。党的十九大报告中明确指出，要统筹城乡社会救助体系，推进基本公共服务均等化，提供全方位公共就业服务，促进农民工多渠道就业创业，破除妨碍劳动力流动的体制机制弊端，使人人都有通过辛勤劳动实现自身发展的机会。对农民工来说，政策环境在不断优化，制度障碍逐渐减小，整个群体活力增大，与城市深度融合不再遥不可及。

第二节　理论背景

全球化已成为社会共识，全球化不仅仅是经济的全球化，资本、商品、信息的流通必然与观念、文化乃至人的流通并行不悖。[②] 伴随着全球化，移民成为一个普遍现象，学术界对移民的研究也热烈起来，学界的关注从乡—城移民到跨国移民都形成了系统的认识，积累了丰富的研究。农村剩余劳动力从农村向发展机会多的城市迁

---

① 国务院发展研究中心课题组：《农民工市民化进程的总体态势与战略取向》，《改革》2011 年第 5 期。

② 李明欢：《当代西方国际移民理论探讨》，《厦门大学学报》（哲学社会科学版）2010 年第 2 期。

移是发展中国家普遍的发展规律。[①]

从 20 世纪 50 年代起，有关移民和迁移形成了各种理论。由于美国是一个移民国家，是移民研究天然的"实验室"，形成诸多移民理论，包括推拉理论、经济学理论、二元劳动市场理论、文化融合理论和社会网络理论等。我国的农民工从农村迁移到城市，具有一些移民的相关特质，学习这些理论对于研究我国农民工的社会融入具有重要的借鉴和指导意义。

一 推拉理论

Lee 的推拉理论是在社会学和经济学的学科范畴下分析乡—城迁移行为的，也是分析流动人口和移民的重要理论之一，该理论主要从农村和城市对移民的推力和拉力两个方面分析迁移行为。[②] Lee 认为在人口可以自由流动的市场环境下，迁移主要受四个方面因素的影响：与迁入地相关的推力和拉力因素、与迁出地相关的推力和拉力因素、迁移过程中的障碍和个人因素。人口迁移就是在推力和拉力两种力量的共同作用下完成的，当在城市生活的总体收益超过了农村的总体收益时，迁移行为就发生了。根据 Lee 的推拉理论，结合我国的现实情况，农村生活水平低、基础设施落后、收入低、机会少、劳动力剩余现象严重等构成迁移推力因素；而城市新兴工业和第三产业蓬勃发展，为农村剩余劳动力提供了就业机会，收入高、就业机会好、开阔视野、资源丰富等构成了迁移到城市的拉力，促进农民工迁移城市行为的发生；土地流转不通畅、农村较好的环境等农村拉力，与进城成本高、社会歧视、文化差异大、社会服务不均等这些城市推力构成了在农村定居和不迁移的行为。[③] 值得注意的是，在推拉因素背后，中国有一项特殊的制度就是户籍制度，使推力或者拉力并没有产生解释西方移民的同样效果，户籍及

---

① Lewis W. A. , "Economic Development with Unlimited Supplies of Labor", *The Manchester School of Economic and Social Studies*, Vol. 47, No. 3, 1954, pp. 139 – 191.

② Lee E. S. , "The Theory of Migration", *Demography*, Vol. 3, No. 1, 1966, pp. 47 – 57.

③ 李强：《影响中国城乡流动人口的推力与拉力因素分析》，《中国社会科学》2003 年第 1 期。

其附属的社会保障、教育机会等因素对农民工产生了心理上的不适应。目前户籍制度有所松动，但是大城市户籍控制仍然严格，加上制度依赖路径的效应，户籍制度仍然有一定的惯性，对农民工融入城市仍然有所限制（见表1-3）。

表1-3　　　　　　　　农民工迁移的推—拉因素

	推力	拉力
农村	生活水平低、基础设施落后、收入低、机会少、劳动力剩余、落后封闭	土地流转不畅、环境好、文化认同高、生活成本低、土地附属的福利
城市	进城成本高、社会歧视、文化差异大、社会服务不均、社会保障差、户籍制度阻碍	收入高、就业机会多、发展机遇好、资源丰富、时尚、开放包容

二　二元劳动市场论

二元劳动市场论认为城市和农村的劳动力市场是完全不同的，城市的劳动力综合收益优于农村的，因此当具备迁移条件时，农村中的剩余劳动力就会到城市中寻求工作。Lewis[①] 提出发展中国家具有二元经济结构特征，在传统的农业部门存在剩余劳动力，并且相对于城市里的劳动力收入，农业部门的劳动力收入较低，共同促使劳动力从农村转移到城市。Piore 从分析劳动力市场结构的角度研究移民。Piore[②] 将工作市场二元划分为两个部门，第一部门是稳定的、高收入、工作条件好、具有明确的工作规则、合理的程序和升迁的机会；第二部门的工作与第一部门相反，低工资、工作条件差、晋升机会少、与上级私人关系密切并因此导致腐败行为和混乱的工作规则是其主要特征。发达地区的人们都倾向于在第一部门工作，导致就业市场中的第二部门有大量职位空缺，不发达地区的移民就会填补这个空缺，迁移行为随之发生。双重劳动力市场通过就业和人

① Lewis W. A., "Economic Development with Unlimited Supplies of Labor", *The Manchester School of Economic and Social Studies*, Vol. 47, No. 3, 1954, pp. 139 – 191.

② Piore, M. J., "Notes for a Theory of Labor Market Stratification", *Working Paper Department of Economics*, 1972.

力配置在固化底层阶层上扮演了重要角色，底层阶层因为种族、举止、口音、教育成就等诸多因素被限制在次级劳动力市场；消除贫困，需要让他们获得进入初级市场的机会。与次级部门紧密相关的个人和行为特性会由于在次级岗位上有一群工作过程和生活方式相似的人而得以强化。

三　理性选择理论

理性选择理论是经济学中的理论在移民问题上的应用，也有学者将其视为"经济人"假设，是移民研究中有重要影响的一个分支学派。按照新古典经济学微观理论关于定居迁移的解释，如果个体在某地定居的总体收益会超过其他选择的总体收益，那么该个体就会选择在该地定居。这里的收益可以被广泛地理解为经济收益、社会地位收益、个人成就的收益等，迁移可以被视为个人对人力资本的投资。以托达罗为代表的微观经济学理论试图从个体理性选择的角度，用量化的数学模型来解释劳动力迁移行为。[1] Todaro 的模型认为决定农村居民迁移到城市的决定因素是基于他们对城市生活的收益估算，包括在城市中的预期收入、找到稳定的工作的概率、城市的就业率、城乡之间工作收入的有效差异、迁移成本等，当城市中的综合有效收益大于乡村时，就会发生迁移行为。Borjas[2] 在托达罗的基础上继续优化了迁移模型，他认为潜在的迁移者会估算可行的迁入地的成本和收益，通过比较选择长期预期回报最大的地点。

Massey 和 Espana 在托达罗模型的基础上进一步诠释了移民的经济模型[3]：

$$ER(0) = \int_{0}^{n} \left[P_t(t) \, P_2(t) \, \gamma_d(t) - P_3(t) \, \gamma_0 \right] e^{-rt} dt - C(0)$$

---

① Todaro M. P. , "A Model of Labor Migration and Urban Unemployment in Less Developed Countries", *The American Economic Review*, Vol. 59, No. 1, 1969, pp. 138 – 148.

② Borjas G. J. , "Self – Selection and the Earnings of Immigrants: Reply", *The American Economic Review*, Vol. 80, No. 1, 1990, pp. 305 – 308.

③ Massey D. S. , F. G. Espana, "The Social Process of International Migration", *Science*, No. 237, 1987, pp. 733 – 738.

ER（0）表示个人在做迁移决定前对迁移行为的预期收益，t 表示时间，P_1 表示迁入时可能受到的行政管制，P_2 代表在迁入地拥有稳定工作的机会，Y_d 代表在迁入地的可能收入，这三项总体决定了在迁入地的经济预期收益率，P_3 表示留在迁出地拥有稳定工作的机会，R_0 代表可能的收入，R_0 和 P_3 一起决定了迁移者的沉没成本，$e^{-rt}dt$ 表示未来货币变动的可能性，C（0）是迁移成本。这七个因素共同影响了潜在迁移者对迁移行为的预期收益，而这些因素中大部分都是与劳动力市场和货币市场相关的因素。总体来说，个人对城乡收入差距的评估是形成迁移动机的主要原因，对预期收入的估算是迁移者制定迁移决策的主要考量。

新移民经济学的代表斯塔克提出，移民经济学的模型并不能很好地解释实际经验，发展中国家的乡—城劳动力移民并不是完全契合托达罗的模型。[①] 他用"相对贫困"作为社会地位指标，发现劳工移民在原社区中的低社会地位状态会推动他们向外迁移，"相对剥夺感"对迁移决定产生了决定性影响，而收入的影响是次要的。[②] 劳工作为独立个体有主观的感受和愿望，地位的平等感对他们来说非常重要。

四　社会资本和社会网络理论

社会网络理论认为移民与两地工资差异、就业率并没有很强的关系，经济因素对迁移决策的成本和风险产生影响的真正原因是随着时间增长的社会网络产生的效益。个人的社会网络将移民群体、以前的移民群体、迁入地的居民联系起来，形成个人的社会资本，为求职、定居提供帮助，也给个人带来心理上的归属感和依赖感。社会网络的扩张能够有效降低迁移成本和风险，并促进越来越多的同伴迁移，迁移的增长又会反过来促进移民群体的总体影响力，这

① Stark O. , J. E. Taylor, "Migration Incentives, Migration Types: The Role of Relative Deprivation", *The Economic Journal*, Vol. 101, No. 408, 1991, pp. 1163 – 1178.

② Stark O. , D. E. Bloom, "The New Economic of Labor Migration", *The American Economic Review*, Vol. 75, No. 2, 1985, pp. 173 – 178.

是一个动态双向的过程,[1] 在移民的适应阶段, 社会网络提供了就业、经济、情绪上的支持, 有效帮助移民在迁入地站稳脚跟。从长期的社会融入来看, 与迁入地社会的关系网扮演了非常重要的角色。[2] Caces 等人的研究指出, 从迁出地附带的社会网络会让移民沉浸在已有的关系网中, 使他们抱成团而与迁入地的主流社会分离, 只有与迁入地的社区和居民建立联系才能有效帮助移民实现社会融入。[3]

五　社会融合理论

西方学者对社会融合的关注最初是从移民问题开始的, 对融合和融入也没有非常清晰的区分, 移民问题早期以社会融入的研究居多, 后来衍生出社会融合理论。学界对社会融入的定义经历了从社会排斥的视角到提高移民主体发展的视角。帕克等人最早关注社会融入[4], 认为它是"相互渗透和融合的过程, 在这个过程中, 某个群体逐渐形成对其他群体的记忆、情感和态度, 通过共享不同群体的经历和历史, 各个群体最终融汇到共同的文化生活中"。奥尔巴和倪则将社会融入视为种族差异的消减以及由种族差异引起的社会和文化差异的消减。[5] 在这一阶段, 社会融入还处于社会排斥的范畴, 将移民作为原社会结构之外的存在, 把社会融入视为与结构之间差异消减的过程。随着移民群体的扩张, 社会融入成为迁入地城市重视的社会问题, 迁入地的社会排斥状况成为移民迁移决策中的

---

① Massey D. S. , "Social Structure, Household Strategies, and the Cumulative Causation of Migration", *Population Index*, Vol. 56, No. 1, 1990a, pp. 1 – 36. Massey D. S. , "American Apartheid: Segregation and the Making of the Underclass", *American Journal of Sociology*, Vol. 96, No. 2, 1990b, pp. 329 – 357.

② Gurak D. T. , F. Caces, "Migration Networks and the Shaping of Migration Systems", *International Migration Systems*, 1992.

③ Caces F. , F. Arnold, J. T. Fawcett, et al. , "Shadow Households and Competing Auspices: Migration Behavior in the Philipines", *Journal of Development Economics*, Vol. 17, No. 1 – 2, 1985, pp. 5 – 25.

④ Park, R. E. & E. W. Burgess. , *Introduction to Science of Sociology*, Chicago: The University of Chicago Press, 1969.

⑤ Alba R. , V. Nee, "Rethinking Assimilation: Theory for a New Era of Immigration", *The International Migration Review*, Vol. 31, No. 4, 1997, pp. 826 – 874.

考虑因素。在这一阶段，已不再将移民作为社会潜在的风险因素对待，而是将其视为正常社会现象并将社会融入作为评价社会质量和人类生活质量的重要维度。欧盟认为，社会融入是确保具有风险和社会排斥的群体能够获得必要的积极参与，人人享有广泛的机会平等和生活机会，全部市民都享有社会福利的过程。① 很多国家和地区将社会融入作为评价人类生活质量的主要指标，较高的社会融入已经成为人类社会发展追求的目标之一。②

随着移民群体的增大，对迁入地带来文化交融，学界开始出现从文化角度建构社会融合理论。社会融合理论在 19 世纪末 20 世纪初就在美国得到了系统和持续的研究，芝加哥大学的 Park 及其同事将社会融合界定为个体之间、群体之间以及不同文化之间碰撞、交流、适应和接纳的过程，移民与主流人群通过共享历史和经验，达到相互理解对方的社会行为，并最终整合进共同的文化生活中。③ 经过长时间的发展，社会融合理论形成了"同化论"和"多元文化论"两种取向。同化论认为移民在迁入地要经历定居、适应和同化三个阶段，对移民来说，完全习得并适应迁入地的文化价值观念和生活方式，抛弃原有的文化价值观念和生活习惯，才能实现同化和融合。多元文化论则质疑同化论，认为社会应该是多民族、多文化、多语言的集合体，对抗带有种族歧视的白人中心主义的同化论。多元文化论强调当迁入地文化具有更大的包容性时，移民会倾向于维持原有的文化价值，在迁入地重新建立身份认同和价值观念，从而形成多元化的社会和经济秩序。④

① 欧盟委员会：《社会融合联合报告》，布鲁塞尔：欧盟委员会就业和社会事务司，2004 年。

② Taylor M.，"Communities in Partnership：Developing a Strategic Voice"，*Social Policy and Society*，Vol. 5，No. 2，2006，pp. 269 – 279.

③ Park R. E.，E. W. Burgess，*Introduction to the Science of Sociology*，*Including the Original Index to Basic Sociological Concepts*，University of Chicago Press，1969. Park R. E.，"Human Migration and the Marginal Man"，*American Journal of Sociology*，No. 6，1928，pp. 881 – 893.

④ Portes A.，Parker R. N.，Cobas J. A.，"Assimilation or Consciousness：Perceptions of US Society among Recent Latin American Immigrants to the United States"，*Social Force*，Vol. 59，No. 1，1980，pp. 200 – 224.

随着移民浪潮的推进，原有的社会融合理论已经无法解释涌现的新的移民现象，这时区隔融合论应运而生，发展和延伸了原有的融合理论。区隔融合论认为移民的文化资本和在迁入地的待遇与融合模式之间是互动的，例如，第二代移民与第一代移民在角色、生活经历和迁移目的上都相差甚大，融入模式与第一代有非常大的差别，呈现出"区隔融合"的模式，只在某些方面融入主流社会。①概而言之，区隔融合论认为移民群体会有不同的融合模式，拥有较高社会资本的移民会融入主流社会；社会资源较少、无法找到稳定工作的移民群体则融进贫困文化中；部分移民群体选择遵守原有的文化价值，在迁入地进行选择性融合。

第三节　研究问题及结构安排

一　研究问题

农民工在城市中的停留时间越来越长，分层现象也越来越显化。迁移与分层二者间的关系非常紧密，Treiman 认为迁移是伴随着工业化和城市化进程发生的，移民群体地理空间上的迁移一般都是为了获取向上流动的机会。② 对农民工来说，迁移意味着从较低社会经济地位实现向上流动。但是迁移带来的城市生活也有可能是向下流动的，对许多移民而言，都是典型的向下流动。③ 提高社会地位的机会是农民工评估未来生活机会的基础，影响农民工在社会融入上的选择。农民工进入城市改变社会地位的动力很强，通常改变社会地位的渠道一般有职业渠道、经济渠道、政治渠道、教育渠道和婚

---

① Portes A. , M. Zhou, "The New Second Generation: Segmented Assimilation and Its Variants", *Annals of the American Academy of Polical and Social Sciences*, Vol. 530, 1993, pp. 74 – 96.

② Treiman, Donald J. , "Industrialization and Social Stratification", *Social Stratification: Research and Theory for the 1970s*, E. O. Laumann: Bobbs – Merrill, 1970, pp. 373 – 394.

③ Margolis, M. L. , "From Mistress to Servant: Downward Mobility among Brazilian Immigrants in New York City", *Urban Anthropology and Studies of Cultural Systems and World Economic Development*, 1990, pp. 215 – 231.

姻渠道，但是这几种地位变迁都或多或少受到户籍制度的阻碍。改革开放以前，社会地位的改变主要依赖的是政治渠道，农民可以通过入团、入党改变政治地位实现社会地位的跃升。改革开放以后，社会地位的改变则主要依赖经济地位，农民工在这种分层体制下需要依靠个人的经济能力，但这种途径并不比以前向上流动容易。

农民工的构成复杂，在户籍、土地处置、职业等方面产生了结构性分化，对社会融入的研究应该着眼于新阶段进行细化讨论。农民工的流动是一个多重因素交织的动态过程，既有由农村到城市的流出，也有由城市到农村的回流，还有由城市到城市的流动。不同类型的农民工社会融入的意愿和能力也大相径庭，不同类型的城市社会融入难度也差异甚大，做城市人、做其他城市的城市人、"留厂不留城"、回农村等多重选择形成了农民工社会融入的"连续体"，不是简单的"融入城市—回农村"二元选择。虽然目前的研究已经很充分，但是农民工这个庞大群体生活图景复杂多变，还值得从新的视角进行更深更全面的研究。

农民工整体上在社会中处在较低的社会阶层，并逐渐形成群体的阶层属性，在农村缺少向上流动的渠道和机制，进城打工是他们出于改善生活状况、寻求生活机遇、提升社会地位或者经济地位的目的而进行的生活选择。此外，农民工突破了原有的社会空间隔离和社会屏蔽制度，与空间上的"他者"相遇，使传统的"自我"受到冲击，需要对"自我"重新思考和定义，由城乡分割带来的不同生活体验在互动情境中碰撞，原来"不可见"的、只存在于城乡制度结构上的歧视和社会不公平变成日常生活体验与过程，[①] 大城市中，这种城乡差异与生活断裂更明显，农民工对自我身份的定义多了城市现代性的符号。大城市的农民工正面临着形成底层阶层乃至底层社会的危险，作为"外来底层"成为城市底层群体的主要组成部分。[②] 农民工的日常实践是非常复杂的，许多研究将农民工问题聚焦在城乡二元结构和户籍政策上，以城市发展的范式来对待农民

[①] 潘泽泉：《社会、主体性与秩序：农民工研究的空间转向》，社会科学文献出版社 2007 年版。

[②] 罗峰、文军：《转型期中国的底层群体研究》，《社会科学研究》2014 年第 2 期。

工问题，缺乏以农民工作为主体的研究。农民工没有成为社会叙事主体，而是以被动适应城市文化的角色进入研究主题，在结构安排上也是类似的被动者。

　　社会分层领域的研究认为个人在社会结构中的位置会对社会行为和态度有重要影响。理论上，农民工的阶层位置对社会融入可能产生重要影响，这种影响至少有以下两个方面：其一，阶层分化意味着农民工正在形成一个阶层，在社会资源的获取方面存在相似性，因此在融入的能力和意愿上可能存在共同的特征；其二，阶层分化意味着农民工形成了作为一个阶层的社会属性，尤其在竞争激烈的大城市中，可能会形成影响社会融入的因素。将农民工作为一个阶层研究还有待进一步加强，目前也较少有研究将阶层分化与大城市农民工的社会融入结合起来。

　　学界关于农民工的社会融入的研究汗牛充栋，但是农民工的社会问题在不同时间和空间都有新的视角和重点值得研究。自20世纪90年代以来，农民工的流动历经数十年的发展，在每一阶段都反映不同的社会背景和社会问题。从最初的盲流到合理引导农民工进城就业，再到保障农民工享有合理的社会保障权利，再到如今的有序实现农民工市民化，农民工的问题一直在不断变化。现在社会政策以实现农民工社会融入作为目标，但是农民工在社会融入上仍然表现乏力。农民工选择进城务工是基于理性考量期待改善自己的生活状况，从阶层的视角研究农民工的社会融入能够提供新的研究思路，同时弥补以往研究缺少农民工主体性的不足。在高度市场化的大城市，农民工的社会融入是怎样的？为何农民工的社会融入仍然存在障碍？是不是农民工被固定在大城市的社会底层导致的？如果是，农民工是否正在成为一个阶层？他们的阶层分化过程表现出哪些特征？这些社会属性有没有巩固大城市农民工群体的有利或者不利的阶层模式？这些特征如何影响他们社会融入的选择的？农民工阶层是不是封闭的，在大城市中有没有向更高阶层流动的机会？社会融入对他们来说能够有效提高他们的生活福祉吗？本书试图回答这些问题。

二 研究意义

(一) 现实意义

在新的社会环境下，农民工表现出新的特征，也出现一些以往研究无法解释的新问题。农民工进城打工是为了生活更好一点，获得发展的机会，但是随着市场化的深入，大城市的农民工极易沦为城市的底层。从阶层化视角研究农民工的社会融入对于全面了解农民工群体、制定相关社会政策以及实现城市化、促进社会和谐等方面具有现实意义。

首先，概括和描述大城市农民工群体的阶层特征。在了解农民工群体基本状况的前提下，分析其社会融入的现状和存在的问题，以及社会融入过程中农民工的主观认识和感受。从阶层的角度挖掘他们社会融入的潜能，为农民工提供具有可行性的努力方向，促进农民工健康积极地融入城市生活，实现个人发展。农民工社会融入是城镇化进程中必须解决的问题，如何更好地引导农民工成功实现"城市梦"关系到宏观层面上平稳推进城镇化的战略目标。

其次，从新的角度来重新建构社会融入。以往的研究强调农民工的社会地位的"边缘化"、社会排斥等，以"城市适应性"作为研究的主题，这虽然符合社会发展规律，但是仍然属于应然性问题，不属于实然性问题。以阶层角度来探讨农民工在城市社会的融入问题，能够以更广阔的视野了解农民工的城市适应问题，并且能够兼顾农民工融入城市过程中的主体性。

再次，在研究结果的基础上提供政策建议和对策，深化农民工阶层属性的讨论，从农民工的个体角度分析大城市社会融入的优势和障碍，对社会融入政策提供进一步优化的建议，促进城镇化目标的实现，实现人口红利从"数量"向"质量"转变。农民工如果无法实现社会融入，就很有可能成为"流民"，这势必会成为社会不稳定的因素，影响大城市的有序运行。

最后，从农民工的幸福感角度反思社会融入。融入大城市是否能为农民工带来福祉，农民工内部不同特征的群体如何选择社会融入的路径，研究将对这一方面进行反思，以更好地推进社会公平，为农民工构筑幸福路径。

（二）理论意义

研究拟在大城市社会融入和农民工阶层理论上有所突破。

首先，研究拟构建完整的社会融入指标体系，全面、准确测量大城市农民工社会融入状况，为相关问题的规范研究添砖加瓦，也为农民工社会融入的理解提供更深入和全面的认识。在分析结果的基础上，将本土的社会融入研究与西方移民的相关理论对话，加强本土的理论阐释。

其次，结合结构和个人双重视角，在阶层理论下全面描绘大城市农民工的阶层特征和在城市中的阶层区隔，解构宏观社会结构层面和微观个人层面的阶层特征对社会融入的影响机制。分析农民工在城市空间中如何建构自己的社会地位和社会身份，经历了哪些不平等，并分析其背后的制度原因和现实原因。研究从阶层视角分析社会融入的影响因素，为农民工社会融入增添了新鲜、有价值的视角，提供新的解释性研究，进一步丰富和完善社会融入的理论和研究。

再次，描述和分析农民工阶层内部分化的现状，弥补农民工单一化的研究不足。已有的阶层理论多关注我国社会转型带来的分层模式的变化，在实证研究中也多以中产阶层作为研究对象，很少将农民工置于阶层的视角下进行分析。本书将在这方面弥补阶层理论在农民工实证方面的不足，为阶层理论在解释农民工群体社会融入构建解释路径。

最后，在创新性方面，除了传统的从职业、生活方式角度分析农民工的阶层特征，研究引入了公民参与维度，将公共事务这一场域纳入农民工阶层分析的框架中，并且在已有研究的基础上修正相应的测量指标体系，构建适合农民工的测量工具，从社会素养和公共参与的角度解释农民工社会融入，体现农民工的主体性。以往的研究多从城市管理和城镇化的角度来看待社会融入，将农民工视为被动的接受者，忽视了农民工的主体角色。农民工在适应城市的同时，也在通过参与城市公共空间中的参与塑造城市，建构自己的社会身份。尤其是随着新生代农民工的崛起，农民工的权利意识、城市认同感更强，加之陆续出台的政策也在不断削弱制度歧视，农民工表达诉求的空间和自由度都不断增大。农民工在身份上是流动的，在选择是否进行社会融入时，是基于自身过去的社会背景和经验、现实综合状况以及对自己未来命运总体判断的基础上进行的，形成特有的目标和行动策略。研究将从农民工的主体视角，分析在社会分层体系下农民工群体的阶层化如何影响社会融入的选择。

（三）政策意义

尽管现在各大城市都出台了不同层次的政策，但是相对于"加快实施以促进人的城镇化为核心、提高质量为导向的新型城镇化战略，提高农业转移人口市民化质量，增强中心城市综合承载、资源优化配置能力"的要求而言，现行大城市的农民工政策还存在不稳定、不规范、效果差等问题。在梳理农民工社会融入的理论和政策研究，了解大城市农民工基本状况及社会融入的影响因素的基础上，本研究试图提出一些提升大城市包容力的社会政策，在政策设计中扬长避短、填补漏洞，实现政策创新，促进农民工融入大城市。

在国内国际双循环相互促进的新发展格局下，劳动力市场发生变化，企业面临传统劳动力人口红利减少的处境，未来用工荒现象将在一定时间内持续存在。这对提升劳动力质量发挥人口质量红利提出了现实要求，对农民工群体而言，提高综合素质是在大城市生存的必要条件。通过设计科学合理的农民工社会融入政策，推广再教育、技能培训等方式提升农民工的综合素质，促进农民工在大城市安居乐业，缓解用工荒问题，推动释放人口质量红利。

农民工因为迁移而社会融入不足衍生出留守儿童、夫妻异地、空巢老人、小漂族和老漂族等群体，这些群体带来的社会问题逐渐走进人们的视野，产生了许多社会矛盾。科学合理的社会政策有助于农民工实现"城市梦"，同时有利于解决留守儿童、留守妇女、空巢老人等衍生问题，化解社会矛盾。新政策的设计注重农民工的社会融入，提升农民工的福祉，化解衍生群体的社会问题，促进社会和谐进步。

三　研究结构安排

结合当前社会普遍关注的农民工社会融入现象，回归到社会学的经典研究主题中，本书的意图在于探究农民工在高度市场化的大城市中是否正在形成一个阶层，并且这种阶层化的形势是否影响其社会融入。研究各章节的结构和安排如下。

第一章为导论。简述研究的现实背景和理论背景，梳理社会融入的社会背景、政策背景和未来趋势，简述西方移民的相关理论，明确研究的具体问题，安排全书的结构和内容。

第二章为文献综述。在明确研究问题的前提下，对农民工社会融入及阶层分化相关理论和文献进行梳理。首先，梳理农民工社会融入的相关研究，总结已有研究以及反思不足之处。其次，界定阶层分化的概念，归纳总结社会学领域下的社会阶层理论。再次，全面综述阶层分化的相关理论和研究，归纳总结农民工在阶层话语体系下的研究。进一步明晰研究问题，分析农民工在就业空间、私人生活空间、社区公共空间中的阶层属性对其社会融入的影响，借此建构阶层属性与社会融入之间的因果关系。

第三章为研究设计与方法。首先，在全面评述农民工阶层的就业、生活方式、公民参与的基础上，结合相关理论，提出研究假设。其次，介绍研究方法。研究将以问卷收集的数据分析为主，中国综合社会调查数据为辅，利用统计方法建立回归模型进行分析。最后，明确各研究变量包括自变量和因变量的操作化定义和测量方法，就问卷设计进行具体说明，介绍样本的基本情况和研究涉及的数据分析方法。

第四章为社会融入的描述性统计分析以及社会融入对生活满意度的影响。本章囊括描述性研究和解释性研究。首先对农民工阶层属性、社会融入的现状进行描述性研究；其次，建立回归方程分析农民工的社会融入对其生活满意度的影响，对数据分析结果展开详细说明和讨论。

第五章分析了阶层分化对农民工社会融入的影响。研究将建立回归方程分析农民工在就业空间、私人生活空间、社区公共空间的阶层分化现象对社会融入的影响。本章以数据分析为主，建立多元线性回归模型分析农民工在就业空间、私人生活空间和社区公共空间的阶层分化对社会融入的影响，本章属于解释性研究，通过对数据建立多元线性回归模型分析农民工在不同场域中的阶层分化对其社会融入的影响

　　第六章为研究结论、政策建议与研究展望。本章将在研究结果的基础上深化讨论，并与相关理论进行对话，总结研究的理论贡献，提出农民工社会融入的路径，剖析研究存在的不足之处，并对未来的进一步研究提出展望。

第二章

文献综述

　　阶层是社会学领域的焦点之一。迄今为止，已经有许多社会学理论学者关注这一领域，并且提出众多理论和观点，累积了丰富的思想成果，也产生了许多分支研究领域。社会分层的主题一般与社会流动相关，社会流动是个人和群体的社会变动，大致有以下三种流动方式：从较高社会地位流向较低的社会地位、从较低的社会地位向高社会地位进阶、在相似的社会地位之间水平流动。农民工群体数量庞大，是我国独特社会现象，已经有学者将农民工作为一个社会阶层加以研究。① 农民工群体有一些共同的特征：既有空间上的从农村流向城市，从不发达地区流向发达地区；也有社会地位上的流动，从农村农业劳动者阶层向工人或者服务非农职业的阶层流动。农民工群体已经分化，呈"金字塔型"，普遍分布于蓝领、雇员阶层，多数农民工通过进城务工实现上升流动，"社会封闭""阶层固化""结构化与再生产"趋势初步显现。②

　　进入城市从事非农职业相对于在农村作为农民来说，农民工社会地位有所提升。然而在城市中，他们仍然属于边缘群体，与市民相比其相对社会地位反而不如作为农民时在农村的相对社会地位。与市民的地位差异、文化区隔、空间隔离加大了农民工与城市的社

---

① 朱力：《农民工阶层的特征与社会地位》，《南京大学学报》（哲学·人文科学·社会科学）2003 年第 6 期。李蕾：《城市农民工阶层化问题探讨》，《中国劳动关系学院学报》2009 年第 4 期。杨菊华：《"中农"阶层：当前农村社会的中间阶层——"中国隐性农业革命"的社会学命题》，《开放时代》2012 年第 3 期。

② 顾东东、杜海峰、刘茜、李姚军：《新型城镇化背景下农民工社会分层与流动现状》，《西北农林科技大学学报》（社会科学版）2016 年第 4 期。

会距离，限制社会融入的进程。①

第一节　农民工社会融入研究

一　社会融入的内涵

（一）社会融入的概念

社会融入概念是伴随着社会排斥概念的兴起而成为学界研究主题的，社会融入主要应用于研究移民在迁入地的适应情况，是解决社会排斥的重要手段，也是移民发展的最终目标。芝加哥学派代表帕克针对美国的移民研究最先提出社会融入概念，社会融入随之成为学界研究的重点。社会融入是一个包含多维度的概念，目前尚未形成明确统一的定义。吉登斯认为，社会融入代表市民资格，社会的所有成员不仅在形式上，而且在现实生活中拥有民事权利、政治权利、社会权利，并且承担相应的义务，社会成员在公共空间中能够有参与的权利和方式。② 柯林斯认为社会融入是关于社会整合与和谐的理论，目的在于达成这样的目标：社会成员在遵守社会规范、法律的前提下参与社会生活，促进社会团结，而不是被社会隔离和疏远。③ 国际社会发展学会将社会融入界定为创造人人共享和参与的社会，每个人都发挥积极的作用，并且承担相应的责任。奥尔巴和倪则将社会融入视为种族差异的消减以及由种族差异引起的社会和文化差异的消减。④ 在这一阶段，社会融入还处于社会排斥的范畴，将移民作为原社会结构之外的存在并将移民作为社会的风险因素进行管理，社会融入事实上是与当前社会结构之间差异消减

---

① 卢国显:《我国大城市农民工与市民社会距离的实证研究》,《中国人民公安大学学报》（社会科学版）2006 年第 4 期。

② ［英］安东尼·吉登斯:《第三条道路：社会民主主义的复兴》,北京大学出版社2000 年版,第 107—110 页。

③ Collins H. , "Discrimination, Equality and Social Inclusion", *The Modern Law Review*, January, 2003, Vol. 66.

④ Alba R. , V. Nee, "Rethinking Assimilation: Theory for a New Era of Immigration", *The International Migration Review*, Vol. 31, No. 4, 2005, pp. 826 – 874.

的过程。随着移民群体在迁入地的影响力在迁入地越来越大，对移民社会融入的关注也从排斥转向尊重个人及群体发展的取向。欧盟认为，社会融入是确保具有风险和社会排斥的群体能够获得必要的积极参与，人人享有广泛的机会平等和生活福祉，全部市民都享有社会福利的过程。[①] 在这一阶段，社会融入已经不再单独关注移民群体，而是界定为所有边缘群体的社会问题，社会融入被视为正常社会现象。

社会融入已经成为评价社会质量和人类生活质量的重要内容之一。社会质量理论体系中的社会包容强调社会融入是解决社会排斥的重要手段，社会包容包括融入就业和劳动力市场、享有卫生服务、融入教育系统和服务、住房市场融入、融入社会保障体系、融入社区服务、政治参与和社会对话等几个方面。[②] 社会质量如果着眼于个人，体现在社会为个人提供的进入社会体系的机会、开放度，以及个人融入主流社会的可能性来反映，一个社会质量高的社群，应当是社群成员社会融入程度非常高的社会。[③]

从以上的定义中，可以梳理出社会融入包括以下内涵：首先，经过了长时间的发展和演变，社会融入不仅是社会排斥对立面这么简单、粗放的概念，而是作为社会发展的一个目标；其次，平等是社会融入的价值基础，社会融入的本质在于让边缘群体能够平等享受社会的权利和义务；再次，社会融入的目标是社会成员能够公平参与经济、政治、社会生活，促进社会团结；最后，社会融入强调个人权利的同时，也明确个人需要承担相应的义务。总之，社会融入是人们追求社会团结，解决社会排斥的一个过程，也是对社会平等和公平追求的目标。

（二）社会融入及相关概念辨析

目前国内对社会融入研究的概念和理论均源自于西方，且在社

---

① 欧盟委员会：《社会融合联合报告》，布鲁塞尔：欧盟委员会就业和社会事务司，2004 年。

② 张海东：《从发展道路到社会质量：社会发展研究的范式转换》，《江海学刊》2010 年第 3 期。

③ 林卡：《社会质量理论：研究和谐社会建设的新视角》，《中国人民大学学报》2010 年第 2 期。

会融入、社会融合、市民化之间并没有做出明确的界定，概念间的界限非常模糊。本书使用社会融入的概念，而没有使用社会融合、市民化概念，是基于以下考虑：第一，融合是双向的，表示移民携带的文化和迁入地文化相互交融；而融入是单向的关系，指流动人口在经济、行为、文化、观念等方面融入到迁入地的主流社会体系中，① 现阶段农民工仍然是以单向地适应城市社会为主，以城市文化价值体系作为参照标准，农民工的群体文化价值对城市文化尚未形成有意义的影响。第二，融合是一种平等的关系，以渗透、融汇为特征，而融入暗示不平等的从属关系，以流入地的文化为主。农民工处于弱势地位，无心也无力将家乡文化整合进城市文化中，尚未有效影响城市文化，融入更能体现这种相对弱势状态。第三，融入是融合的第一步，二者并没有绝对的界限，融入也能反映融合的内容。考虑到农民工仍处于弱势和被动地位的特点，张文宏、雷开春认为"社会融合"概念是对弱势群体的社会学关怀而提出的，农民工群体在城市的行为、经济、文化都是以城市作为参照标准，而不是以家乡作为参照标准，他们希望通过流动实现身份转换，成为"城里人"。② 国务院发展研究中心课题组认为农民工整体融入城市应以公共服务体系为核心，推动农民工个人融入企业，子女融入学校，家庭融入社区，使农民工在城市中"有活干，有学上，有房住，有保障"。③ 童星、马西恒认为社会融合是迁移者在居住、就业、价值观念、生活方式等诸方面融入城市社会，转为城市市民的过程。④ 笔者认为融入比融合更能体现农民工群体在城市中的适应和生存发展过程，社会融入兼顾结构与行动的平衡，既强调社会结构的调整，也重视个体的自我适应。

---

① 杨菊华：《从隔离、选择融入到融合：流动人口社会融入问题的理论思考》，《人口研究》2009 年第 1 期。

② 张文宏、雷开春：《城市新移民的社会融合的结构、现状与影响因素分析》，《社会学研究》2008 年第 5 期。

③ 国务院发展研究中心课题组：《农民工市民化进程的总体态势与战略取向》，《改革》2011 年第 5 期。

④ 童星、马西恒：《"敦睦他者"与"化整为零"——城市新移民的社区融合》，《社会科学研究》2008 年第 1 期。

　　除了以社会融入、社会融合作为主题的研究外，学术界对社会融入的研究还有一个重要视角是市民化，市民化与社会融入有着千丝万缕的联系。当前农村剩余劳动力向城市转移已经基本上完成，第二阶段农村转移人口市民化正在进行中。① 对市民化的内涵目前有如下几种解读：（1）市民化是作为社会身份以及附着在身份上的市民权利义务转变的市民化，"农民市民化"是指作为一种"职业"的农民和作为一种社会身份的"农民"在向市民转变的过程中，发展出相应的能力，学习并获得市民的基本资格，适应城市并具备一个城市市民基本素质的过程。② 于建嵘认为市民化既要获得市民身份，也要享受市民生活，不能是身份和生活分离的市民化，简单的户籍制度改革带来的市民户口没有实质意义。③（2）市民化是农民工社会地位的转变过程。李强认为，市民化是农民实现了社会地位的转变，接受现代文明的城市生产方式和生活方式的过程。④ 农民工市民化是一个不断摆脱边缘状态，逐渐融入城市主流社会的过程。⑤（3）市民化作为农民工个体能力的转变。郑杭生将市民化的理论意涵界定为：作为职业的"农民"和作为一种社会身份的"农民"在向市民转变的过程中发展出相应的能力，学习并获得市民的基本资格，适应城市并具备城市市民基本素质的过程。⑥ 刘传江则认为农民工市民化是进城务工经商的农民工克服各种障碍逐渐转变成市民的过程和现象，包括职业上由农民工转变成非农产业工人，社会身份上转变成市民，自身素质的提高和意识形态、生活、行为

---

① 张斐：《新生代农民工市民化现状及其影响因素分析》，《人口研究》2011 年第 6 期；王晓丽：《从市民化角度修正中国城市化水平》，《中国人口科学》2013 年第 5 期。

② 郑杭生：《农民市民化：当代中国社会学的重要研究主题》，《甘肃社会科学》2005 年第 4 期。

③ 于建嵘：《市民待遇是农民工市民化的关键》，《农村工作通讯》2010 年第 18 期。

④ 李强：《论农民和农民工的主动市民化与被动市民化》，《河北学刊》2013 年第 4 期。

⑤ 刘传江：《中国农民工市民化研究》，《理论月刊》2006 年第 10 期。

⑥ 郑杭生：《农民市民化：当代中国社会学的重要研究主题》，《甘肃社会科学》2005 年第 4 期。

方式的市民化。① （4）社会服务的均等化。农民工市民化的过程，本质上是享受公共服务均等化的过程，解决农民工的社会保障、城镇住房、公共教育、医疗卫生、基础设施等基本公共服务需求。② （5）市民化被视为城市性的转变过程。刘传江、程建林认为农民工市民化的内涵包括生存职业、社会身份、自身素质以及意识行为四个层面，职业上农民工由非正规就业转向正规就业，成为非农产业工人，社会身份上由农民转变为市民，并且提升自身素质，在意识形态、生活方式和行为方式上达到城市化。③ 王兴周、张文宏认为市民化包括职业、空间、身份和生活方式四层含义，职业上从事农业劳动转为非农劳动、空间上从乡村向城市社区流动、身份上获得城市户口并形成城市生活方式，而市民化的核心内容是城市性的养成，包括培养理想化人格、适应次级社会关系、适应超负荷社会交往模式、适应亚文化环境、创新与反常规、宽容等六个方面的内容。④

从学者们对市民化的不同界定方式中我们可以看出，虽然社会融入与市民化在概念外延上有所不同，但是其内涵一致，都强调农民工融入城市，享受与城市市民相同的公共服务和待遇；在测量指标上强调多方面、分层次达到市民程度，与城市市民享受同等待遇，二者存在相互重叠，有的学者甚至在指标上将两者等同。当然二者也存在一些不同：第一，市民化更偏向政策范畴，社会融入则更偏向理论范畴；第二，市民化强调从客观方面达成市民状态，而社会融入则侧重从行为到心理、从客观到主观融入城市社会的过程；第三，社会融入的着眼点和视角更偏重宏观，社会融入是基于人群特征研究整个社会中的社会链接，⑤ 市民化侧重个人层次达到

---

① 刘传江：《中国农民工市民化研究》，《理论月刊》2006 年第 10 期。

② 简新华、黄锟：《中国工业化和城市化过程中的农民工问题研究》，人民出版社2008 年版；张国胜：《基于社会成本考虑的农民工市民化》，《中国软科学》2009 年第 4期。

③ 刘传江、程建林：《第二代农民工市民化：现状分析与进程测度》，《人口研究》2008 年第 5 期。

④ 王兴周、张文宏：《城市性：农民工市民化的新方向》，《社会科学战线》2008年第 12 期。

⑤ 李培林、田丰：《中国农民工社会融入的代际比较》，《社会》2012 年第 5 期。

市民状态的过程；第四，社会融入是完成市民化的一个阶段，是市民化必不可少的条件。

综上所述，以往学者们对农民工社会融入的研究也并没有严格区分开社会融入、社会融合和市民化等概念之间的差异，有的学者将这三个概念交互使用，相关的研究存在重叠、交叉的现象，本书为全面了解社会融入，在回顾农民工社会融入的相关文献时，也将涉及社会融合、市民化的研究。

在对农民工的社会融入进行经验研究时，学者们在社会融入的概念上形成了不同的认识。任远、邬民乐认为，社会融入是不同个人、不同群体或不同文化之间相互配合、相互适应的过程。① 马西恒、童星认为，社会融入是指移民在居住、就业、价值观念等城市生活的各个方面融入城市生活、向城市居民转变的过程，这个过程的进展程度可以用新移民与城市居民的同质化水平来测量。② 崔岩则将社会融入界定为社会中某一特定人群，融入社会主流群体，与社会主流群体同等地获取经济社会资源，并在社会认知上去差异化的过程。③ 悦中山等人将社会融入定义为"移民与迁入地社会居民之间差异的消减"，认为流动人口的社会融入问题，不是私人问题，而是社会现象，是社会结构和个人特质综合导致的结果，涉及国家的户籍制度、流入地的经济结构和居民的行为和态度、流动者的个人素质和经济状态等，已经成为我国构建和谐社会无法回避的问题。④ 从以上定义中，我们不难看出，我国社会融入的研究对象以农民工为主，尽管定义社会融入的视角不同，但是都强调社会融入的目标是农民工达到城市市民的状态。

---

① 任远、邬民乐：《城市流动人口的社会融合：文献述评》，《人口研究》2006 年第 3 期。
② 马西恒、童星：《敦睦他者：城市新移民的社会融合之路——对上海市 Y 社区的个案考察》，《学海》2008 年第 2 期。
③ 崔岩：《流动人口心理层面的社会融入和身份认同问题研究》，《社会学研究》2012 年第 5 期。
④ 悦中山、李树茁、[美] 费尔德曼：《农民工社会融合的概念建构与实证分析》，《当代经济科学》2012 年第 1 期。

二　农民工社会融入的现状

关于农民工的社会融入，已有的研究成果涉及人口学、经济学、管理学、社会学等多个学科，本书主要是从社会学的视域下考察这一现象。学者们对社会融入的理解囊括了社会结构、公共服务、公民权多种视角。农民工的社会融入问题不是私人问题，而是社会现象，反映利益关系、社会资源分配的规则和秩序，涉及国家的宏观政策、城市治理模式、市民态度和行为、农民工的社会经济背景等多重因素，是转型期无法回避的问题。[①] 陈丰将农民工群体游离于城市和农村之间的弱势群体地位的状态，并未真正融入城市社会的现象称为"虚城市化"，体现在合法权益得不到保障、子女在城市受教育不平等、城市认同感和归属感缺失、职业与社会身份分离等方面，而融入城市、市民化是农民工城市化的现实路径。[②] Solinger从公民身份的角度将农民工社会融入视为"争取市民权利"的过程，把农民工的身份、待遇与墨西哥到美国的非法移民相比，农民工制度上遭受的排斥与移民有相似之处。[③] 农民工社会融入的意愿、过程和结果反映他们在流入地的生存状况，也折射出他们能否享受公正、公平的待遇。

社会融入维度存在多种分类方法，并未形成统一的认识。有学者将其分为经济整合、文化融入、交流融入、行为适应和身份认同，这几个维度间存在先后次序、层级关系和因果关系，经济整合在前，其次是文化融入，接下来是行为适应，最后是身份认同；[④] 还有学者认为社会融入应分为情感融入和行为融入，情感融入指个体在群体内的身份认同、价值取向及向群体投入时间、劳务和个人

① 李树苗、任义科、靳小怡、[美] 费尔德曼：《中国农民工的社会融合及其影响因素研究——基于社会支持网络的分析》，《人口与经济》2008年第2期。
② 陈丰：《农民工"虚城市化"现象及其治理》，《城市问题》2013年第1期。
③ Solinger D. J., *Contesting Citizenship in Urban China: Peasant Migrants, the State and the Logic of Market*, University of California Press, 1999.
④ 杨菊华：《从隔离、选择融入到融合：流动人口社会融入问题的理论思考》，《人口研究》2009年第1期。

资源的意愿，行为融入则强调人际间社会互动的频率和强度。[①] 朱力将社会融入分为经济层面、社会层面和心理层面的融入，认为三种融入具有依次递进特征。[②] 李培林、田丰将社会融入分为经济层次融入、社会层次融入、心理层次接纳和身份认同四个不同维度，他们的研究发现，社会融入的维度间不存在递进关系，经济层次的融入并不必然带来其他层次的融入。[③]

农民工存在内部群体分化的现象，其社会融入也呈现分化的状态。农民工对社会融入的态度存在很大差异，有的农民工倾向于在城市就业赚钱，最终落叶归根回到农村；有的农民工只愿意在大城市落户，不愿意接受中小型城市的户籍；有的农民工倾向于在城市定居生活，不介意城市类别真正成为城市人。微观上，农民工是一个理性人，通过理性判断，选择自己的社会效益最大化模式，对不同类型的农民工来说是否愿意成为城市人的道路上会受到个人和社会因素的影响。宏观上，农民工的社会融入关系到城镇化的继续发展问题，是国家政策的一部分，是整个社会的发展方向。刘传江根据农民工流动的特征将其划分为"候鸟型""双栖型""筑巢型"三种类型，每一种类型的社会融入意愿和能力都不同。[④] 从现实来看，农民工在城市和农村之间双向流动在未来一段时间内仍然会持续存在。也有学者根据代际标准将农民工划分为第一代农民工和新生代农民工，指出新生代农民工社会融入的状态、能力比第一代要好，也有更加强烈的融入意愿。[⑤] 目前，公安部已经放开了小城市户籍，但是大城市的户籍控制仍然很严格。对于农民工来说，小城市社会融入较为容易，融入小城市的比例也较高。农民工群体规模庞大，在从农民到市民的融入进程上是一个"连续体"，是一个整

---

① 李树茁、任义科、靳小怡、〔美〕费尔德曼：《中国农民工的社会融合及其影响因素研究——基于社会支持网络的分析》，《人口与经济》2008 年第 2 期。
② 朱力：《论农民工阶层的城市适应》，《江海学刊》2002 年第 6 期。
③ 李培林、田丰：《中国农民工社会融入的代际比较》，《社会》2012 年第 5 期。
④ 刘传江：《迁徙条件、生存状态与农民工市民化的现实进路》，《区域经济》2013 年第 4 期。
⑤ 侯力、解柠羽：《城市农民工二代移民社会融入的障碍研究》，《人口学刊》2010 年第 6 期。

体动态连续变化的过程,[①]"连续体"是社会科学学者借用数学的学科术语,用来描述社会现象连续变化的过程。

　　学者们建立了不同的指标体系和计算方法估算社会融入,但是没有形成统一的计算方法,不同的估算方法测出的社会融入状况也不同。总体来说,社会融入的估算值在0.3—0.5之间,以"半融入"的状态为主。[②③④] 陆康强对特大城市的农民工调查研究发现,有半数农民工融入倾向不到0.37,总倾向度为0.39,融入意愿处在较低水平。[⑤] 张文宏、雷开春对上海白领新农民工的研究发现,新农民工的社会融合程度偏低,城市文化的排斥和生活成本是融合的主要障碍,特别是乡土文化特征会遭受城市歧视。[⑥] 农民工在制度上已逐步被接受,然而在城市中呈现"半融入"或"不融入"的状态。[⑦] 杨菊华的调查研究发现流动人口的社会融入综合指数不到50分(满分100分),文化习得和心理认同维度得分较高,经济整合和社会适应部分得分最低,不足30分,呈现总体融入程度不高、不同维度融入状况差异巨大的态势,[⑧] 社会融入是动态、渐进式和多维度的,具有多样性和阶梯式发展特征,并且在社会融入的不同阶段,其影响因素也在不断变化。也有学者对不同类型城市的社会融入进行了细化的分类描述,比如,杨江澜等人对不同规模城市的社会融入进行了测量发现,一线城市的社会融入现状指数较低但是融入的预期指数较高,二、三、四线城市的社会融入现状指数较高

---

　　① 文军、沈东:《"市民化"连续体:农业转移人口类型比较研究》,《社会科学战线》2016年第10期。

　　② 刘传江、程建林:《第二代农民工市民化:现状分析与进程测度》,《人口研究》2008年第5期。

　　③ 魏后凯、苏红键:《中国农业转移人口市民化进程研究》,《中国人口科学》2013年第5期。

　　④ 鲁强、徐翔:《我国农民工市民化进程测度——基于TT&DTHM模型的分析》,《江西社会科学》2016年第2期。

　　⑤ 陆康强:《特大城市外来农民工的生存状态与融入倾向》,《财经研究》2010年第5期。

　　⑥ 张文宏、雷开春:《城市新移民的社会融合的结构、现状与影响因素分析》,《社会学研究》2008年第5期。

　　⑦ 李强:《农民工与中国社会分层》,社会科学文献出版社2012年版,第69—101页。

　　⑧ 杨菊华:《中国流动人口的社会融入研究》,《中国社会科学》2015年第2期。

而预期指数却低走的状况，一线城市具有很强的融入吸引力，然而融入的难度最大，二线城市的社会融入总体状况更乐观。① 尽管学者们对社会融入的测算方法不同，测算的结果也相去甚远，总体来说，农民工处于"半融入"的状态。

三　中国本土的社会融入理论

我国目前没有形成系统的社会融入理论，相关研究的理论视角都是借鉴西方移民的社会融入理论。流动人口因为迁移而适应城市社会生活的过程，实际上是再社会化的过程，学者们也认同将农民工的社会融入视为再社会化的过程。对社会融入的研究集中在社会融入的指标构建、影响因素两个方面，在社会融入上以"市民化"的完成程度为参考形成了市民化理论。

学者们就市民化的主题形成了农民工达到城市市民状态的阶段理论，以农民工进入城市的不同时间点分析其社会融入的路径，形成了一步市民化理论和两步市民化理论，目前两步市民化理论更受学者们的认可。一步市民化理论认为农民工在城市里工作，就已经将身份从农民向市民转变了，认为只要农民工在户籍上成为市民，在城市就业、生活就是市民了，市民化的重点在于户籍改革。两步市民化理论认为户籍不是农民工唯一的标识，需经历"先从农民到农民工"、再从"农民工到市民"的转移路径。农民工的非农化和人口的城市化发生了脱节，即农村劳动力迁移不是一次完成的，他们在完成产业身份转换的同时并没有完成真正的地域转移，农民工是劳动力迁移过程中的过渡性的群体，市民化是非农化的延续。② 市民化不仅仅是户籍身份转变的问题，市民化是一个包括就业、公共服务、观念转变、能力提升的综合性工程，"乡城劳动力两步转移理论"对我国农民工现象的解释力要强于西方传统的"农村人口

---

① 杨江澜、王洁、薛海娇、李华：《流动人口城镇社会融入信心指数编制及应用》，《人口学刊》2016 年第 5 期。
② 张占斌：《积极有序推进农民工市民化》，《内部文稿》2013 年第 3 期。

城市化"的"一步转移理论"。① 两步转移理论中，第一个阶段是农
民从农村中转移出来，在城市从事非农职业，由农民转变为农民
工；第二个阶段则是农民工在价值观念、生活习惯、行为方式等方
面向城市居民靠拢，获得城市市民身份，由农民工转变为市民。②
在两步转移理论的基础上，有学者对第二个阶段进行了进一步的细
分，形成三步转移论。刘传江和董延芳认为农民工融入城市包括农
村退出、城市进入和城市融合三个阶段。③ 王竹林和王征兵认为农
民工市民化是农民工在职业、地域、身份上向市民转变的过程，包
括农村退出、城市进入和城市融合三个相互连接的时序环节，是先
从农民转向农民工再从农民工转变为市民的过程。④ 第一阶段从农
民到城市工人的过程已经顺利完成这也意味着"民工潮"将逐渐消
失，但是第二阶段从农民工向市民的身份转变仍然举步维艰，成功
市民化需要穿过户籍墙，市民化是必然趋势。冷向明和赵德兴认
为，"乡城劳动力两步转移理论"框架虽然能较好地彰显我国乡城
劳动力转移的中国特色，但却忽略了中国农民工市民化所具有的普
遍性的一面，即从价值观念层面由乡土性向现代城市性的转变是从
公共政策意义上的市民向真实世界的市民转变的根本标志和核心内
容，因此他们将"农民—农民工—市民"的两步转移理论，补充拓
展为"农民—农民工—新市民—市民"的三步转移理论。⑤ 还有学
者指出，农民工市民化各维度的转变进程不是整齐划一的，由此提
出农民工的市民化过程包括职业市民化、社区市民化和身份市民化
三个阶段。⑥ 国内学者对农民工社会融入过程阶段性特征的提炼显
示出了本土化理论创新的努力。

---

① 冷向明、赵德兴：《中国农民工市民化的阶段特性与政策转型研究》，《政治学研究》2013 年第 1 期。

② 钟水映、李魁：《农民工"半市民化"与"后市民化"衔接机制研究》，《中国农业大学学报》（社会科学版）2007 年第 3 期。

③ 刘传江、董延芳：《农民工市民化障碍解析》，《人民论坛》2011 年第 9 期。

④ 王竹林、王征兵：《农民工市民化的制度阐释》，《商业研究》2008 年第 2 期。

⑤ 冷向明、赵德兴：《中国农民工市民化的阶段特性与政策转型研究》，《政治学研究》2013 年第 1 期。

⑥ 王兴周、张文宏：《城市性：农民工市民化的新方向》，《社会科学战线》2008 年第 12 期。

四　农民工社会融入的影响因素

对中国农民工社会融入的本土研究在汲取了对移民的研究精华后集中在对社会融入、社会融合、城市融入、市民化等几个主题上，对社会融入的影响大致可以归纳为制度约束论、文化因素论、社会资本论等几个方面。

制度约束论是从城乡二元制度入手分析宏观制度尤其是户籍制度对农民工城市社会融入的障碍。户籍制度造成了农民工身份和职业的背离，也将农民工屏蔽在分享城市的社会资源外。杨菊华的研究发现，农民工的总体社会融入程度一般，制度约束和结构约束让经济和社会方面的融入程度滞后于文化和心理方面的融入。① 非市民身份使农民工面临各项社会权益和保障的缺失，无法获得城市社会认同，甚至造成歧视与排斥。农民工融入城市需要穿越"双重户籍墙"，显性户籍墙是抑制城乡流动的户籍制度，隐性户籍墙是在"显性户籍墙"的基础上形成的对农民工身份、权利歧视的制度安排，只有穿过这两个户籍墙，才能真正成为市民，融入城市。② 学者们基于成本—收益理论和门槛理论分析了城乡二元制度对农民工社会融入的影响，二元制度造成了农民工的就业模式、生存状态和劳动力转移过程的分割，城乡二元制度既是对身份的认定，也是对利益关系的界定具有城乡二元偏向性和城乡分割性特征，以及附着在制度上的行业因素和劳动保护因素，农民工"被边缘化"导致的社会地位低、缺乏向上流动的机制和空间，二元户籍带来的二元社会保障、二元劳动力市场，以及农村老家的土地流转不通畅都限制了农民工彻底融入城市。③④

区域因素与二元制度形成交互影响，我国区域之间经济发展不平衡，社会资源也不均衡，不同地区的社会融入也有所差异。朱健

---

① 杨菊华：《制度歧视与结构排斥：北京市青年流动人口职业流动变动研究》，《南京工业大学学报》（社会科学版）2013 年第 3 期。

② 刘传江：《迁徙条件、生存状态与农民工市民化的现实进路》，《区域经济》2013 年第 4 期。

③ 刘传江、董延芳：《农民工市民化障碍解析》，《人民论坛》2011 年第 9 期。

④ 张占斌：《积极有序推进农民工市民化》，《内部文稿》2013 年第 3 期。

等人分析区域的宏观特征对社会融入的影响，研究结果显示，沿海省份与直辖市表现出区位优势，控制区位因素后，非农产业有利于社会融入，且在沿海地区其作用更明显，地区就业率、金融发展对沿海省份农民工转为城市市民的促进作用显著，提高基础设施水平、农村劳动生产率有利于中西部社会融入，国企比重高会抑制沿海地区市民化，而外向型经济则促进社会融入。① 宁光杰和李瑞研究了农民工的流动范围对社会融入的影响，发现省内跨市流动的农民工社会融入的意愿和能力最强。②

文化影响论认为社会融入是对迁入地的社会文化氛围和行为方式适应的过程，当农民工发展出适应能力时，就能有效促进社会融入。农民工的迁移行为势必要对农村生活方式和思维方式进行消解或解构，习得现代化的城市生活方式和文化观念才能真正融入城市社会。③ 文军等人的研究发现人口因素、思想观念、行为方式、社会权利、生活质量以及社会参与都对社会融入有影响，其中农民工习得的传统农村文化观念和行为方式是阻碍其融入城市的重要因素。④

社会资本论是从社会资本因素入手分析其对农民工社会融入的影响。项飚最先开启从社会网络的角度研究农民工，对北京"浙江村"的研究印证了社会网络是非精英移民借以融入城市的优势条件。⑤ 农民工在城市中经济地位的获得过程中，社会资本扮演了极其重要的角色，他们的人力资本需要靠社会资本才能发挥作用，其中新型社会资本的作用最大。规模小、紧密度高、趋同性强、异质性低是农民工社会网络的主要特点，也是强化其亚社会生态环境的

① 朱健、朱湘满、袁旭宏：《我国农民工市民化的影响因素分析》，《经济地理》2017 年第 1 期。

② 宁光杰、李瑞：《城乡一体化进程中农民工流动范围与市民化差异》，《中国人口科学》2016 年第 4 期

③ 潘泽泉：《被压抑的现代性：农民工融入城市的困境》，《广西民族大学学报》（社会科学版）2011 年第 1 期。

④ 文军、沈东：《"市民化"连续体：农业转移人口类型比较研究》，《社会科学战线》2016 年第 10 期。

⑤ 项飚：《从"浙江村"到中关村》，《中国企业家》2000 年第 6 期。

主要原因，保护了农民工的传统观念和小农意识，阻碍了其城市融入。[①] 流动人口的个人和家庭状况、社会资本、城市的制度安排因素等都会影响外来人口的社会融入。[②]

人力资本影响论认为教育、就业、劳动时间等因素限制了农民工的社会融入。潘泽泉等人的研究发现，农民工的劳动时间过长降低了其社会融入程度。[③] 陈云松等人采用中国社会调查和相关城市统计资料的数据分析发现，城镇化的不平等效应包括社会保险、文化生活、身份认同等，它们降低了农民工的社会融入程度。[④] 何军对代际社会融入的影响因素研究发现，收入水平、社会资本、受教育程度是重要的因素，所有因素中受教育水平对第一代农民工的影响最大，社会资本则对新生代农民工的影响更大。[⑤]

社会距离是研究移民与迁入地融合的重要视角。王桂新等人从社会距离的角度研究农民工与特大城市居民的社会融入或者融合情况，认为城市规模越大，农民工与城市居民的社会距离越远。[⑥] 城市市民的包容能够促进农民工的社会融入，[⑦] 农民工与迁入地市民的社会距离属于松散的交往关系，联系并不紧密，农民工在城市中仍然受到市民的排斥，文化差异、地位差异、空间隔离是影响农民工与市民社会距离的重要因素，而制度限制和制度供给不足是深层次原因。[⑧]

除了以上影响社会融入的四种因素之外，有学者从农民工成为

---

① 王毅杰、童星：《流动农民社会支持网探析》，《社会学研究》2004 年第 2 期。

② 任远、乔楠：《城市流动人口社会融合的过程、测量及影响因素》，《人口研究》2010 年第 2 期。

③ 潘泽泉、林婷婷：《劳动时间、社会交往与农民工的社会融入研究——基于湖南省农民工"三融入"调查分析》，《中国人口科学》2015 年第 3 期。

④ 陈云松、张翼：《城镇化的不平等效应与社会融合》，《中国社会科学》2015 年第 6 期。

⑤ 何军：《代际差异视角下农民工城市融入的影响因素分析——基于分位数回归方法》，《中国农村经济》2011 年第 6 期。

⑥ 王桂新、武志奎：《城市农民工与本地居民社会距离影响因素分析——以上海为例》，《社会学研究》2011 年第 2 期。

⑦ 杨菊华：《中国流动人口的社会融入研究》，《中国社会科学》2015 年第 2 期。

⑧ 卢国显：《我国大城市农民工与市民社会距离的实证研究》，《中国人民公安大学学报》（社会科学版）2006 年第 4 期。

市民的成本约束层面探讨他们城市社会融入的障碍，该观点认为农民工成为市民，融入城市社会不可避免带来社会公共服务费用的增加，这些市民化的成本费用限制了社会融入。张国胜从社会成本的角度，分析农民工市民化的成本计量和模型、成本承担主体、筹措方式，分析结果认为农民工市民化要根据群体的内部分化特征分批实现。[①] 黄锟将市民化成本分为社会成本和私人成本，社会成本是市民化过程中政府的财政支出，私人成本包括一般性成本和制度性成本两部分，一般性成本是个人在社会身份转变过程中付出的生活方式、消费方式转变而增加的费用，制度性成本是对抗城乡二元制度的差异而带来的费用。[②] 对市民化成本的测算指标不同，测算出的结果也有所不同。卢国显认为沿海地区平均每人的市民化成本相较于内陆要多 4 万元左右，大城市的市民化成本更高。[③] 单菁菁估算东、中、西部地区的人均市民化公共成本分别为 17.6 万、10.4 万和 10.6 万元，大城市的成本会更高一些。[④] 国务院发展研究中心课题组将农民工市民化的成本划分为私人成本和公共成本两部分，根据 2010 年不变价格统计将私人成本剥离后，测算出每个农民工市民化的公共成本约 8 万元。[⑤] 张占斌等人根据国家统计局的数据以 2011 年的价格和财政支出为基线测算，将外出务工的 1.586 亿农民工市民化，各方面需要的成本为：农民工随迁子女教育成本合计为 3214.16 亿元，养老保险成本需要新增 938.13 亿元，医疗保险成本需要财政支出 269.33 亿元，最低生活保障方面需要新增低保支出 155.07 亿元，保障性住房成本为 13783.68 亿元，就业、城市管理等成本不需要新增支出，总支出约 18091.04 亿元。[⑥] 杜海峰

---

① 张国胜：《基于社会成本考虑的农民工市民化》，《中国软科学》2009 年第 4 期。
② 黄锟：《城乡二元制度对农民工市民化影响的实证分析》，《中国人口·资源与环境》2011 年第 3 期。
③ 卢国显：《我国大城市农民工与市民社会距离的实证研究》，《中国人民公安大学学报》（社会科学版）2006 年第 4 期。
④ 单菁菁：《农民工市民化的成本及其分担机制研究》，《学海》2015 年第 1 期。
⑤ 国务院发展研究中心课题组：《农民工市民化进程的总体态势与战略取向》，《改革》2011 年第 5 期。
⑥ 张占斌、冯俏彬、黄锟：《我国农民工市民化的成本测算与时空分布》，《内部文稿》2012 年第 11 期。

等人将市民化成本分为外部成本和私人成本两部分，外部成本包括公共成本和企业成本，私人成本包括生活成本、智力成本、放弃土地机会成本等显性成本，以及社会交往成本、子女教育机会成本、失业风险成本等隐性成本，测算出农民工市民化人均成本约 6.314 万元，政府承担的公共成本约 0.83 万元。[①] 由于农民工群体数量庞大，这些社会成本不可避免给地方财政带来压力，从而限制了农民工享受城市公共服务，阻碍社会融入。

五 大城市农民工的社会融入

关于大城市农民工的社会融入，学界也有所涉及，从大城市农民工的阶层、就业、住房等维度开展研究。冯虹等人对四个超大城市的农民工社会融入进行了研究[②]，发现农民工主要从事个体户、商业服务业人员及工人的职业，仍处于社会分层体系中的偏下层，但是超大城市农民工在"单位负责人""专业技术人员""办事人员"的职业比例高于非超大型城市。根据厚劳动力市场理论，城市规模越大，找工作花费的时间越短，求职者与岗位的匹配度越高，匹配越高效，因而更能吸引农民工，但是大城市的就业市场对农民工的就业歧视相较于一般城市要严重，农民工无法同城镇户籍居民在就业市场上公平竞争，其工作获得途径更多依靠家人、朋友等原有社会网络的支持，破坏了厚劳动力市场发挥作用。大城市的农民工收入提升更快，有助于职业的向上流动，一方面是大城市农民工更容易接触到新事物，通过"耳濡目染"积累人力资本；另一方面是大城市可获取职业信息的渠道更多、就业门类更加细致、职业转换选择空间更广，农民工职业向上流动的通道更宽敞。[③] 宁光杰[④]研

① 杜海峰、顾东东、杜巍：《农民工市民化成本测算模型的改进及应用》，《当代经济科学》2015 年第 2 期。

② 冯虹等：《中国超大城市农民工问题研究——以北上广深为例》，社会科学文献出版社 2016 年版，第 1—39 页。

③ 王静：《大城市流动人口的"职业转换"对工资影响的研究》，《西北人口》2020 年第 2 期。

④ 宁光杰：《中国大城市的工资高吗？——来自农村外出劳动力的收入证据》，《经济学》（季刊）2014 年第 3 期。

究了城市规模与农民工城市就业机会间的关系，发现城市人口每增加 1%，找工作的时间相应减少 0.124%，验证了城市规模越大，就业机会越多的假设。刘超等人[①]则针对大城市农民工与就业间的关系展开了研究，发现大城市农民工工作满意度高、就业稳定性低，厚劳动力市场优势因就业歧视相对普通城市有所弱化，这是因为农民工在城市不得不选择依靠亲朋好友等原有社会关系网络以"自我雇佣化"的形式就业，作为对就业歧视的被动回应。吴开泽、黄嘉文[②]对大城市农民工的留城意愿做了研究，发现农民工超过半数居住在城中村出租屋，但是采取家庭居住模式和租住正规住房者留城意愿更强烈，更容易融入大城市。

第二节　阶层理论与中国社会阶层结构背景

一　阶层

（一）阶层分化的概念分析

阶层是社会分层非常重要的一个领域，阶层研究不仅仅关注个人或群体的客观社会位置，而且要关注阶层与其他社会因素、社会行为间的关系，这种关系标识着群体内部的阶层水平。阶层是在社会中拥有相近社会地位的人组成的群体。阶层分化则是取得社会地位的方式以及这个社会位置所附带的一些社会属性，阶层分化的过程使不同阶层的人在社会行为、生活方式上有非常明显的差别。马特拉斯[③]将阶层分化定义为个人取得社会位置的方式或规则，或是成为社会某一阶层成员身份的方式或规则。洪大用[④]将阶层化定义

---

①　刘超、李瑞、马俊龙：《城市规模、就业歧视与农民工就业匹配》，《经济科学》2020 年第 5 期。

②　吴开泽、黄嘉文：《居住模式、住房类型与大城市流动人口留城意愿：基于广州的实证研究》，《华东师范大学学报》（哲学社会科学版）2020 年第 4 期。

③　［美］马特拉斯：《社会不平等：社会阶层化与流动》，台北：桂冠图书股份有限公司 1990 年版。

④　洪大用：《农民分化及阶层化研究的回顾与展望》，《社会学与社会调查》1992年第 5 期。

为社会成员的垂直分化，通过权利、财富、声望等在成员间的不均匀分布，使得一些人与另一些人在社会表现、生活方式与价值观念等方面有非常明显的差别。阶层分化的内涵就是个人与团体都是与其他个人或团体相互比较而分等级或分层级，与层级顺序排列的社会团体的特性有关，层级不仅仅对社会报酬或社会资源分配的不公平有重大影响，还会影响个人或集体的行为、态度与社会关系。关于阶层分化有两种理论取向：一种是个人与家庭在社会中的等级，即以社会地位的某一层面为基础，如职业、教育、经济收入、生活方式或消费；另一种是社会阶层所属群体的成员资格，其中公民身份是重要内容，包括社会参与、道德素养等方面。[1] 本书将结合阶层分化的这两种理论取向，来分析农民工的阶层化现象，前一种取向以社会分层中的就业方式与生活方式来考察农民工的工作场域与私人生活场域的阶层分化，后一种取向以公民参与来研究农民工在公共场域的阶层分化。

阶层分化、社会分层与社会流动之间相互交织，但是三个概念又各有偏重。阶层分化偏向描述性，分析某一群体形成阶层的现象和阶层分布的情况，属于对群体动态的研究。社会分层是从整体社会结构的角度来解读，深入分析阶层之间的关系和阶层分化现象的背后原因，属于群体静态的研究。阶层分化与社会分层是社会流动的一体两面，有了阶层分化现象，才有社会流动的可能。社会流动关注微观层次的个人；阶层分化注重微观和中观层次，通常采用个人和社会类别作为分析单元，社会分层则注重社会宏观层次，以整个国家的社会作为分析单元。阶层分化的分析可以帮助了解社会结构的部分特质，尤其是能够深入了解社会某一群体的特质。

近年来社会阶层研究开始从宏观分析转向微观分析，从对集体行动等宏观水平的结果变量解释转向解释个人微观层次阶层分化造成的生活机会、社会态度和社会行为的变化，并且在阶层研究中变

---

① ［美］马特拉斯：《社会不平等：社会阶层化与流动》，台湾：桂冠图书股份有限公司 1990 年版。

得越来越占统治地位。[1] 微观层次的分析就是将阶层作为客观的结构性位置，研究它是如何影响阶层成员的生活机会、生活选择和社会行为，遵循"结构—状况—选择/行为"这样的逻辑链。拥有相似资源、占据相似结构位置的社会人，会共享相似的生活机会，他们被预期会有相似的行为方式，[2] 这就是阶层分化的过程，也有学者称之为阶层属性或者阶层特征。

（二）阶层分化与社会行为

阶层在某种程度上决定了个人采取的社会行为。韦伯[3]认为共同体行动具有可能的基础便是阶层，相似社会地位的人更容易达成共识。马克思提出"自在阶级""自为阶级"的概念，认为不同阶级的人会形成相似的群体行动。[4]

社会分层研究并非仅围绕客观社会位置的分析和研究，还需要阐明个人所处的社会位置和社会行为之间的关系，或者简单地说是"结构和行动"之间的关系。[5] Wright[6] 认为对阶层的研究应区分"阶层结构"和"阶层分化"，阶层结构是客观的分层结构，形成了不同社会群体的利益基础；而阶层分化是由阶层结构所决定的社会行为，阶层分化也是阶层形成的过程。客观的分层结构构成了社会关系的基本分界线，不同阶层的群体形成了不同的利益基础，在这个基础上逐渐形成了相同的社会集体行动的基本原则和基础。吉登斯[7]将分层结构和社会行为之间的过程称为"结构化"，也有学者称

① Weeden K. A., D. B. Grusky, "The Case for a New Class Map", *American Journal of Sociology*, Vol. 111, No. 1, 2005, pp. 141 – 212.

② Rose, D., D. J. Pevalin (eds.), *A Researcher's Guide to the National Statistics Socio – Economic Classification*, London: Sage, 2003.

③ ［德］马克斯·韦伯：《经济与社会》，阎克文译，上海世纪出版社 2010 年版。

④ 《马克思恩格斯全集》第 35 卷，中共中央马克思恩格斯列宁斯大林著作编译局编译，人民出版社 2013 年版。

⑤ Erikson R., J. H. Goldthorpe, *The Constant Flux: A Study of Class Mobility in Industrial Societies*, Oxford University Press, 1992, pp. 1 – 10.

⑥ Wright, E. Olin, *Classes*, London: New Left Books, 1985.

⑦ ［英］安东尼·吉登斯：《第三条道路：社会民主主义的复兴》，北京大学出版社 2000 年版。

之为"阶层化"。① 社会行为是极其复杂的社会现象，客观的分层结构在行为、消费、认同和社会意识中产生的后果以及社会行动之间的联系，是非常复杂的，但也是学术研究中非常有意义的主题。对于农民工来说，社会融入相当于其根据个人流动经历在城市中对个人生活境遇采取的社会行动选择。

社会群体的阶层分化在社会行为领域产生了一系列的后果，同一阶层的人会拥有相似的社会化特征。社会分层的结果就是阶层背景会对个体的行为表现产生影响，学者们已经证明阶层形成了文化、消费方式、生活方式、投票行为、精神健康和反常行为、社会态度和社会参与等重要区别，这些差别反过来又巩固了阶层的有利或不利模式。② 阶层分化导致不同社会阶层成员在消费行为、居住空间、生活方式等社会行为上表现出明显差异，社会上层更加注重生活质量和消费品位，居住较好的社区类型，社会参与的程度更高；社会中间阶层习惯于模仿上层的消费品位和行为方式，精明且善于计算；底层阶层一般居住在较差的社区中，消费的恩格尔系数较高，以生活必需品消费为主，几乎没有社会参与也缺乏相应的公民素养。③ 不同社会阶层之间的资源和利益出现分化和多元化是学界已达成的共识，社会上层成员在教育水平、收入分配、财富等方面有明显优势，底层人员会因为社会地位的限制而在社会资源上相对弱势，这种效应会传递到个人生活的细枝末节中。

不同阶层的人因资源禀赋不同在公共生活中的参与程度和影响力差异很大。受过良好教育的阶层能够更加积极参与公共生活，接受教育会促使个体更富有雄心、精力以及公民参与的品质，这些人也能和社区更好地融合在一起；而底层群体因为忙碌、时间压力以

---

① 刘精明、李路路：《阶层化：居住空间、生活方式、社会交往与阶层认同——我国城镇社会阶层化问题的实证研究》，《社会学研究》2005 年第 3 期。

② Dimmaggio P., J. Mohr, "Cultural Capital, Educational Attainment, and Marital Selection", *American Journal of Sociology*, Vol. 90, No. 6, 1985, pp. 1231 – 1261; DiMaggio P., F. Ostrower, "Participation in the Arts by Black and White Americans", *Social Force*, Vol. 68, No. 3, 1990, pp. 753 – 778.

③ DiMaggio P., F. Ostrower, "Participation in the Arts by Black and White Americans", *Social Force*, Vol. 68, No. 3, 1990, pp. 753 – 778.

及难以理解公民参与的内容并缺乏公民参与的技术、素质等因素，社会资本积累不够，使他们在公民参与上显得非常弱势和单薄，缺少在公共空间进行对话的资源、技巧和能力。[①] 位于较高阶层的人也更关心社会生活，底层群体注意力被解决生存问题占去大部分，无暇顾及公共生活，对公共空间较为冷漠。

我国正在经历一系列现代化，在这个过程中，社会群体的阶层分化成为引人关注的理论和实践问题，农民工在大城市阶层分化的研究也更具有理论和实践意义。

二　经典阶层理论

"社会学只有一个自变量，那就是阶层"，加州大学伯克利分校教授 Stinchcombe[②] 对阶层的影响做出过这样的判断。社会阶层和社会流动是社会分层研究关注的主题，社会分层是社会学领域的一个重要研究方向，社会学三大理论家——涂尔干、马克思、韦伯的理论体系都对社会分层有所关注，后来的研究也多沿着他们的思想进行更多维度和深度的研究。对社会分层的研究大致可以归为功能论和冲突论两种取向，功能论认为社会分层是维持社会结构正常运转的必要条件，冲突论则认为社会阶层的不平等建立在社会关系的不平等上。

涂尔干开启了从功能主义角度分析社会分层的先河，[③] 他从如何满足社会功能需求的角度来讨论社会均衡。他在《社会分工论》中对劳动分工的阐述，涉及社会分层的内容，认为随着劳动产生分化，现代社会劳动分工会越来越细，社会联系也从过去的机械团结变为有机团结，人与人之间的相互依赖越来越大，然而，劳动分工也破坏了手段与目的的一致性关系。社会群体的各个部分相应发展出各自的功能，不同部分之间协调、合作。社会整体是一个有机

---

① ［美］普特南：《独自打保龄球》，刘波、朱乃娟、张孜异等译，北京大学出版社 2011 年版，第214—217页。

② Stinchcombe A. L. , *Information and Organization*, University of California Press, 1990, p. 13.

③ ［法］埃米尔·涂尔干：《社会分工论》，渠敬东译，生活·读书·新知三联书店 2017 年版，第142—155页。

体，由不同机构组成的系统，社会各个要素发展出各自的功能，不同系统之间相互协调、合作、隶属，共同结合成一个机构，并与有机体的其他机构相互制约。每一个个体都在机构或者有机体中占有一定的位置，不同位置在劳动分工中的重要程度不同，这些不同位置总体来说维持了有机体的社会平衡。在劳动分工高度发达的社会，每个人根据自己的特长和优势担当一定的社会角色和功能，完成相应的分工任务。在每个机构或有机体中，不同位置的重要程度是不同的，不同位置对从事人员的要求也有高低之分，并且通过相应的报酬、社会声望的高低加以区别，通过这些过程，形成了不同的阶层群体。涂尔干的阶层划分基于以下两个事实：一是任何社会中不同工作的重要性是不同的，有高低之分；二是人们的才智、知识、技能水平是不同的，根据个人的综合能力会匹配不同水平的工作。因此，不同职业间收入、地位上的差距，能够吸引最有才能的人到最重要的岗位上去是合理的，社会分层正是通过这种方式配置社会成员和工作。涂尔干的劳动分工论奠定了工作作为决定个人社会地位的阶层思想基础，聪明有才智的人会获得重要的工作，并相应获得较高的社会回报；而未受过教育和相应训练的人或者资质平庸的人则只能从事简单、单调的工作，社会回报也非常有限。此外，他认为在现代性开放社会中，劳动分工越细，社会紧张的现象越明显，人们感受到更多的压抑和去人性化，更加功利主义，导致个体缺乏与社会融入的感觉。①

马克思的阶级观与社会阶层相关，② 是从冲突论的视角谈论社会阶级。他根据社会分工下生产资料的占有关系将社会成员划分为两个阶级即资产阶级和无产阶级，资产阶级占有生产资料，无产阶级没有生产资料，靠出卖自己的劳动力维持生计，资产阶级占有无产阶级生产的剩余价值以巩固和加强自己的社会地位。马克思认为社会经济结构和财产关系决定了一个社会的结构，所有权附属的生

① ［法］埃米尔·涂尔干：《社会分工论》，渠敬东译，生活·读书·新知三联书店2017年版，第250—261页。

② 《马克思恩格斯全集》第35卷，中共中央马克思恩格斯列宁斯大林著作编译局编译，人民出版社2013年版，第247—268页。

产、劳动力等塑造了社会的主要群体——社会阶级，资产阶级和无产阶级拥有不同的生活方式、经济、社会和政治利益。不同社会阶级间的斗争形成了政治活动的核心，这些分析划分出了统治者和被统治者，构成了社会结构的基础，社会变化来自不同阶级间的斗争和冲突。他描绘出了不同社会类型的历史连续体，从最简单没有社会差别的原始社会到现代资本主义社会，本质上是拥有不同的社会阶级关系，经济模式的变化造成了旧的社会消亡、新的社会发展。尽管在马克思的著作中，是以冲突性的阶级作为分析的，阶级的范围比阶层更大，阶级也更为抽象，但是不难看出阶级观已经有社会阶层的雏形了，阶层较阶级来说更为具体，马克思将生产资料和财富的占有作为划分阶级的不同标识，这对于阶层来说也具有类似的功能。

韦伯坚持的是多元分层观[1]，提出了决定个人社会地位的三个标准：财富、声望和权力，奠定了研究社会分层标准的基础。财富是个人在经济市场中占有的财产，在市场经济中对生产资料的占有是获得财富的最佳渠道。声望是社会对个人的认可程度，与个人的生活处境密切相关，具有相同生活处境的人群具有相似的声望，也使地位群体具有阶层划分的意义。权力在韦伯看来是具有不同利益的人通过合作和结盟形成共同体从而在社会中扩大影响力，以期维护自己的利益，权力具有支配的作用，可以不顾他人的反对贯彻自身意志。这种分层标准决定了个人的社会地位和阶层地位，社会阶层也体现了社会不平等。韦伯提出的三个标准使社会阶层研究应用到经验研究中，而不仅仅局限在抽象的理论中。韦伯认为个人的阶层属性会通过个人的身份彰显出来，[2] 达到社会评价的有效要求，并形成"身份群体"，也就是阶层群体，身份的基础是生活方式、正规教育和职业声望，通过这三种方式彰显个人社会身份，并获取同类身份群体的认可。在后来的社会分层研究中，声望、地位、权

---

① ［德］马克斯·韦伯：《经济与社会》，阎克文译，上海世纪出版社 2010 年版，第 420—426 页。

② 同上。

力都不同程度上作为实际操作的指标应用到实际研究中。在韦伯[①]看来，分层结构最终依赖于人们在市场中的位置，市场行为是决定力量，为个体的命运提供了一个普遍条件，阶层地位最终也是市场地位，市场经济的发展，使阶层的流动更加频繁，新兴阶层的出现对获得社会地位有一定要求，而已经获得较高社会地位的人会从制度上设置障碍，阻碍新兴阶层的上升，这种现象会造成不同阶层间的紧张关系。

三　中国社会阶层理论和研究

（一）社会转型期的分层理论

中国自改革开放以来由计划经济向市场经济转型，社会结构也同样发生转型。宏观制度的改变带来经济运行机制、资源分配、地位分配的变化，市场力量发挥的作用渗透到社会的各个领域，社会群体相应开始分化，制度转型带来的阶层结构的变化成为学者们关注的焦点。整个社会从计划经济时代的均等化向市场经济的阶层分化方向转变，[②] 产权制度的改变、户籍制度、劳动身份制度上的改革，导致了阶层结构的转型。[③] 计划经济时代国家社会主义分配是由政治逻辑支配的，个人的社会地位也主要取决于政治身份。随着市场经济的推广和深入发展，市场逻辑代替了政治逻辑，支配了当代中国社会的社会分层过程，崇尚"能力主义"，新的初次分配规则随之确立。[④] 这种社会转变塑造新的阶层结构和社会不平等，贫富差距逐渐扩大。[⑤]

社会转型对社会分层的影响在学界得到了前所未有的重视，诸多学者对中国的社会分层提出了各种理论，其中最有影响的要数倪

① 同上书，第 490 页。

② 陆学艺：《当代中国社会阶层研究报告》，社会科学文献出版社 2002 年版。

③ 刘欣：《发挥中产阶层在城市建设中的作用》，《探索与争鸣》2010 年第 1 期。

④ 李春玲：《文化水平如何影响人们的经济收入——对目前教育的经济收益率的考察》，《社会学研究》2003 年第 2 期。

⑤ 沈原：《社会的生产》，《社会学研究》2007 年第 2 期。吴敬琏：《让历史照亮未来的道路：论中国改革的市场经济方向》，《经济社会体制比较》2009 年第 5 期。

志伟的"市场转型论"。倪志伟[1]针对中国的市场化改革提出了著名的"市场转型论"，他认为后社会主义国家在向市场经济的转变过程中，"市场的"分配原则将取代"政治的"原则，"国家干部"的社会地位将下降，而市场活跃者如生产者、企业家等地位将上升，他后来在这一命题基础上进行了修正，认为中国的改革开放时期，社会主义再分配机制与市场机制同时发挥作用，"国家干部"拥有再分配权力，将会在转型的过程中获得经济回报。倪志伟等人[2]将中国划分为四种类型：其一，内地传统的再分配经济，再分配权力得到最大的经济回报；其二，沿海再分配经济，市场改革已经初步形成，但是再分配权力仍然占主要力量，拥有再分配权力的干部会得到较好的经济回报；其三，沿海合作主义经济，国家、地区、市场力量都发挥作用，经济资源通过市场流通分配给个人，但是国家干部对资源的控制力非常强，干部也会有不错的经济回报；其四，沿海自由放任型经济，市场作用发挥比较充分，再分配权力不占主导作用，市场的回报率非常大，干部的经济回报并没有特别优势。

李路路提出了"市场过渡"理论，该理论认为市场发展改变了阶层分化的机制，市场机制逐渐取代再分配机制将导致社会权力结构的变革，创造新的社会机会，但是原来旧体制的阶层仍然会发挥余热，教育在很大程度上是一种社会分层结构再生产的"中介"，原来处于社会底层的弱势群体有可能利用新的机制和机会，实现向上流动。[3] 李路路总结中国的阶层分层模式遵循阶层关系结构化再生产模式[4]，分层模式并非仅仅取决于经济机制或者经济—技术理

---

[1]　Nee V., "A Theory of Market Transition: From Redistribution to Markets in State Socialism", *American Sociological Review*, Vol. 54, No. 5, 1989, pp. 663 – 681. Nee V., "Social Inequalities in Reforming State Socialism: Between Redistribution and Markets in China", *American sociological review*, Vol. 56, No. 3, 1989, pp. 267 –282.

[2]　Nee, V., Y. Cao, "Postsocialist Inequality: The Cause of Continuity and Discontinuity", *Research in Social Stratification and Mobility*, Vol. 19, 2002, pp. 3 – 39.

[3]　李路路：《制度转型与分层结构的变迁——阶层相对关系模式的"双重再生产"》，《中国社会科学》2002年第6期。

[4]　李路路：《制度转型与阶层化机制的变迁——从"间接在生产"到"间接与直接生产"并存》，《社会学研究》2003年第5期。

性的功能要求，而是在制度环境和社会转型背景下被社会和政治过程共同形塑。社会经济差异会随着时间持续稳定，并且会扩散到社会生活中的各个领域，进而影响个体的流动机会、生活方式、社会态度和行为取向，阶层是一个再生产的过程，当前中国的社会经济差异已经被结构化且被延续了。

李强认为中国社会阶层具有碎片化、断裂化的特点①，阶层分化与身份群体交织在一起产生了多元利益群体，户籍差异、地域差异、体制差异与阶层差异相互影响，形成利益的多元化、碎片化群体。孙立平在此基础上提出"断裂化"的阶层分化②，经济增长和社会发展出现断裂，转型期经济增长较快，但是大部分人不能从中受益，而如果没有较快的经济增长，大部分人都会受到损害，新的社会力量构成新的组合关系，影响社会进程。

除了以上社会转型期社会分层的理论外，还有许多学者从政治角度对社会分层进行分析。如 Rona - Tas 的权力转换理论、边燕杰和罗根的权力维继论、白威廉和麦谊生的政治市场观点、林南的地方市场社会主义观点等，关注的焦点都在于转型期中国特殊的社会结构下市场和政治的力量如何影响社会分层。这些理论都有一个统一的认识：我国的社会阶层是市场力量和政治力量共同支配的，个人改变阶层地位既可以通过市场力量也可以借助政治力量。不管是通过市场力量还是政治权力获得社会地位，阶层的本质是对不同资源的占有、控制和使用。③ 由于政治结构范围内的人较少，分层结构更多的还是依赖于人们在市场中的位置，市场行为是决定力量，为个体的命运提供了普遍性条件，资源分配的逻辑也逐渐遵循市场逻辑。

（二）阶层划分理论

有关转型期中国的社会分层结构，学者们提出了许多富有见解的理论和看法。其中最具影响力的是著名社会学家陆学艺提出的十

---

① 李强：《社会分层十讲》，社会科学文献出版社 2011 年版。
② 孙立平：《断裂：20 世纪 90 年代以来的中国社会》，社会科学文献出版社 2003 年版。
③ 边燕杰、芦强：《阶层再生产与代际资源传递》，《人民论坛》2014 年第 2 期。

大阶层划分理论，他认为决定个人社会阶层的三种资源分别是经济资源、文化技术资源和组织资源，经济资源是财富的占有情况，组织资源是动用体制内的人和物的能力的大小，文化技术资源是被主流社会认可的证书、文凭等。根据这三种资源的分配和占有情况，我国社会可以划分为十大阶层，从上到下分别是：国家与社会管理者阶层（高层行政管理者、中层行政管理者、底层行政管理者、中高层事业单位管理者）、经理人员阶层（高层经理人员、中层经理人员、底层经理人员）、私营企业主阶层（大企业主、中企业主、小企业主）、专业技术人员（科教文卫专业人员、工程技术专业人员、商贸服务业专业技术人员）、办事人员阶层（党政机关办事人员、企业办事人员）、个体工商户阶层（工商业小雇主、自雇工商户）、商业服务人员阶层（商贸服务基层管理者、商贸服务业准白领员工、商贸服务蓝领员工）、产业工人阶层（第二产业基层管理者、第二产业技术工人、第二产业非技术工人）、农业劳动者阶层（专业农户、兼业农户、普通农户）、城乡无业失业半失业阶层（下岗职工、半就业人员、其他失业人员）。① 处于上层阶层的人占有最丰富的资源，拥有更多的生活选择；而底层的人们则相反，拥有的资源相对匮乏，在生活境遇上的选择也非常有限。陆学艺进一步提出"中产化"的观点，认为市场化的推进会带来社会教育水平的不断提高，从事白领职业的人会越来越多，中产阶级规模扩大，底层在阶层固化前会拥有较多的向上流动机会，顶层和底层的规模都将逐渐缩小，最终将形成"椭圆形"结构的社会，即以中产阶层为主的社会。②

　　除了陆学艺经典的十阶层划分法，其他学者也提出了不同的划分方法。刘欣③根据公共权力和市场能力将城市社会划分为有权和无权、有产和劳工两对基本阶层，在这两者地位之间的是中产阶

　　① 陆学艺：《中国社会阶层的分化与流动》，《江苏社会科学》2003 年第 4 期。
　　② 陆学艺：《当代中国社会阶层研究报告》，社会科学文献出版社 2002 年版。
　　③ 刘欣：《当代中国社会阶层分化的制度基础》，《社会学研究》2005 年第 5 期。刘欣：《中国城市的阶层结构与中产阶层的定位》，《社会学研究》2007 年第 6 期。刘欣：《当代中国社会阶层分化的多元动力基础——一种权利衍生论的解释》，《中国社会科学》2005 年第 4 期。

层，基本框架包括社会上层、新中产上层、新中产下层、小业主及个体劳动者、技术工人、非技术工人六个阶层；"社会上层"由在公共权力、公有资产控制权或者私有财产所有权的权威结构中处于支配地位的人员构成，包括党政事业机关的高级领导人员、大型国有（控股）企业的高级管理人员、民营企业家等；处于被支配地位的工人阶层主要由产业工人、非技术工人等。李路路①将阶层结构分为五类：（党政机关、企事业）单位负责人及中高层管理人员（权力阶层）、专业技术人员、一般管理人员、工人（农民）、自雇佣者。李春玲②根据劳动分工、权威等级、生产关系和制度分割，将当代中国阶层划分为十大阶层，从上到下分别是国家与社会管理者阶层（占比 2.1%）、经理人员阶层（占比 1.6%）、私营企业主阶层（占比 1.0%）、专业技术人员阶层（占比 4.6%）、办事人员阶层（占比 7.2%）、个体工商户阶层（占比 7.1%）、商业服务业员工阶层（占比 11.2%）、产业工人阶层（占比 17.5%）、农业劳动者阶层（占比 42.9%）、城乡无业失业半失业者阶层（占比 4.8%），她认为"断裂化""中产化""结构化"和"碎片化"的分层特征在中国社会转型期都有所体现，当前社会在分化形态上表现为多层分化，分化的趋势表现为结构化。李强认为，中国还没有形成稳定的社会分层结构，使用阶级、阶层不能够准确描述我国的社会情况，他提出使用"利益群体"的概念来概括社会，根据改革以来人们利益获得和利益受损的标准将社会划分为四类群体：特殊获益者群体、普通获益者群体、利益相对受损群体、社会底层群体。③

在经历过转型期后，我国阶层分化现象越来越明显，阶层区隔也越来越大，不同阶层之间开始出现鸿沟。我国社会基于身份、权力和制度而建构的、并被市场经济进一步固化的阶层分化愈演愈烈，阶层地位越来越明确，阶层边界越来越清晰，阶层利益越来越

① 李路路：《社会分层与社会流动》，中国人民大学出版社 2019 年版。
② 李春玲：《断裂与碎片：当代中国社会阶层分化实证分析》，社会科学文献出版社 2005 年版。
③ 李强：《社会分层十讲》，社会科学文献出版社 2011 年版。

凸显。急剧变化的个人生活世界和周遭环境、权力阶层和中产阶层越来越鲜明的阶层意识，对其他阶层形成区隔，不同阶层群体之间相互不兼容。①

关于我国社会分层的研究都集中在宏观层面，关注市场化制度的转型带来的社会结构的变动模式。市场化体制带来了中国社会结构的转变，农民工这个群体也在这一时期开始流动。

四　社会分层结构下的农民工：农民工是否作为一个阶层？

阶层的理论和研究领域都未曾对庞大的农民工群体给予足够的关注，关于农民工阶层分化的研究比较少。尽管划分中国阶层的标准尚未统一，但是不论按照何种分层标准，农民工处在底层居多，少数跃迁到中层，在教育、职业、产业上都没有丝毫优势。按照社会十阶层划分理论，农民工以产业工人、低端服务业、建筑行业等为主，属于阶层底部；按照五大社会经济等级的划分标准，中下层包括个体劳动者、一般商业服务业人员、工人、农民等，农民工属于中下层。② 相对于农民和城乡无业、失业、半失业阶层的人员来说，农民工的阶层地位要高一级。然而，在大城市的阶层体系中，农民是不包括在内的，农民工成为绝对底层。如果将大城市的底层群体继续细化，可以分为有城市户籍的底层和没有城市户籍的底层，农民工属于后者，其相对地位就更低了。总之，农民工在城市中处于社会阶层的底端。

关于是否将农民工作为一个阶层进行研究，学界没有形成统一的认识。农民工户籍身份上是农民，且大部分出生生长在农村，习得农村传统的生活习惯，职业身份上是工人，未来既可能成为市民，也可能回到农村，延续农民身份。目前学术界从阶层角度研究农民工来研究的文献，主要有以下几个方向。

第一，将农民工作为一个活跃于城乡的新阶层，拥有一些共同的社会属性，符合阶层的特征。农民工是改革开放以来出现的新阶层，他们不论在意识上还是行动上都有了阶层分化的特征，这是社

---

① 周晓虹：《中国中产阶层的文化消费》，《书摘》2005 年第 12 期。
② 陆学艺：《当代中国社会阶层研究报告》，社会科学文献出版社 2002 年版。

会舆论和社会实践、社会组织推动的结果,将农民工视为一个正在崛起的新工人阶层。① 多数学者将农民工视为亦工亦农的新阶层,有其独有的特征,既带有农民阶层的特征,也带着城市工人阶层的部分特征,还有流动的生命体验带来的特殊属性。② 张翼将农民工单独作为社会的一个阶层,认为中国的阶层结构发生了重大转型,从农民阶层为主的社会转变成中产阶层、工人阶层和农民工阶层占比大致相当的社会,农民工是社会组成中重要的一个阶层。③ 郑杭生等明确将农民工作为城市社会的一个特殊的社会阶层,④ 是否属于这个阶层由阶层成员的户籍身份决定,与一般市民之间存在"农民"与"市民"之分。

第二,将农民工视为一个短暂的阶层,即一定历史时期内的社会现象,刘祖云和戴洁认为农民工是中国社会转型期形成的一个特殊阶层,⑤ 是社会转型到一定历史阶段的产物,随着改革与发展整体推进,农民工这个阶层将会消失。

第三,将新生代农民工视为一个阶层,认为新生代农民工不同于老一辈农民工,他们拥有一些符合阶层的意识和行为。新生代农民工的城市定居意愿更强,在城市居住时间长,与农村社会的联系更少,并习得城市生活方式,具有相似的社会行为,因此构成了城市的一个阶层。⑥

第四,也有学者认为农民工具有一些共同特征,符合社会阶层定义的部分特征,但是缺少作为一个阶层的重要特征,例如黄斌欢在承认农民工是一个阶层的前提下,认为脱嵌于乡村社会和城市社

---

① 王春光:《农民工:一个正在崛起的新工人阶层》,《探索与争鸣》2005 年第 1 期。

② 程新征:《现阶段中国农民工阶层形成与发展的理论思考》,《马克思主义研究》2009 年第 7 期。

③ 张翼:《当前中国各阶层的消费倾向》,《社会学研究》2016 年第 4 期。

④ 郑杭生、陆益龙:《都市农业户口阶层的地位、再流动与社会整合》,《江海学刊》2002 年第 2 期。

⑤ 刘祖云、戴洁:《农民工:转型中的中国社会的特殊阶层》,《江汉论坛》2006 年第 1 期。

⑥ 刘博、李航:《情景化日常生活与阶层地位的获得——基于沈阳市服务业新生代农民工的个案考察》,《人口与发展》2009 年第 3 期。侯玲:《消费视野下新生代农民工阶层固化的表现及危机》,《中国青年研究》2013 年第 6 期。

会，并没有形成共同的阶层意识，也较少有一致的阶层行动，还没有形成完整的阶层。① 王春光认为农民工是一个行动和意识上都在趋向阶层化的阶层；② 王小章将其视为"新产业工人阶层"。③ 陆学艺在《当代中国社会阶层研究报告》中将中国划分为十个阶层，将农民工置于产业工人中的一个"相对独立的群体"，但是又不同于城市产业工人。④ 董运生认为，我国社会现阶段处于一种上层定型化、中层碎片化、底层凝固化的趋势，产业工人和无业失业人员以农民工为主，也是底层阶层的主要组成部分，从社会分层看，处于十大阶层中的第八阶层位置，呈现出阶层结构化的趋势。⑤

　　还有一种观点认为农民工这个庞大群体内部产生分化。农民工形成了明显独立于城市主体分层结构之外的内部分层体系，即阶层化。⑥ 李培林指出，农民工阶层分化为若干个职业群体，每个群体中都可以再细分为若干个次级群体，⑦ 其内部构成非常多元，农民工内部发生分化，从上到下依次为准市民身份的农民工、自我雇佣的个体农民工、依靠打工维生的农民工、失业农民工、失地农民工这五个阶层，农民工阶层分化通过一系列异质性特征表现出来，包括居住方式、价值观、城市认同感等方面，在金字塔等级层次靠上的人社会融入较好，而靠下的人则仍然被排斥在主流社会之外。⑧ 有些学者认为农民工内部发生了二次分化，形成包括业主、个体劳

　　① 黄斌欢：《双重脱嵌与新生代农民工的阶级形成》，《社会学研究》2014 年第 2 期。

　　② 王春光：《当代中国社会流动的农民工个体趋势及其政策建议》，《中国党政干部论坛》2004 年第 8 期。

　　③ 王小章：《从"生存"到"承认"：公民权视野下的农民工问题》，《社会学研究》2009 年第 1 期。

　　④ 陆学艺：《当代中国社会阶层研究报告》，社会科学文献出版社 2002 年版。

　　⑤ 董运生：《地位一致性与阶层结构化》，《吉林大学社会科学学报》2007 年第 1 期。

　　⑥ 洪大用：《农民分化及阶层化研究的回顾与展望》，《社会学与社会调查》1992 年第 5 期。

　　⑦ 李培林：《农民工——中国进城农民工的经济社会分析》，社会科学文献出版社 2003 年版。

　　⑧ 李蕾：《城市农民工阶层化问题探讨》，《中国劳动关系学院学报》2009 年第 4 期。

动者、雇主、不正当职业四个阶层。①

　　阶层是具有相似性社会地位的一类群体，具有某些相似的社会类属，没有内在的组织结构和明确的群体界限，是一群松散的人组成的群体。阶层既有用多重标准分类如职业、教育、收入、声望、生活方式等，也有按照其中一个标准进行分类的。农民工群体在数量上庞大，并且有一些共同的社会属性和特征，即户籍身份上是农民，老家有承包田，但是长期在城市从事非农工作，又无法享受城镇居民的社会福利待遇。随着社会的演进、群体的发展，这一群体也逐渐有一定的阶层意识和阶层行动，开始形成一些相似的社会特征，符合社会阶层的定义。

　　尽管从阶层角度研究农民工的看法不一，有的将农民工作为一个阶层看待，认为农民工群体是一个庞大的弱势群体、边缘群体阶层；有的认为农民工从阶层角度来说存在内部分化大的特征，存在多种类型，在城市社会体系中也扮演不同的角色。这两种观点在阐释农民工群体的相关现象上都具有合理性，将农民工置于整个社会分层体系中来看的话，他们具有作为一个阶层的特征。农民工是从农民转化而来，社会地位上有所提升，实现了"底层内部的向上流动"。对农民工群体内部进行细化的话，其内部是包含多种类型的，存在内部分化大的现象。但是从宏观上来看，这种分化并不是纵向社会阶层上的跨度，农民工仍然处于城市社会较下端的位置，沉淀在底层，存在大幅度的横向分化和小幅度纵向分化的现象，农民工分化并没有实现长距离的纵向流动，仍然局限在"底层内部的小幅度向上流动"。

第三节　阶层的不同空间属性

　　不同的理论传统关注阶层分化的侧重点都有所不同，但是众多理论都形成一致观点：阶层分化不仅仅是客观分层结构的划分，也

---

　　① 周运清、刘莫鲜：《都市农民的二次分化与社会分层研究》，《中南民族学院学报》（人文社会科学版）2003年第1期。

不只是对社会地位的划分；还需要关注与其他社会因素和客观结构之间的关联，这种关联标志着一个群体的阶层化水平。[①] 阶层分化的研究主要包括两个部分：第一个是决定个人阶层地位的方面，包含工作、教育等；第二个是基于个人社会地位基础上形成在其他社会因素上的差异，涉及面较广泛，从个人生活方式到社区公共空间，不同阶层的人都形成了较为固定的模式。社会经济差异会随着时间持续稳定，并且会扩散到社会生活中的各个领域，进而影响个体的流动机会、生活方式、社会态度和行为取向，阶层是一个生活方式再生产的过程。

在本书中，将综合考虑决定客观地位的职业以及在其他社会因素上的阶层分化即生活方式和公民参与来研究农民工。一个群体的阶层分化会使他们具有相似的行动模式。就业、生活方式、公民参与对于分析农民工的阶层分化状况具有重要意义，这三个维度代表农民工阶层分化的客观结构，构成了测量阶层分化的层次结构，农民工的城市社会融入则反映了农民工流动带来的生活境遇的变化所采用的行动模式。阶层分化的三个维度更接近于客观结构，而社会融入更接近于农民工采取的社会行动。本书旨在探讨决定个人阶层地位的就业与在社会地位基础上形成的生活方式、公民参与的差异对农民工社会融入的影响。

一　阶层分化与职业

职业对个人社会阶层中扮演的角色不论在哪个社会中都是极其重要的。在韦伯看来，身份群体的阶层分化是建立在职业基础上的，工作可以给个人带来经济、声望和权力。[②] 社会阶层的分析单位通常是职业，职业划分不仅是对身份的划分，也是对不同职业所代表的资源占有状况的划分。[③] 在布劳—邓肯的社会经济地位理论

---

① 刘精明、李路路：《阶层化：居住空间、生活方式、社会交往与阶层认同——我国城镇社会阶层化问题的实证研究》，《社会学研究》2005 年第 3 期。

② ［德］马克斯·韦伯：《经济与社会》，阎克文译，上海世纪出版社 2010 年版，第 426—455 页。

③ 边燕杰、芦强：《阶层再生产与代际资源传递》，《人民论坛》2014 年第 2 期。

中，职业决定了个人的社会地位，也决定了个人在整个社会分层结构中的位置。社会分层首先经历先赋的亲属、家庭分层，在个人的早期成长经历中，教育分层是主导社会流动和社会经济获得的关键机制，教育影响个体进入劳动力市场后获得的职业，而职业通过个人积累人力资本和工作场所的社会化决定个人的社会地位。① 在经验研究中，标志个人社会阶层的维度主要有三个：个人的社会出身（一般以父亲的职业来测量）、个人刚进入社会的初始位置（一般以个人的第一份职业来测量）、个人的当前社会位置（一般以个人当前的职业来测量）。② 职业一般都作为决定个人阶层的一个重要方面，同时也是其最重要的特征之一。

职业不仅决定阶层地位，同时还对个人性格、价值观念有影响。柯恩在《职业的复杂性与成人性格》一文中通过对职业的分析探讨了个人的阶层地位与品位、价值观念和态度的关系，③ 认为工作条件包括工作的复杂性、受监督的严密程度、工作压力等影响人们的价值观、自我观念、对社会的认知和思维的灵活性。从柯恩的研究结果来看，职业不仅与分层关系紧密，同时也塑造了属于阶层群体特有的性格、价值观念和行为风格等，脑力劳动者例如管理层的职员更容易形成严谨、一丝不苟的性格，而体力劳动者尤其是生产工人常常性格较为冲动。

职业是促进社会融入的首要途径，职业让个人与社会产生链接，提升个人价值，是社会融入最重要的途径，④ 人们通过工作对社会做出贡献，而对社会做贡献是社会融入的最佳实现途径。⑤ 工作的价值不仅在于提供维持生计的物质回报，更在于工作给个人带来社

---

① Mare, "Change and Stability in Educational Stratification", *American Sociological Review*, Vol. 46, No. 1, 1981, pp. 72 – 87.

② 王甫勤：《西方社会流动研究综述》，《兰州学刊》2008 年第 8 期。

③ Kohn, Melvin L., *Job Complexity and Adult Personality*, Cambridge：Harvard University Press, 1980, pp. 193 – 210.

④ Stein L. I. & Santos A. B., *Accretive Community Treatment of Persons with Severe Mental Illness*, New York：Nortonm, 1998, pp. 111 – 118.

⑤ Webb N., "Evaluating Social Inclusion", *Mental Health Practice*, Vol. 9, No. 10, 2006.

会互动，有利于提高人们的生活质量、精神健康状况和社会融入。①
职业是在教育之外为人们提供知识和技巧的空间，并且提供参与社
会生产、获得生活意义和目标、获取地位和社会认同以及结交同伴
的机会。职业对社会融入的作用也体现在政策主张上，Askonas 和
Stewart② 主张工作福利和就业培训是解决社会排斥、提高社会参与
和促进社会融入的最好方法，政府应该着力为弱势群体提供就业机
会并给予相应的就业支持以促进社会融入。英国新工党促进社会融
入的福利政策将就业置于福利体系的核心，就业是反社会排斥的主
要措施。③

对于乡—城迁移的农民工来说，之所以产生这个群体，在劳动
力市场分割理论看来，一级劳动力市场和二级劳动力市场的差异导
致劳动力的迁移，同时，劳动力市场的分割也是社会分层体系的非
常重要的一个方面，二级劳动力市场通常是穷人，是底层群体的重
要组成部分。Piore 将工作市场二元划分为两个部门④，第一部门的
工作是稳定的、有较高收入、工作条件和环境较好，以及具有明确
的工作规则、合理的程序和升迁的机会；第二部门的工作与第一部
门相反，工资较低、工作条件差、晋升改善机会少、与上级私人关
系密切并因此导致腐败行为和混乱的工作规则。发达地区的人们都
倾向于在第一部门工作，导致就业市场中的第二部门有大量职位空
缺，不发达地区的劳动力就会填补这个空缺，这也是农民工出现的
主要原因，双重劳动力市场通过不同的就业和人力配置方式在维持
贫困和低级社会地位上产生了重要影响。底层阶级因为种族、举
止、口音、教育成就、考试分数等特征被限制在次级劳动力市场
中，形成"统计性歧视"，这种"统计性歧视"造成许多人因为

① Evans J., Repper, J., "Employment, Social Inclusion and Mental Health", *Journal of Psychiatric and Mental Health Nursing*, Vol. 7, 2000, pp. 15 – 24.

② Askonas P., Stewart A., *Social Inclusion: Possibilities and Tensions*, New York: Palgrave, 2000.

③ Collins H., "Discrimination, Equality and Social Inclusion", *The Modern Law Review*, Vol. 66, January 2003.

④ Piore, M. J., "Notes for a Theory of Labor Market Stratification", *Working Paper Department of Economics*, 1972.

"错误"的统计特征被拒绝进入初级劳动力市场，他们的智力、能力和勤奋程度其实是胜任工作的，如果要消除贫困，需要弱化"统计性歧视"让底层群体获得进入初级市场的机会。与次级部门紧密相关的个人和行为特性会由于在次级岗位上有一群工作过程和生活方式相似的人而得以强化，逐渐形成次级部门工人主导的特征例如难以控制情绪、公共参与较少，这也是阶层分化的过程。

二　阶层分化与生活方式

品位是区分阶层的重要标志。群体产生分化后，相同属性的阶层会产生共同的生活价值认同，衍化出相似的生活方式。韦伯最早将生活方式纳入阶层研究中，① 他提出共同体权力分配除了基于市场能力外，还基于生活风格和社会声望的身份群体，社会的"荣誉"分配表现为生活方式的差异，例如，人们的社交、联姻、用餐方式等都表现出封闭、稳定的群体化形式。后来的阶层分化研究中，生活方式成为其中的重点内容，阶层分化的一个显著特点就是生活方式上的差异。古代社会人类生活方式有尊卑差异，进入工业社会以后，生活方式随着社会结构发生了巨大变化，不同阶层仍然存在不同形式的差异。

关于阶层生活方式差异的研究都离不开凡勃仑、布迪厄的著作。凡勃仑在《有闲阶级论》中从消费和休闲两个角度系统阐述了不同阶层之间生活方式上的差异，② 社会可以分为有闲阶级和工人阶级，有闲阶级通常不从事劳动生产，消费结构以炫耀性消费为主。炫耀性消费是以脱离生产活动来表现自己拥有的财富和权力的消费，通过消费让他人了解自己拥有的金钱力量、财富和身份，获得自我满足；而经常从事体力劳动的阶级，由于生计不稳，赚得少、积蓄少，对他们来说，提高物质享受是行为的主要动机。他认为金钱的竞争、消费的差别、休闲方式是个人标榜社会地位的重要标志。进

---

① ［德］马克斯·韦伯：《经济与社会》，阎克文译，上海世纪出版社 2010 年版，第 420—425 页。

② ［美］凡勃仑：《有闲阶级论——关于制度的经济研究》，蔡受百译，商务印书馆 2013 年版。

入现代后，消费具有"趋差""趋同"两方面的属性：一部分人用消费显示自己与其他阶层的差异和不同，凸显自己的社会地位；一部分人用消费争取自己与理想阶层的接近。① 布迪厄在《区隔》一文中提出用"惯习""品位"来区分不同阶层人士在生活风格上的差别，② 他用惯习、品位、精神气质这组概念分析特定阶层的人在生活方式上的分层特征，客观的社会地位和生活风格构成社会空间的两个层面，生活风格中的艺术、知识鉴赏力、礼仪规范以及消费过程中表现出特定品位都能显示个人所处的阶层。惯习将二者联系起来，惯习是特定阶层的人们在日常生活中思想、生活所带有的特定倾向，惯习的产生过程也是阶层分化的过程，通常在家庭和社会环境中被形塑。③ 惯习使个人被社会分类的活动和工作建立成独特的符号体系，在实践中不断内化为可以感知的独特气质，布迪厄认为不同的生存条件产生不同的惯习，被不同的惯习引起的实践显现出系统的结构特征，以差异区别的体系形式表现了生存条件中的差别，这些差别能被特定阶层的人领悟到。惯习是社会阶层的功能，阶层的分类是建立在惯习的差别基础上，同一阶层的人，都拥有风格上的相似性，在生活方式上形成每个阶层不同的特征，例如中产阶级或者更高的阶层已经满足了生活基本物质，在艺术、文学、电影等方面有所追求，关注文化资本的积累和传承；而工人阶级能得到消费的产品较少，更加实用主义，以生存为主要目标，他们把大部分精力花在生计和改善家庭生活上，惯习将相似生存条件下的阶层人员的必需品和工具特征转化成某种特殊的生活方式。④ 从凡勃仑和布迪厄的论述中，我们不难发现，阶层在生活方式上有系统性的差别。除了凡勃仑和布迪厄外，鲍德里亚认为消费品符号体系体

---

① ［美］凡勃仑：《有闲阶级论——关于制度的经济研究》，蔡受百译，商务印书馆2013年版。

② Bourdieu P. , "What Makes a Social Class?", *Berkeley Journal of Sociology*, Vol. 22, 1984, pp. 1 – 18.

③ Ibid. .

④ Ibid. .

现了阶层的分化，① 消费本质上是对这种消费品符号的消费，符号的呈现影响并规定了个体的行为和社会认同，消费除了具有社会效应外，还反映了社会的本质即社会地位特征。消费、休闲都在个人身上打上了阶层的烙印，身处不同阶层中的人所赋予的对品位、人生机遇、认知、行为模式又会强化其阶层特征。

阶层在生活方式上的差异增大到一定程度，就会造成区隔，形成社会排斥，尤其是带有异质文化的移民群体，更是如此。对于社会中的某些弱势群体或者外来群体来说，要实现社会融入，就必须打破与其他阶层在生活方式上的区隔。阶层的生活方式是以日常的工作和生活为基础积累起来的，同一阶层内的成员接触和交往的机会大于阶层间成员交往的机会，群体成员一般按照相似地位群体的生活方式生活。不同群体间的生活方式存在很大差异，甚至出现生活方式上的排斥现象，城市文化对于乡村的移民来说需要耗费个人精力、时间去逐渐适应。"文化震惊"是生活方式排斥的典型，生活在不同时间、空间的人们，熟悉本群体内的生活方式，突然进入其他群体中，生活方式上的巨大差异会让他们感到无法理解和接受。总之，生活方式会在群体间产生差异，从而造成社会排斥。

三　阶层分化与公民参与

阶层的不同导致个人在公共生活空间的行为方式有显著差别。普特南的研究发现，不同阶层的人在社区中的影响力和参与程度是不同的，底层人民总是将自己置身事外，很少投身到社区的建设和活动中来，他对社区进行长时间田野调查后发现，社区中底层的人参与度总是不高，并且缺乏参与公共生活的能力和素养。② 不同阶层在社会态度、政治参与中，都显示出非常明显的差异，③ 不仅在社区方面，其他学者的研究也证明了底层群体在政治投票中的参与

---

① ［法］让·鲍德里亚：《消费社会》，刘成富、全志刚译，南京大学出版社 2000 年版。

② ［美］普特南：《使民主运转起来》，王列、赖海榕译，江西人民出版社 2000 年版。

③ 李培林、李炜：《农民工在中国转型中的经济地位和社会态度》，《社会学研究》2007 年第 3 期。

率偏低，李普塞特通过对美国的统计发现，工人等底层群体参与政治投票率相对中产阶层来说更少，较少关注政治，因为受教育程度低无法理解党派的立场，并且也较少参与公共活动，不理解公共事务的意义何在。①

移民阶层之所以易沦为社会底层，是因为对于具有流动特质的群体来说，在迁入地社区中与原来生活社区的群体差异更大，不论在成员资格上还是在权利的范围上，以及在参与社区活动上都显得较为弱势。流动已经成为社会的一大重要特征，生活的流动性使人们更容易结合在一起，同时也更容易分开。居所的稳定性与公共事务的参与有着密切的联系，生活的流动性使社区外来者较少与社区成员互动，也较少参与社区内的公共组织，流动导致了社区纽带变弱，同时流动的人与社区融合的程度更差，公共参与更少。② 几乎所有关于"贫民""较低阶层""劣势团体"的研究，都认为这些人的社会生活是局限于工作、个人或家庭生活与当地社区，而无法拓展其他的社会参与。劣势阶层通常较难涉及广泛的社会、经济与政治活动，这也是有学者认为他们被剥夺了获取社会资源与报酬的原因之一。③ 劣势阶层在生产上属于边缘工作，经济收入不稳定，职业缺乏规范的晋升模式。不同群体在社区中的社区参与、影响力、权力的形态上有相当大的差异，流动人口、外来者、低收入者参与很少，也难以发挥社区权力或影响力，极易被社区遗忘，在公共事务上也不发表意见。④ Cainzos 等人对阶层与政治参与的研究发现：专业技术人员和经理处于社会参与活跃度的最上层，体力劳动者处于最下层；个体经营者和非体力劳动者处于中间位置。⑤

---

① ［美］李普塞特：《政治人：政治的社会基础》，张绍宗译，上海世纪出版社2011年版。

② ［美］普特南：《独自打保龄球》，刘波、朱乃娟、张孜异等译，北京大学出版社2011年版。

③ ［美］马特拉斯：《社会不平等：社会阶层化与流动》，台湾：桂冠图书股份有限公司1990年版。

④ 同上。

⑤ Cainzos M. , C. Voces, "Class Inequalities in Political Participation and the 'Death of Class' Debate", *International Sociology*, Vol. 25, No. 3, 2010, pp. 383 – 413.

（一）公民参与

公民参与是指公众对社会、社区等共同体的公共事务的参与，通过参与行为提升自身和他人境遇抑或是改变社会共同体前景的行为，包括政治参与、社会参与、社区参与等多种形式的参与。① 不同社会阶层的公民在公民参与形式和动机上有着显著差异。理性选择理论认为，公民参与的主要动机是实现个人的行为利益最大化，这些利益包含多种形式，可以是工具性的或物质的，也可以是非物质和表达性的。② 基于理性选择理论，不同社会地位群体在政治社会参与中，在参与形式、参与内容的选择上，有着不同的路径。③ 也有学者从社会资源获取模型的角度解释公民参与的动机，提出不同阶层的公民社会经济地位不同，所占据的资源也相去甚远，所以在参与活动上会显示出差异性。④ 王俊秀在对不同主观社会阶层的社会心态研究中提出，社会上层、中上层群体在社会认同、社会行动等方面，均与其他群体有着显著的不同。⑤ 社会经济地位较高、处于社会阶层上端的群体拥有较为丰富的社会资源，并且行动能力和执行能力较强，一般更积极活跃地参与公共事务，同时对个人诉求是否得到当政者的及时有效回应有较高的要求，在参与公共事务的过程中常常以积极行动者的形象出现，其参与形式通常是以沟通协商等建设性方式为特征。⑥

公民参与因涉及公民身份而具有排斥性，这是一种基于共同体的身份权利的认同。公民身份是一种不平等的资源分配体系，塑造

① Adler Richard P., Goggin J., "What do We Mean by 'Civic Engagement'?", *Journal of Transformative Education*, Vol. 3, pp. 236 – 253. 刘红岩：《国内外社会参与程度与参与形式研究述评》，《中国行政管理》2012 年第 4 期。崔岩：《当前我国不同阶层公众的政治社会参与研究》，《华中科技大学学报》（社会科学版）2020 年第 6 期。

② Whitely P. F. Seyd., "Rationality and Party Activism: Encompassing Tests of Alternative Models of Political Participation", *European Journal of Political Research*, Vol. 29, No. 2, 1996, pp. 215 – 234.

③ Brady H., Verba S., Schlozman K. Beyond, "SES: A Resource Model of Political Participation", *American Political Science Review*, Vol. 63, No. 2, 1969, pp. 361 – 378.

④ Jan E. leighley, Jonathan Nagler, "Individual and Systemic Influences on Turnout: Who Votes 1984", *The Journal of Politics*, Vol. 54, No. 3, 1992, pp. 718 – 740.

⑤ 王俊秀：《不同主观社会阶层的社会心态》，《江苏社会科学》2018 年第 1 期。

⑥ ［日］蒲岛郁夫：《政治参与》，解莉莉译，经济日报出版社 1989 年版，第 108 页。

了阶层。公民身份是一种塑造区隔、制造障碍和塑造阶层的制度，对共同体成员实行平等政策而对非共同体成员进行排斥。① 自二战以来，公民身份与社会资源分配紧密相关，不平等、权力分化和社会阶层的冲突等都在建构公民身份的内容，公民身份产生新的分层类型。② 社会成员的边界如何界定，社会资源如何分配，对于公民个人和国家的社会政策均有重要意义。从世界历史的经验来看，公民权利在国家政策下常常表现为不平等，例如在对待女性、种族、移民等弱势群体表现出差异化或层级化状态。③ Young 进一步主张差别化的公民身份是实现完整的公民身份最佳的方法和途径，一个民主的社会应该承认那些受压迫和弱势的群体，并且给予他们有实际效果的代表性，逐步实现他们完整的公民权利。弱势群体在社会经历、价值主张、文化认同上都有其特殊性，而普遍意义的公民身份却忽略了他们的差异特点，从而导致他们与社会系统的疏离感。④

因为实质上公民权利的不同，不同群体的公民参与实质和形式都有所不同。Brubaker 认为最重要的一点变化是形式公民身份和实质公民身份的区别，前者代表共同体的成员资格，后者代表一系列公民的、政治的、社会的以及参与的实质权利。⑤ 一个人可以拥有正式的成员资格，却被排斥在公民身份相关的权利之外，这种差别在移民群体身上尤其明显。公民参与的实现是由个人在阶层体系中的地位决定的，公民身份在不同群体、不同地区之间总是不均衡的，这就与阶层建立了联系，公民参与是建立在群体属性之上的，与社会阶层形成了交叉。在许多福利资本主义国家，公民身份的权利的分配存在不平等，在不同性别、种族群体和文化群体间都存在不平等，通过教育以及与之相关的职业结构，公民身份成为社会分

---

① 孙湛宁：《公民与阶级关系的再思考：基于公民权与阶级的视角读（危险的阶级）》，《社会学研究》2009 年第 3 期。

② Marshall & Bottomore, *Citizenship and Social Class*, London：Pluto Press, 1992.

③ Young C., "Nations, Ethnicity and Citizenship：Dilemmas of Democracy and Civil Order in Africa", *Making Nations and Creating Strangers*, 1994, pp. 241 – 264. Resource from Social Sciences E – book Online, Collection2007.

④ 耿焰：《差别性公民身份与差别权利》，《政法论坛》2010 年第 7 期。

⑤ Brubaker, R. Rogers, *Immigration and the Politics of Citizenship in Europe and North America*, London：University Press of America, 1989, p. 3.

化的工具，现代社会工人阶级与中产阶级之间的差异越来越大，这种差异通过各种社会福利和公民身份权利观念表现出来，公民身份和权利是通过竞争性的、以阶级为基础的政党方案和政策来表现的，① 具体的政策运作中，公民权利的分配并不是平等的，形成了差序公民身份。②

身份差异造成了部分群体被排除在公民参与外，强化了弱势群体的不平等状态。人们必须在重要的社会和经济制度中经历社会包容，或者免于最低限度的社会排斥。社会包容应当允许所有公民有充分的公民参与，现实中的公民参与，排除了大量无家可归者和准公民。社会阶层根据一定的标准对社会群体进行划分，建立在身份等级的基础之上，拥有相似身份的人都具有一些共同的社会属性，社会阶层包含着排斥和不平等的内容。不同阶层的群体在公民参与的权利边界和内容上都有所不同，不同阶层间围绕不同性质和内容的公民参与形成冲突。不同阶层在社会中的影响力非常不同，甚至出现阶层间断裂的情况，通常来说，底层人民在社会中的数量最多，但是常常丧失社会和政治参与的权力和能力，在整个社会体系的影响力最弱。阶层与公民参与二者之间具有紧密关系是确定无疑的，不同阶层的社会群体被卷入到这些公共事务的博弈中，而在这些博弈中，阶层发挥了主要的作用。③

（二）公民参与和社会融入

公民参与是实现社会融入的必要条件。20 世纪以来，全球化的浪潮产生大量移民，公民身份和公民参与成为研究移民问题的重要理论视角，中国的农民工与移民群体的处境有共同之处，许多学者也从公民身份和公民参与的视角研究农民工的社会融入，④ 拥有公

---

①　Marshall & Bottomore, *Citizenship and Social Class*, London: Pluto Press, 1992.

②　吴介民:《永远的异乡客? 公民身份差序与中国农民工阶级》, (台湾)《台湾社会学》2011 年第 21 期。

③　耿焰:《差别性公民身份与差别权利》,《政法论坛》2010 年第 7 期。

④　Solinger, D. J., *State transitions and Citizenship Shifts in China*, UC Irvine: Center for the Study of Democracy, 2003. Retrieved from: http://escholarship.org/uc/item/8vj015bz accessed20. June2015. Wu, J. M., "Rural Migrant Workers in China's Differential Citizenship: A Comparative Institutional Analysis", *Rural – urban Inequality in Contemporary China*, Vol. 38, No. 1, 2010, pp. 58 – 81.

民身份是移民作为一个阶层在迁入地实现社会融入的重要条件。布鲁贝克在分析欧洲和北美移民问题的基础上，提出了"形式公民身份"和"实质公民身份"概念，前者指民族国家的成员资格，后者代表一系列公民的、政治的和社会的权利，二者之间可能存在不一致，比如，一个人可能拥有正式的国家成员资格，但却被排除了某种权利，或被排除了公共事务的参与。①

从公民参与视角分析移民在迁入地的阶层分化具有独特优势，一方面体现出因成员资格所受到的社会排斥；另一方面能够展示出移民的特殊需求和地位，从权利视角精微地移民在整个社会中的处境。农民工在城市中，一方面由于身份上的特殊性，导致许多权利受损，成为弱势群体；另一方面是他们的迁移经历与移民的特征类似，涉及城市公共事务参与的资格问题，公民参与恰恰能够将这两方面的特征统一起来。

四　农民工的阶层研究

（一）农民工作为城市底层群体

从阶层角度分析农民工问题的研究多将农民工置于城市底层阶层框架下。底层阶层由社会经济地位上处于劣势，并且不具有精英阶层的相关特质的人组成。底层群体具有下层、边缘、弱势等特征。底层群体还更加封闭，向上流动的机会相对其他群体来说更小。李春玲②认为在转型期，社会流动率总体来说比以前要高，但是如果针对不同阶层来说，社会中层向上的流动比率更高，而社会下层向上流动的比率很低。李培林等人也持类似的观点，认为底层群体以及边缘群体在转型期获利较少，向上流动的比率较低。③

我国城市的经济结构和职业体系迅速分化，产生了庞大的生活拮据、诉求相似的底层群体。其中，农民工是城市底层群体的主力

---

① Brubaker, R. R. , *Citizenship and Nationhood in France and Germany*, Cambridge Mass：Harvard University Press, 1992.

② 李春玲：《断裂与碎片：当代中国社会阶层分化实证分析》，社会科学文献出版社 2005 年版，第 549 页。

③ 李培林、李强、马戎：《社会学与中国社会》，社会科学文献出版社 2008 年版。

军，农民工的产生与我国转型期的社会分层结构调整有着千丝万缕的关系。市场化体制的运行将农民工从土地中解放出来，允许农民工在城乡之间流动；市场化体制的深入，带给了农民工更多的空间流动自由；市场化带来的经济发展留给农民工更多的个人选择，制度上的局限越来越小。从 20 世纪 90 年代至今，农民工整体都处在社会结构的较低端，属于城市的"新底层群体"，带有歧视性的户籍制度封堵了农民工的向上流动渠道，加速了底层群体的扩散。同时，城市的"市场性吸农"和"体制性排农"现象相互叠加，使农民工的社会区隔更加严重，处于低端职业岗位吸纳和社会文化排斥交织的尴尬地位，无法实现彻底的社会融入，并且呈现出城市越发达，农民工与城市的差距越大，融入城市社会的可能性越小，裂痕越深的状况。[①]

城市社会对农民工来说封闭性很强，农民工很难取得远距离向上社会地位流动的机会。王春光指出，不管是从流动机制还是从流动条件来说，农民工只能向邻近的阶层流动，且向邻近阶层流动的渠道也非常窄，无法实现实质上的阶层改变。[②] 李路路认为农民与其他阶层的流动、自雇佣者与其他阶层之间的流动相对于父子同业的代际流动，都小很多，底层的封闭性更强烈。[③] 徐晓军认为农民工在城市中受到地缘和业缘上的社会封闭机制限制，户籍制度和城市社会的排斥，职业的底层化，导致其无法取得跨阶层长距离的流动。[④] 农民工的阶层固化成为必须重视的社会结构性问题。

农民工的阶层分化在学术界得到了广泛关注，涉及农民工的职业、社会网络、社会地位、生活方式等方面。农民工内部组成复杂，群体内部存在巨大的差异，但是这种差异仍然脱离不了整体底

① 文军、吴晓凯：《大都市底层社会的形成及其影响——以上海市的调查为例》，《华东师范大学学报》（哲学社会科学版）2015 年第 5 期。

② 王春光：《当代中国社会流动的农民工个体趋势及其政策建议》，《中国党政干部论坛》2004 年第 8 期。

③ 李路路：《再生产与统治——社会流动机制的再思考》，《社会学研究》2006 年第 2 期。

④ 徐晓军：《阶层分化与阶层封闭——当代中国社会封闭性专题研究》，华中师范大学出版社 2013 年版。

层化的状况。朱力对农民工的阶层分化有系统的描述，认为农民工阶层内部分化大，社会流动强，空间上呈现循环流动；① 职业上也频繁流动，并且以体力劳动为主，支付性要素大、获得性要素低；社会网络上以复制原来农村的社会网络为主；生活方式上与城市之间呈现疏离化的状态。朱力认为虽然农民工内部分化较大，但大致上还是城市的"佣人"阶层、"沉默阶层"、"边缘"阶层和"无根"阶层。② 李强的研究指出，农民工处于职业声望的底层，是城市底层的主要成员。③ 李培林认为农民工阶层内部分化较大，他从三个方面分析农民工的内部分层结构包括职业分层结构、农民工就业的所有制分层结构和收入分层结构，但是任何一种分层结构都将农民工限制在底层。④ 在新的社会形势下，产权、文凭、技术证书等条件是提升社会地位的"自致因素"，已经逐渐代替户籍制度维持社会秩序的功能，制度对于农民工的排斥变成根据个人后天的努力和表现而进行的排斥，从"整体"排斥演变为"个体"排斥，但是，农民工仍然很难实现阶层跨越。⑤

　　阶层对个体社会行动上的选择有很大的影响，在某些方面甚至起到决定性的作用。农民工作为城市中外来型的底层群体，在利益诉求、行为方式、价值取向等方面逐渐趋同并向底层凝聚，正在形成"底层社会"，在生活方式上，休闲娱乐活动单调、形式单一，社会交往封闭、外部支持性资源匮乏，以生存型基础消费为主，缺乏发展型消费。⑥ 褚荣伟等人的研究发现，类似群体的收入地位水平、感知到的社会歧视都会作用于农民工的社会认同。⑦ 农民工群体本身存

---

　　① 朱力：《农民工阶层的特征与社会地位》，《南京大学学报》（哲学　人文科学　社会科学）2003 年第 6 期。

　　② 朱力：《农民工阶层的特征与社会地位》，《南京大学学报》（哲学　人文科学　社会科学）2003 年第 6 期。

　　③ 李强：《农民工与中国社会分层》，社会科学文献出版社 2012 年版，第 7—20 页。

　　④ 李培林：《流动民工的社会网络和社会地位》，《社会学研究》1996 年第 4 期。

　　⑤ 李强：《农民工与中国社会分层》，社会科学文献出版社 2012 年版，第 27 页。

　　⑥ 文军、吴晓凯：《大都市底层社会的形成及其影响——以上海市的调查为例》，《华东师范大学学报》（哲学社会科学版）2015 年第 5 期。

　　⑦ 褚荣伟、熊易寒、邹怡：《农民工社会认同的决定因素研究：基于上海的实证分析》，《社会》2014 年第 4 期。

在着分化和分层，这种分化和分层对他们的价值取向、自我期许都有影响。① 任远等人的调查指出，农民工对于居住在城市持否定态度是出于理性决策的考虑，就业中的不平等、不稳定，以及制度的限制，使他们不得不成为城市的过客，并在过客心态上形成特殊的就业、消费和生活方式。②

（二）农民工与市民的"二元"区隔

除了从以上几个方面分析农民工阶层分化之外，还有学者从农民工与城市的区隔分析农民工阶层的特征。农民工形成了区别于市民群体的群体性特征，他们与其他群体产生界限并且形成内部认同。阶层之间的界限包含了职业地位上的差异、居住空间的差异，以及文化、生活方式等无形的界限。

周大鸣提出"二元社区"的概念分析农民工与市民之间形成的两个不同系统，③ 这种"二元社区"体现在分配制度、职业分布、消费娱乐、聚居方式等多个方面，市民从事的多为轻松、收入较高的职业，农民工则大多数从事脏、累、苦的工作；农民工与市民之间有两套娱乐消费系统，市民的娱乐更多元、也较高档，而农民工的娱乐活动呈现被动、低廉、频率少等特点；聚居方式上也存在较大差别，农民工居住的地方环境较差且缺乏正式的管理体系。他们在身份、地位、生活上都具有城市和农村的双重性特征，这种双重性造成社会地位不高。④ 在激烈的市场竞争中，即使清除了限制农民工流动的制度障碍，农民工能力素质等个体先天条件制约，也是无法实现社会地位的跃升的。⑤

社区空间是农民工在城市生活的延伸，也是个体社会互动和社会参与的重要载体。个人与社区的互动可以内化为自我认识不可分

---

① 唐灿、冯小双：《"河南村"流动农民的分化》，《社会学研究》2000 年第 4 期。

② 任远、戴星翼：《外来人口长期居留倾向的 Logit 分析》，《南方人口》2003 年第 6 期。

③ 周大鸣：《外来工与"二元社区"——珠江三角洲的考察》，《中山大学学报》（社会科学版）2000 年第 2 期。

④ 刘祖云、戴洁：《农民工：转型中的中国社会的特殊阶层》，《江汉论坛》2006 年第 1 期。

⑤ 孙立平：《断裂：20 世纪 90 年代以来的中国社会》，社会科学文献出版社 2003 年版，第 109 页。

割的一部分，个人对自身社会地位的看法同对社会互动的空间范围的看法是互相交织的。① 底层群体的关注点被限制在经济地位的提高和生活状况的改善等方面，对公共事务较为冷漠。农民、农民工、城市失业人员、城市低收入者等社会底层群体参与范围仅限于所居住的城中村或社区。农民工居住地多为内城区及老旧小区，形成了与城市底层群体的混合居住模式，② 这种混居模式应该促进农民工城市社会融入，但是农民工的公民参与和市民相比仍然处于受限制的状态。社区是社会关系发生互动的重要场域，农民工在社区空间互动的过程中，会认识到城乡生活的差异性，并进行价值观念上的改变和内化，研究发现农民工在居住过程中出现底层群体之间的排斥，农民工通过对外部环境的观察和体验感受到社会排斥和相对剥夺感，并产生自我隔离。③ 农民工在日常生活生产中形成了特有的价值观、行为逻辑与生活方式，在社会活动方面，对公共文化期待低、参与少，对社区选举和治理漠不关心，对公益活动缺乏热情。④ 由于受到城市文化和社会心理上的排斥，农民工产生"自我隔离"的现象，以老乡、亲戚等原来的社会交往为主，对公共活动参与较少，极低的参与度不利于城市归属感的形成。总体来说，农民工既没有实现"乐业"，也难以实现"安居"。

（三）农民工的阶层再生产

农民工的阶层分化还体现在阶层再生产方面，制度带来了农民工的阶层再生产问题。农民工面临着流动受阻、博弈乏力、发展无望的社会情境，贫瘠的社会资源导致子女教育资源贫乏，无力通过下一代教育向上流动。精英和底层各自在社会结构中的位置对他们的整体命运有深远的影响：处于优势位置的学生大概率能够维持父

---

① Webber M. M. , "Territoriality and the Elastic Mile", *Papers and Proceeding of the Regional Science Association*, No. 13, 1964, pp. 33 – 45.

② 李艳艳：《居住空间阶层化与农村转移人口市民化路径研究》，《吉林大学社会科学学报》2017 年第 1 期。

③ 尹秋玲：《阶层匹配：新生代农民工随迁子女教育的阶层分化——基于佛山市 L 镇的田野调研》，《中国青年研究》2020 年第 10 期。

④ 文军、吴晓凯：《大都市底层社会的形成及其影响——以上海市的调查为例》，《华东师范大学学报》（哲学社会科学版）2015 年第 5 期。

辈的地位以及向上流动，而那些弱势地位的学生则容易被教育体系淘汰出局，复制父辈的简单劳动力的命运。① 农民工在产业发展过程中出现了阶层分化，这也让家庭在教育投资、竞争能力和择校偏好上产生差异，形成了子女教育的阶层分化基础。②

在阶层再生产理论看来，学校教育是维持阶层间相对关系再生产的工具，并且加大了社会不平等。由于大城市教育服务供给不足，农民工随迁子女教育花费大、升学难，在教育上处于劣势地位，无法获得更高教育成就，未来仍然面临成为二代农民工或者流动人口的命运，存在阶层重复再生产的现象。王刘飞和王毅杰的研究发现，农民工由于经济资本和文化资本的匮乏，随迁子女对未来预期较低，且城市教育部门仅关注农民工子女的入学问题，采取"区别教育"，忽视教育质量和升学问题，大部分农民工子女义务教育阶段后流入职校。③ 农民工子女进入城市幼儿园和小学的比例小于正常学龄儿童，④ 入学年龄普遍较大、在校学习成绩差、成绩容易下滑、易辍学等现象普遍存在。⑤

大城市多采用积分入学的方式为外来非户籍人口提供教育。积分入学政策是指非户籍人口根据居住、工作、纳税、参加社保的年限和子女在城市就读年限等指标进行积分，按照积分排名由高到低的顺序安排学龄青少年就读义务教育阶段公办学校，或者为民办学校提供补贴的惠民政策。积分入学政策筛选的本质不是按照随迁子女成绩进行择优录取，而是对不同阶层家庭经济能力的择优排序，⑥ 在这种阶层筛选机制下，农民工需要充分发挥自己的主观能动性调

---

① 吕鹏：《生产底层与底层的再生产》，《社会学研究》2006年第2期。

② 尹秋玲：《阶层匹配：新生代农民工随迁子女教育的阶层分化——基于佛山市L镇的田野调研》，《中国青年研究》2020年第10期。

③ 王刘飞、王毅杰：《农民工随迁子女初中后教育选择研究》，《江汉学术》2017年第5期。

④ 黄祖辉、徐昆鹏：《农民工及其子女的教育问题与对策》，《浙江大学学报》（人文社会科学版）2006年第4期。

⑤ 熊春文、王毅、折曦：《"混日子"：对农民工子弟就学文化的一种理解》，《南京工业大学学报》（社会科学版）2014年第2期。

⑥ 崔岩：《筛选的本质不是按照随迁子女成绩进行择优录取，而是对不同阶层家庭经济能力的择优排序》，《中国青年研究》2020年第10期。

动所有力量与同辈竞争公立教育资源与服务。阶层地位高的农民工，可选择的积分方式多，有利于积到高分；相反，阶层地位低的农民工，可选择的积分方式少，无法积累足够的分数获取公办教育资源，子女教育需付出的代价更高。这导致了农民工随迁子女教育机会的进一步分化，拉大不同阶层农民工家庭对教育服务的差距，同时将地方政府供给不足的责任合理地转化为了不同阶层家庭的自我能力问题。[①] 但是不论农民工积分高低，他们同城市市民相比，整体上可获得的教育资源要稀缺很多。

尽管农民工重视子女的教育，但在教育投入上持实用主义态度。他们的教育投入非常有限，以家长制作风为主，使得随迁子女容易辍学、混迹街角。[②] 农民工随迁子女虽然在城市中成长、生活，但是在教育成就及收入上与城市子女相比仍然具有一定的差距，在学业成就上表现也较差。[③] 农民工子女接受的多是劣质的教育，他们未来也多数留在社会底层之中。教育阶层分化体现了城市社会对农民工的封闭性增大，结果就是阶层的复制，农民工子女仍然只能留在底层中。

进城农民工是城市的"永久性底层"，如同被固化在城市底层的泥浆，缺乏资本和技术脱离"贫困黏合剂"，缺乏脱离社会底层的潜力。农民工阶层化与大城市的教育政策、市场环境等因素叠加，推动了随迁子女教育的分化，随迁子女很难真正融入城市，城乡家庭的经济差距太大、城市文化霸权等结构因素在学生学习和生活的场域里不断循环生产出区隔、排斥机制，作用于随迁子女身份认同和阶层认同。[④] 制度性干预在推进公共服务共享时也制造了新的不平等，作为外来者，农民工与市民在享受城市公共服务方面存

---

① 王毅杰、卢楠：《随迁子女积分入学政策研究——基于珠三角、长三角地区 11 个城市的分析》，《江苏社会科学》2019 年第 1 期。

② 周芳：《流动人口子女家庭教育存在的问题及教育干预》，《教育科学研究》2002 年第 11 期。

③ 王毅杰、卢楠：《随迁子女积分入学政策研究——基于珠三角、长三角地区 11 个城市的分析》，《江苏社会科学》2019 年第 1 期。

④ 戎庭伟：《农民工随迁子女在校融入问题及其对策——基于福柯的"权力分析"视角》，《教育发展研究》2014 年第 6 期。

在很大差别，其中子女教育上差别最大，尽管近几年大量城市开办农民工子弟学校，但是这些学校都与市民子女的教育质量差距甚大，农民工在制度化干预下有延续底层的趋势。这些"天花板"效应，让学校成为随迁子女与城市市民子女分化的场所，教育变成阶层再生产的场域，生产新的阶层不平等。社会文化已经接受农民工及随迁子女，但是社会结构却仍然限制他们融入城市社会的因素，并未彻底开放，造成他们融入现状与意愿之间的落差，出现"自愿性隔离"和"反移民化"。①

对农民工阶层特征可以概括为具有城乡的双重性、群体的边缘性等特征，农民工呈现分散化、原子化、无组织化，由于社会流动缓慢、趋于固化，导致他们对城市的认同感很低。是以"被动的接受者"的形象接受社会安排，即使数量庞大，但是并不具有影响社会结构的力量。

第四节   研究述评及研究特点

一   研究述评

关于农民工的社会融入，学者们围绕社会融入的内涵、指标体系、影响因素、现实困境等方面有了非常广泛的研究。然而，农民工的研究在理论方法和实践应用方面都面临诸多挑战，包括对农民工社会融入的重新界定、融入程度的测量和测量指标的重新确立、概念框架的统一与理论体系的重新构建、研究领域的多学科交叉等方面。②

已有研究呈现出一些不足之处：第一，视角相对单一，没有形成系统和连贯的研究，已有研究从人口学、社会学、经济学、公共管理等学科角度出发，针对社会融入问题展开了不同论述，但是研

---

① 栗治强、王毅杰：《掣肘与鼓励：农民工随迁子女城市社会融合机制研究》，《华东理工大学学报》（社会科学版）2014 年第 2 期。

② 潘泽泉：《中国农业转移人口市民化：理论争辩、经验比较与跨学科范式建构》，《中国农业大学学报》（社会科学版）2017 年第 1 期。

究结果呈碎片化，对某一方面的问题研究深入，并没有形成连续和系统的结果，有些结论甚至相互冲突，这对于社会融入的全面了解带来了很多困扰。第二，社会融入的内涵、指标体系、测算方法没有达成一致，不够成熟、规范。不同学者的侧重点和方法都不同，指标赋值有主观的也有客观的，差异巨大，从不同角度测算出的社会融入程度不同，对于全面认识社会融入造成了混乱的印象，结论之间也缺乏可比性，无法开展充分的对话。第三，没有形成适合我国农民工的社会融入理论框架，目前的理论视角都是借鉴西方乡城迁移以及国际移民的相关理论，我国农民工流动与西方的移民环境及迁移行为都有所不同，西方理论对本土农民工现象的解释上还有所局限。第四，以往的研究多在生存预设前提下进行研究的，将农民工作为城市管理的问题进行的，不是以积极的建构者的视角研究农民工群体，社会融入研究也停留在解决基本的生存性问题层面上。随着社会发展，农民工的社会融入问题不再局限于生存性层面上，他们的主体性特征更加明显，研究也应该转向将农民工视为城市社会积极的建构者。第五，将农民工视为一个统一整体进行研究，但是目前农民工内部已经出现分化，传统的统一化做法已经不可取，虽然对农民工代际社会融入差异有所关注，但是对其内部分化比如不同职业地位、不同地域之间农民工社会融入的相关研究仍然不足。

关于农民工阶层的研究也存在缺陷：首先，相关研究以定性研究为主，较少大范围收集数据进行整体研究，尚未形成全面、系统的农民工阶层研究。其次，相关研究停留在描述阶段，没有与其他主题结合起来，显得单薄，尤其是农民工阶层化趋势如何影响社会融入有待进一步挖掘。最后，相关研究未将大城市农民工的阶层化细致描绘出来。

二　研究特点

尽管阶层的研究已经深入到每个领域，关于农民工的研究也汗牛充栋，然而将这两个主题结合起来的研究却相对不足。关于中国阶层的研究集中在中国改革开放带来的社会分层变化，关于阶层化特征的研究，也多集中在中产阶层，很少关注处于中下层的农民工群体，将农民工作为一个阶层加以研究的成果还很不足，相关研究也仅从某一个方面进行研究，缺少系统性的框架。

阶层视角对于研究农民工群体社会融入具有重要意义，就业、生活方式、公共参与接近于由农民工客观社会位置而形成的结构化状态，社会融入更接近于个人采取的社会行动。户籍制度管理体制下农民工属于农村户口，并未纳入城市管理体系中，与城市市民存在正式制度上的差异；农民工首先习得的是乡村传统文化，空间流动进入城市后造成文化和生活上的断裂。无论是正式制度还是非正式制度下的生活空间，农民工都与城市社会存在区隔现象，成为城市底层。底层群体具有一些共同特征，比如生活贫困、以基本生存为主、持续性发展能力弱等。如果形成了底层亚文化，在底层群体内部形成认同，将会加深社会结构的断裂和僵硬。

大城市农民工在就业、生活和公共生活中都表现出阶层化现象。首先，在决定个人社会地位的就业空间上，农民工在就业市场上处于劳动力市场分割中的次级劳动力市场以及非正规劳动力市场中；其次，在体现阶层属性的私人生活空间上，由于农民工先天习得的是农村传统的生活方式，与现代化城市生活方式间形成区隔；最后，在公共空间中，由于我国目前还在沿用户籍制度进行社会管理，导致农民工是以外来者的身份进行社会生活的，与市民在公共空间中的身份上形成区隔化的状态。本书将从农民工阶层在这三个层面的区隔状态来研究阶层化对社会融入的影响。

从阶层视角分析农民工问题具有以下优势：第一，农民工作为行动主体在生活实践中是在不断调整个人的动机、目标、行动策略的，以阶层视角研究社会融入，能够体现农民工作为主体在生活实践中的各种形式。第二，农民工群体本身内部差异大，从阶层角度分析能够展示其分化的特征，为社会融入的路径提供现实依据。以往研究农民工问题多遵循"生存—经济"的叙事模式，以"经济人"或"类经济人"的预设进行研究，将农民工在城市中的政治、文化、社会需求视为生存需求及延伸，这种研究取向其实并没有体现农民工内部的分化状况。第三，从阶层的角度研究农民工，能够跳出以往研究的生存预设论的框架局限，从积极的主体建构者和应对者的角度分析农民工的社会融入，并且也能够体现农民工由农村到城市的经历造成的与城市社会的区隔状态。

本书拟在梳理阶层理论的基础上分析农民工的阶层状态，通过阶层化结合微观的个人因素和宏观的社会结构因素，呈现对社会融入的影响，结构因素包括其就业的相关特征，个人因素包括个人生活方式，公民身份则兼具个人因素与结构因素。

阶层分化涵盖许多维度，选择就业、生活方式、公民参与这几个维度主要有以下四点考虑。

第一，这几个维度反映了农民工阶层的典型特征。农民工是迁徙的一族，空间改变带来了其生存状态的多种形态；职业是农民工进城的根本目的，在一定程度上决定了其阶层地位；生活方式反映了农民工在个人生活实践中表现出来的属性，也是以往阶层分析重点关注的领域；公民参与反映了社会公平，能够了解农民工在城市中实际的权利状态。

第二，这些维度囊括了不同的场域，呈现农民工的主体性、生存性、发展性特征，从个人、社区、工作多个场域描绘农民工的社会特征和生命历程。个人的生活方式能够体现农民工的私人生活空间上的特征；职业涉及农民工的发展性，也是个人融入城市的主要考量之一；公民参与是农民工与城市社会接触的主要方式。

第三，生活、就业和社区是农民工工作和生活的地方，占据其生命历程中的主要部分，涵盖了农民工活动的所有面向，这三个方面最能够反映其生命活动的特征。

第四，农民工进入城市后与原来的农村共同体割裂，成为"游离的个体"，从农村的、静态的、熟人的社会向城市的、流动的、开放的陌生人的社会转变，这个过程中意义缺失是他们的普遍经历，他们亟须在新的城市社会秩序和社会关系中需要建立新的自我认同、行为规范和情感联系，社区作为新的共同体，是城市中少有的能够提供公共生活的场域，为个人建立情感联系、重建生活意义提供机会。社区公共参与正是能够体现个人作为主体参与城市公共生活、获得归属感的价值体系，也能够体现农民工作为积极的主体如何行动。

第三章

研究设计

第一节　研究假设

　　农民工进入了自由迁徙的阶段后，在城市中呈现常住化趋势，从个人生命周期来看，在城市的时间占据个体生命较长的一段，应该将他们视为城市的一部分加以研究。农民工的阶层化现象是多种因素引起的，包括制度的、市场的、个人的因素。阶层分化会导致个人在城市社会的有利或不利地位对他们的人生机遇、认知能力和行为模式产生系统性偏差。吸引人的社会位置本身就是促进人们前进的动力，如果在社会地位上被限制，那么这个群体的际遇就暗示着社会的不平等。

　　宏观政策已经逐步取消户籍制度，但是从大城市的具体实践来看，户籍制度在管理人口方面仍然发挥作用。户籍制度从大城市场域的二元对立变形为日常更小的社区场域的微妙区别对待。社会地位的分配由市场与体制共同决定，农民工由于在教育上的失利，陷入"统计歧视"无法进入体制内的部门工作，只能依据市场的分配逻辑进行就业，城市劳动力市场存在多重分割，农民工在多重分割条件下的就业模式被区隔，造成社会地位的低下。社会地位在个人的生活方式中被不断演绎和加强，农民工的生活方式处于传统—现代性的连续体之间，与城市居民相比，在适应城市生活生产节奏方面要付出更多的精力。研究将围绕这三个方面描述和解释农民工的阶层化现象，并提出对社会融入影响机制的研究假设。

一 就业区隔与社会融入

农民工实现城市社会融入的首要条件，就是拥有一份稳定的工作，职业也是改变社会地位主要路径。本研究将从就业空间的角度探讨农民工的职业与社会融入的关系，并挖掘其职业流动中的不平等情况，分析其对社会融入的影响。西方关于移民的研究显示，从农村到城市的移民在新的居住地也往往处于就业市场、收入、心理状态上的弱势地位，成长环境的差别对于成年后的个人生活际遇影响颇大，相对于迁入地居民来说，移民在适应文化、建立社会关系、克服心理不适上会消耗个人大量精力。[①] 职业地位决定了个人的社会地位，职业地位越高，农民工会有心理上的成就感，对城市生活也越有信心，越容易实现社会融入。

农民工在劳动力市场上经常遭遇歧视性待遇、不平等收入等，户籍身份是重要原因。农民工在劳动力市场上受到的歧视性待遇，体现在基于户籍身份的城市保障制度所带来的福利性收入，这也是造成农民工收入不平等的重要原因。[②] 农民工在劳动力市场上的职业地位获得模式与城镇工人显著不同，而且人力资本的作用在两组人之间也存在差别，农民工收入显著低于城镇工人，这两者之间的差距主要来自对农民工身份的歧视。[③]

根据 Piore 对劳动力市场的划分，劳动力市场包括首属劳动力市场和次级劳动力市场，乡城迁移者大量沉淀于次级劳动力市场中。我国的劳动力市场存在多重分割的现象，包括农村就业部门、城市

① Evans M. D. R. & J. Kelley, "Prejudice, Discrimination and the Labor Market Attainments of Immigrants in Australia", *American Journal of Sociology*, Vol. 97, No. 3, 1991, pp. 721 – 759. Zhang & Treiman, "Social Origins, Hukou Conversion, and the wellbeing of Urban Residents in Contemporary China", *Social Sciences Research*, Vol. 42, No. 1, 2012.

② 吴晓刚、张卓妮:《户口、职业隔离与中国城镇的收入不平等》,《中国社会科学》2014 年第 6 期。

③ Meng, Xin, Junshen Zhang, "The Two – Tier Labor Market in Urban China: Occupational Segmentation and Wage Differentials between Urban Residents and Rural Migrants in Shanghai", *Journal of Comparative Economics*, Vol. 29, 2001.

非正规就业部门和城市正规就业部门等，① 多重分割交织在一起，包括城乡分割、地区分割、部门分割、正式劳动力市场与从属劳动力市场分割等，劳动力市场分割造成农民工的弱势地位。郭丛斌根据职业收入水平，将我国劳动力市场划分为主要劳动力市场和次要劳动力市场，并提出劳动力市场分割现象随着地区经济发展水平的提高而减弱。② 劳动力市场分割对就业、收入、分配、社会公平等都有重要且深远的影响，城乡之间、行业之间的收入差别是劳动力市场分割的直接后果。

由于劳动力市场分割等原因，农民工面临的问题包括公共服务覆盖面窄、不同规模的城市公共服务供给水平差距大、转移人口就业不稳定、中小城市就业机会少等问题。③ 虽然学者们对劳动力市场分割的形式存在不同的认识，但是都认为劳动力市场分割造成了农民工的差别待遇状况。

农民工不仅存在劳动力市场分割的现象，还存在就业状态上的分割。就业状态包含正规就业和非正规就业，农民工是城市非正规就业市场的主力军。④ 非正规就业因为其不固定的收入和缺乏保护机制而被认为是一种低端就业形式。农民工的职业集中在非正规劳动力市场，不纳入政府统计的部分。中国的教育筛选机制以高考为分界点，高考落榜，便被排斥在教育晋升的主渠道之外，付费的业余教育得不到社会认可，无法带来地位的晋升，农民工在就业市场上陷入这种教育统计歧视中。⑤ 农民工在主流教育渠道中没有取得成就，因此无法进入正规劳动力市场，多处在非正规劳动力市场和次属劳动力市场中，以非正规就业、体力劳动型的职业为主，晋升通道有限、收入较低、劳动权益保障较差。

---

① 徐林清：《试析我国劳动力市场分割对农村人力资本积累的制约》，《岭南学刊》2002 年第 4 期。

② 郭丛斌：《二元制劳动力市场分割理论在中国的验证》，《教育与经济》2004 年第 3 期。

③ 辜胜阻、李睿、曹誉波：《中国农民工市民化的二维路径选择——以户籍改革为视角》，《中国人口科学》2014 年第 5 期。

④ 李春玲：《流动人口地位获得的非制度路径——流动劳动力与非流动劳动力之比较》，《社会学研究》2006 年第 5 期。

⑤ 李强：《农民工与中国社会分层》，社会科学文献出版社 2012 年版，第 12—25 页。

就业涉及农民工的发展性问题，也是决定农民工阶层地位的最关键的指标，为社会融入提供持久的动力。总体来看，农民工从事的职业集中在次级劳动部门中，以劳动密集型产业或者低端服务业为主，从事脏、累且危险的职业，建筑业、制造业、低端服务业等行业占多数，且工作不稳定、流动频繁、整体素质和技能都有待提高，这种低层次的就业限制了农民工融入城市。次属劳动力市场和非正规就业成为农民工在城市就业的主要方式，也是他们成为城市边缘化群体的症结所在。就业方式限制了农民工向上流动的机会，使得大多数农民工在城市中处于劣势地位。

从以往研究的结果看来，农民工在劳动力市场上较市民处于弱势地位，处于次级劳动力市场和非正规就业中。据此，本研究提出以下假设。

假设 1：劳动力市场分割体系下的就业方式限制了农民工的社会融入。

农民工在城市中的就业多局限在次属劳动力市场中，进入正式体系的职业系统非常少，其职业常常处在不稳定的状态中。李强的调查研究指出，农民工是城市中失业比率最高也是失业最为频繁的群体。[1] 而就业稳定性对于个人心理上适应城市具有重要的作用，这里提出假设 1 的第一个分支假设：

假设 1.1：就业较为稳定的农民工，社会融入更好。

刘精明认为，体力劳动者的市场境遇低于国有部门和集体部门。[2] 农民工在二元劳动力市场中大多处在低端劳动力市场，其中体力劳动者比例较高，只有少数在国有和集体部门。这里，我们提出农民工就业部门上的分割对社会融入的影响假设，也是假设 1 的第二个分支假设：

假设 1.2：国有和集体部门里的农民工相对于从事其他部门职业的农民工，社会融入程度更好。

赋权是个人职业上升的一个重要渠道，通常就业上的赋权以培

---

① 李强：《农民工与中国社会分层》，社会科学文献出版社 2012 年版，第 12—25 页。

② 刘精明：《市场化与国家规制——转型期城镇劳动力市场中的收入分配》，《中国社会科学》2006 年第 5 期。

训方式来实现个人能力的提升和未来晋升的机会。正规教育、职业培训相关的人力资本在流动人口整合进流入地具有正向作用。[①] 正规教育经历对农民工来说在流动前就已完成，改变的可能性很小，能够有效提高个人人力资本的途径是职业培训，弥补流动前人力资本积累的不足。次属劳动力市场和非正规劳动力市场在劳动者赋权方面都较差，并没有太多的培训机会，劳动者以简单重复性的工作为主，无法实现技术和能力上的提升。培训是农民工提高人力资本的重要途径，有助于提升个人职业地位，改善社会地位。职业培训还有助于提高农民工的社区参与、身份认同，减少社会排斥，[②] 有培训经历或者培训项目的工作，对于农民工来说，相对于没有培训的工作，更容易实现社会地位的上升，有助于个人融入城市。这里，我们提出假设 1 的第三个分支假设：

假设 1.3：就业赋权好的农民工更容易实现社会融入。

劳动权益是职业的基本权利之一，劳动权益的保障对于农民工来说会更容易产生心理安全感。近年来，农民工劳动权益受损屡屡发生，导致他们对城市产生强烈的社会排斥感。农民工工资拖欠现象较其他群体都更为严重，是劳动权益受损的易发群体。职业不平等对于农民工来说尤其明显，我们提出假设 1.4。

假设 1.4：劳动权益较好的农民工，社会融入程度更高。

就业满意度是反映农民工就业情况的一个综合性指标，工作满意度与工作条件、时间长度、劳动权益和工作的稳定性都有很强的相关关系。近年来富士康事件引发社会对农民工心理状况和工作满意度的关注，农民工工作满意度总体偏低，对工作时间、工作环境、伙食安排等较低层次需求满意度较低，对同事关系、领导认可等方面满意度较高。[③] 工作满意度的影响因素总体来说包括两个方面：一种是人口学特征，包括性别、年龄、受教育程度、性格等；

---

① 李培林、李强、马戎：《社会学与中国社会》，社会科学文献出版社 2008 年版。

② 丁煜、徐延辉、李金星：《农民工参加职业技能培训的综合效果评估》，《华南农业大学学报》（社会科学版）2011 年第 2 期。徐延辉、王高哲：《就业质量对社会融合的影响研究——基于深圳市的实证研究》，《学习与实践》2014 年第 2 期。

③ 孙永正：《农民工工作满意度实证分析》，《中国农村经济》2006 年第 1 期。

另一种是就业特征，包括职业、单位性质、劳动强度和时间、劳动权益状况等。王毅杰等人的研究发现，农民工的工作满意度处于中等水平，其中发展机会和收入方面满意度最低。[1] 而提高工作满意度对于农民工融入城市社会具有积极作用。[2] 已有的研究对就业特征、工作满意度和社会融入都是单向研究的，并没有探讨具体的影响路径，本研究认为农民工的就业特征影响了工作满意度，进而影响社会融入，即第五个分支假设：

假设 1.5：劳动力市场分割造成的就业特征通过工作满意度这个中介变量影响社会融入。

二　生活方式与社会融入

农民工在农村接受最初的社会化，因流动转移到城市，开启新的工作和生活，是一个"再社会化"的过程，在农民工个人生活史上，乡村文化更接近传统一侧，城市文化更接近现代化一侧。要实现城市社会融入，需要摆脱其在乡村习得的惯习，在生活方式、价值观念和文化心理上蜕变以适应城市生活。生活方式上的区隔，导致个体在日常实践表达中处于摇摆不定的状态，阻碍农民工融入城市社会。农民工的迁移早期呈现出候鸟式的季节性迁移，随着时间的推移，现在农民工在城市中的居住时间越来越长，甚至倾向于长期居留在城市中，居住时间越长生活方式将会越靠近现代化生活方式一端。新形势下的农民工逐渐开始注重情感交流、休闲娱乐、社会交往和自我实现等价值，不再局限于在城市赚钱、回农村生活的模式，渴望拥有在城市中平等发展和实现自我价值的权利。在讨论生活方式的阶层化时，消费和休闲是测量生活方式阶层分化的重要维度。[3] 张翼将消费分为两种：生存性消费是消费者个人及家庭其他成员为维持劳动力的生产和再生产而发生的消费；发展性消费则

---

① 王毅杰、朱艳：《工作回报、工作授权与农民工工作满意度》，《淮北师范大学学报》（哲学社会科学版）2013 年第 3 期。

② 杨菊华：《从隔离、选择融入到融合：流动人口社会融入问题的理论思考》，《人口研究》2009 年第 1 期。

③ 刘精明、李路路：《阶层化：居住空间、生活方式、社会交往与阶层认同——我国城镇社会阶层化问题的实证研究》，《社会学研究》2005 年第 3 期。

是为追求更高生活质量和未来发展机会而发生的消费。① 本研究将借鉴这一对概念分析农民工的生活方式。城市社会节奏快、信息更新迅速，需要个人以发展性的生活方式适应城市节奏。我们认为，农民工的生活方式越具有发展性，说明他们越倾向于超出生存型生活方式的范围，适应了城市生活方式，有利于实现社会融入，这里提出研究的假设 2。

假设 2：农民工的生活方式越具有发展性，则社会融入越好。

休闲与劳动天然具有阶层内涵，休闲是个人生活的重要组成部分，凡勃仑将"有闲"作为阶层区隔的标识，② 劳动是屈居下级的标识，是一个有地位、有身份的男子所不屑的，休闲是非生产性的消耗时间。休闲不平等一直存在，进入工业社会，休闲被消费文化裹挟，成为"赚"来的、中上阶层才有能力享受的奢侈品。③ 马克思通过对劳动异化的分析指出工人阶级与资产阶级之间存在休闲不平等。④

不同阶层对休闲资源的占有是不平等的，不同社会阶层的人由于经济水平和精神文化需求不同，在休闲安排上也有所不同，体现了生活方式的阶层分化。个体的休闲活动受到生活的文化环境影响，不同文化就会产生相应的休闲方式。中上阶层闲暇时间多从事较高级的休闲活动，休闲品质较高；而低阶层的人士，闲暇时间则以休息、空闲为主，尤其对于体力劳动者来说，闲暇时间以休息为主以达到恢复体力的目的，休闲活动比较单调。郭芳对中国三大主要阶层休闲方式的研究指出，中国的企业家作为最富有的阶层，休闲方式非常多元化和高端化，如游泳、潜水、马术、高尔夫等；中产阶层相对于顶层群体在休闲方式上不够多元化，由于工作较为繁忙，休闲时间相对较少，睡觉、逛街、上网、旅游、户外活动、读书看报、看电影等是主要的休闲方式；而农民的休闲方式较单一，

---

① 张翼：《当前中国各阶层的消费倾向》，《社会学研究》2016 年第 4 期。
② ［美］凡勃仑：《有闲阶级论——关于制度的经济研究》，蔡受百译，商务印书馆 2013 年版，第 31 页。
③ ［法］让·鲍德里亚：《消费社会》，刘成富、全志刚译，南京大学出版社 2000 年版。
④ 《马克思恩格斯全集》第 35 卷，中共中央马克思恩格斯列宁斯大林著作编译局编译，人民出版社 2013 年版。

看电视、探亲访友、闲聊、打牌等成为主要的娱乐活动，由于农民以体力劳动为主，体育休闲活动较少，文化类的休闲活动则更少。[①]李春玲的研究指出，不同阶层的人体现出不同的休闲方式：私营企业主以奢侈纵欲型休闲娱乐为主；国家与社会管理者的休闲方式倾向于公务型休闲；经理人员、专业技术人员和办事人员以文化品位型休闲娱乐生活方式为主，这也是中产阶层的主流休闲方式；个体工商户、商业服务业员工和产业工人、蓝领半蓝领工人则以世俗平民化休闲方式为主要休闲方式。[②]

休闲方式不仅影响个人的精神健康和幸福感，也关系到个人的社会心理融入。休闲活动不仅帮助个人放松压力以及带来舒适愉快的感觉，而且在提供社会支持、培育社会资本、构建生活意义、缓解精神失调方面也多有益处。[③] 休闲对个人的意义在哲学和心理学上都有不同的阐述。从哲学角度来看，休闲能够改善个人的健康状况、缓解情绪压力、提供社会支持，进而给个人带来幸福感。积极的休闲活动主要影响个人的主观认知、生活态度和情绪，同时群体休闲活动具有一定的正外部性，为参与者提供社会支持；休闲带来的益处能同时延伸到个人的家庭、工作和日常交往，从而提高幸福感。[④] 从个人潜能的发展角度来看，休闲可以给人带来积极的身体或情绪上的改变，帮助个人提高认知潜能、培育生活意义，从而提高幸福感。休闲活动能给人的生活带来不同的意义收获，[⑤] 对人们的幸福体验也有重要影响。[⑥] 休闲可以减轻个人潜在的剥夺感、降

---

① 郭芳：《中国三大阶层的休闲现状》，《小康》2007年第1期。

② 李春玲：《断裂与碎片：当代中国社会阶层分化实证分析》，社会科学文献出版社2005年版，第263页。

③ ［美］普特南：《独自打保龄球》，刘波、朱乃娟、张孜异等译，北京大学出版社2011年版。Yau M. K. S., Packer T. L., "Health and Well - being through T'ai Chi: Perceptions of older adults in Hong Kong", *Leisure Studies*, Vol. 21, No. 2, 2002.

④ ［美］埃德加·杰克逊：《休闲与生活质量——休闲对社会、经济和文化发展的影响》，刘慧梅、刘晓杰译，钱炜校，浙江大学出版社2009年版。

⑤ 吴崇旗、谢智谋、王伟琴：《休闲参与、休闲满意及主观幸福感之线性结构关系模式建构与检验》，《休闲运动期刊》2006年第5期。

⑥ 蒋奖、秦明、克燕南、应小萍：《休闲活动与主观幸福感》，《旅游学刊》2011年第9期。

低心理压力，激励自我发展。①

农民工在私人的生活空间，休闲是其生活的重要部分，而城市与农村的休闲活动存在非常大的差异。休闲区隔导致农民工在城市中以"孤岛化"的形象存在，存在闲暇时间不足、闲暇活动单调、闲暇空间封闭、生活模式趋同等现象。农民工休闲活动单调、休闲层次低，主要受制于工作时间长、经济收入低、社会网络单一等因素。② 农民工的劳动对休闲既有制约效果，又有一定的独立性，劳动时间长、强度大、技术扁平化且单调枯燥，劳动体验消极，导致农民工更容易选择消极休闲。③ 休闲方式匮乏，造成了农民工幸福感低下、消极怠工、心理失衡和越轨行为等问题，④ 影响农民工城市社会融入。根据休闲是否给农民工带来社会支持和发展潜能，研究提出假设2的第一个分支假设：

假设2.1：积极休闲越多，农民工的社会融入越好。

消费是最能反映个人生活方式阶层分化属性，不仅反映个人的经济能力，也反映个人在社会潮流、生活品位等方面的认知。消费社会学的研究显示，生产者和流通者以商品价格、质量、多样化的特征向市场投放商品，消费者同样以购买偏好形成等级类属，以彰显身份地位。⑤ 鲍德里亚认为，进入消费社会后，人们对物的消费已经从使用价值转化为对社会地位象征的追求，消费代表了一定的符号价值，凸显了个人阶层的特征，消费除了具有社会效应外，还反映了社会的本质，即社会地位特征。⑥ 加里·贝克尔将个人或家

---

① Waters L. E., Moore K. A., "Reducing Latent Deprivation during Unemployment: The Role of Meaningful Leisure Activity", *Journal of Occupational and Organizational Psychology*, Vol. 75, No. 1, 2002.

② 郭星华、胡文嵩：《闲暇社会与农民工的市民化》，《人口研究》2006年第5期。

③ 栗志强、王毅杰：《掣肘与鼓励：农民工随迁子女城市社会融合机制研究》，《华东理工大学学报》（社会科学版）2014年第2期。

④ 刘嫄：《都市农民工休闲生活特征及其成因——基于上海农民工的调查》，《湖南农业大学学报》（社会科学版）2010年第2期。

⑤ 张翼：《当前中国各阶层的消费倾向》，《社会学研究》2016年第4期。

⑥ ［法］让·鲍德里亚：《消费社会》，刘成富、全志刚译，南京大学出版社2000年版。

庭的消费行为视为"阶层生产和再生产的过程"，[①] 其背后的含义是个人或家庭通过消费产生具有阶层意义的满足感，达到收入的效用最大化。在布迪厄看来，阶层区分的标识不是由经济地位所决定的，而是由消费形式所决定，消费从此与阶层变得密不可分。李春玲认为消费实践对人们的社会认同、社会态度取向和行为方式选择具有越来越重要的影响。[②]

农民工浸染在城市的消费文化中，其消费观也在被重塑，消费逐渐向城市趋同以获得身份认同。第一代农民工在城市几乎没有消遣娱乐型消费和社交发展型消费，以生存型消费为主；随着新生代农民工的崛起，他们虽然仍存在消费水平低、消费结构单一等特征，但是其生活方式已经发生很大变化，闲暇生活更丰富，对发展型消费的需求更强烈，职业培训、知识学习等发展型消费日渐增长，开始追求高层次精神文化。[③] 唐有财的调查研究发现，农民工的消费结构呈现多元化趋势，不再局限于生存型消费。[④] 农民工在城市消费中表现出积极的"行动者"一面，希望通过消费淡化与城市人的差距，实现在生产领域无法实现的"自我转型"，[⑤] 消费成为融入城市的手段之一。消费带来的阶层认同，有助于农民工融入城市文化，农民工的消费行为体现了社会参与，从经济上逐渐参与社会生活，以消费带动的参与会影响其自我认同感和社会认同感，影响农民工对自我与城市社会关系的定义和态度。[⑥] 消费对于农民工建构和维持其身份认同具有重要影响，农民工通过炫耀性消费建构其城市人的身份认同，在社会分层中获得地位认同。[⑦] 这里，我们提出研究

---

① ［美］加里·贝克尔：《家庭经济分析》，彭建松译，华夏出版社1987年版。

② 李春玲：《断裂与碎片：当代中国社会阶层分化实证分析》，社会科学文献出版社2005年版，第222页。

③ 高梦媛、郑欣：《文化自觉：从娱乐消费看新生代农民工的城市适应》，《青年文化》2013年第7期。

④ 唐有财：《新生代农民工消费研究》，《学习与实践》2009年第12期。

⑤ 余晓敏、潘毅：《消费社会与"新生代打工妹"主体性再造》，《社会学研究》2008年第3期。

⑥ 王劲松：《关于农民工消费行为的社会学思考》，《商业现代化》2007年第31期。

⑦ 王雨磊：《工人还是农民——消费对于农民工身份认同的影响分析》，《南方人口》2012年第4期。

假设 2 的第二个分支假设 2.2。

假设 2.2：农民工的消费方式越有发展性，其社会融入越好。

三　公民参与与社会融入

公共参与空间也是阶层分化的场域，不同阶层的人不仅有公共空间上的区隔，同时也有公共参与和素养上的明显不同。移民的社会融入研究中有从社区的公民参与角度进行研究的，认为社区是移民在社会流动过程中的生活方式和情感上的认同和包容的关键场域。借鉴移民的研究经验，本研究也试图将公民参与作为农民工阶层分化的一部分加以研究，以期全面了解农民工的阶层分化属性。

学术界关于公民参与的研究可以分为两类：一类是基于功能主义视角，从问题对策的角度将公民参与作为社会政策的理论支撑，并对社会问题做出回应。[①] 另一类是从社会正义的视角，关注制度带来的社会不平等，主张推进社会政策的变革，实现社会公平，这一类研究大多以农民工作为研究对象。由于公民身份本身含有社会排斥的成分以及中国语境下的公民身份与户籍制度密不可分，[②] 一些学者探讨了户籍制度对农民工带来的社会不平等问题。[③] 由于早期建立的城乡二元体制坚持城市优先的原则，导致城市和农村的公民身份权利事实上有很大差别。农民工承载了"农民"和"工人"双重含义，前者代表农民工的户籍（制度）身份，后者则代表了具有城市属性的职业身份，这种双重身份也表明中国正处在向现代工

---

① 王思斌：《我国社会政策的弱势性及其转变》，《学海》2006 年第 6 期。王春光：《中国社会政策调整与农民工城市融入》，《探索与争鸣》2011 年第 5 期。李莹、周永新：《我国农民工社会政策的变迁：一个分析框架及其应用》，《中国人民大学学报》2012 年第 5 期。

② Solinger, D. J., *State transitions and Citizenship Shifts in China*, UC Irvine：Center for the Study of Democracy, 2003. Retrieved from：http：//escholarship. org/uc/item/8 vj015 bz accessed20. June, 2015. Wu, J. M., "Rural Migrant Workers in China's Differential Citizenship：A Comparative Institutional Analysis", *Rural - urban Inequality in Contemporary China*, Vol. 38, No. 1, 2010, pp. 58 –81.

③ 王小章：《从"生存"到"承认"：公民权视野下的农民工问题》，《社会学研究》2009 年第 1 期。赵书文：《单位制变迁中社会保障的均等化研究——以公民身份为视角》，《云南大学学报》（法学版）2013 年第 6 期。

业社会转型的过程。① 实际上，农民工融入城市的最大挑战是身份
问题，农民工和市民在身份上的差异造成实质上的机会不平等。②
农民工的公民参与问题最主要的原因是户籍制度的影响。

　　苏黛瑞最早采用公民参与和公民身份视角研究农民工，她认为
现代社会的公民权由两个部分组成：一个是社会的成员资格问题，
另外一个是社会资源的分配问题，公民权的根本特征是排斥，它将
权利和特权仅赋予部分共同体成员。在她看来，对于农民工来说，
最主要的问题不只是缺乏由国家提供的维持日常生活所必需的就
业、社会保障等服务，核心问题可能还在于由于没有城市户口，农
民工根本没有"资格"享有城市居民与生俱来的那些"自然权利"，
也没有通过公民参与改变自身社会处境的能力和机会，因此，她将
农民工的社会融入过程描述为争夺公民权（Contesting Citizenship）
的行动，③ 进城农民的根本问题不在于直接争取维持生计的收入、
福利、服务等，而是首先争取"公民权"。市场化改革引进的资本
主义不仅没有提升农民工的公民权利，反而损害了相关权利，农民
工成为城市中的非市民或者次等市民，一方面是因为农业的市场化
导致农民暴露在市场风险中，另一方面被排除在城市公共财政供给
体制之外。④ 公民参与的研究随着农民工在城市处境的变化开始从
生存预设论下的"生存—经济"的叙事模式向公民权视野下的"身
份—政治"的叙事模式转变。⑤

　　农民工的向上流动受到制度、社会等诸多因素限制，被固化在
底层。王雄和郭忠华从公民身份视角解读农民工底层化的原因，⑥

---

　　① 程新征：《中国农民工若干问题研究》，中央编译出版社 2007 年版，第 3—5 页。

　　② 俞可平：《新移民运动、公民身份与制度变迁——对改革开放以来大规模农民工
进城的一种政治学解释》，《经济社会体制比较》2010 年第 1 期。

　　③ Solinger, D. J., *State transitions and Citizenship Shifts in China*, UC Irvine：Center for
the Study of Democracy, 2003. Retrieved from：http：//escholarship. org/uc/item/8 vj015bz ac-
cessed20. June, 2015.

　　④ Ibid. .

　　⑤ 王小章：《从"生存"到"承认"：公民权视野下的农民工问题》，《社会学研
究》2009 年第 1 期。

　　⑥ 王雄、郭忠华：《公民身份视野下中国底层阶级的形成》，《浙江学刊》2013 年
第 3 期。

认为公民身份的排斥性是我国阶层分化和社会不平等的重要原因，农民工等弱势群体在现行制度安排下遭遇市场、政治和社会领域的诸多排斥，造成他们社会层级的权力贫困和身体地位的底层化，形成数量庞大、权利受损而又沉默失声的底层阶层。文军认为，应当重新回到"身份资格"上去讨论农民工问题，其核心就是农民进入城市体系后如何获得平等的公民权的问题。[1] 陈映芳同样把农民工在城市的权利问题理解为公民权如何落实的问题，在她看来，国家的制度安排和农民工群体自身的身份认同共同造成了"非市民"并无法享受公民权利的现状，只有把问题视作农民工如何获得公民权的问题，才有可能得到真正解决。[2] 张晓霞提出，农民工在城市中处于"边缘社会地位"的位置，他们的权利地位与市民相比显然不同，[3] 户籍制度将农民与市民划分开，附着在户籍制度中的福利政策区别对待两个群体，形成农民工融入城市的障碍。

农民工居住的社区公共空间管理混乱，难以实现公民参与。农民工进入城市后，第一站便是社区，他们居住的社区类型具有多元化特征，根据农民工与社区的关系我们将社区划分为三种类型：第一类，没有正式的社区结构，包括工地工棚、集体宿舍等，农民工居住在这一类环境中，与城市市民属于绝缘的状态，复制了农村习得的生活方式。第二类，拥有非正式的社区结构，包括农民工集中的城中村、城乡接合部以及以前的"浙江村""河南村"等，形成地域联结，有社会交往，但是交往模式单一。这些聚居区缺少规范的管理体制，仅仅有居委会，社会关系疏离。第三类，真正的城市社区，以租住、自购房或者住在雇主家等形式出现，进入城市正式社区体制的管理范围中，但是在社区中农民工的社会交往具有"内倾性"和"表层性"等特点，因为空间上的区隔，社会关系被局限在老乡和其他身份相似的农民工范围内，与市民交往仅处在业缘层面上无情感的交流，社区中的地缘交往很少。在这三种社区居住类

---

① 文军：《"被市民化"及其问题——对城郊农民市民化的再反思》，《华东师范大学学报》（哲学社会科学版）2012 年第 4 期。

② 陈映芳：《"农民工"制度安排与身份认同》，《社会学研究》2005 年第 3 期。

③ 张晓霞：《城市农民工的公民权利边缘化及思考》，《兰州学刊》2006 年第 3 期。

型中，农民工都很少参与和被接纳到社区建设和公共事务中。

农民工被打上特殊的社会身份标签，在社区中被区别对待。农民工被社区管理者和本地居民视为"外来人"，受到潜在的排斥。关信平和刘建娥对农民工社区融入的研究发现，他们在社区中没有社会交往，[①] 是一种没有互动的共存状态；社会活动参与不足、闲暇生活单一；在社区选举中也较少参与；与社区管理缺乏沟通和参与的渠道；缺乏可获得的专业化服务。目前农民工与市民还有一定的距离，经济上与市民有差距，在社区中的参与也受限，与市民在心理上相互排斥。[②] 一方面是因为农民工的乡土情结较重，与城市文化产生冲突；另一方面农民工因为流动离开户籍地而丧失了部分依附于户籍的权利，成为城市中的"弱势群体"，[③] 尽管职业上的角色已经成功转换，但是由于制度惯性的作用，社会角色仍然没有转换彻底。

公共参与是实现社会融入的有益手段。在城市转换场域中，农民工积极参与公共事务，参与公共事务的决策与管理，享有公共服务，将有助于增强他们的归属感和责任感；农民工还可以通过公共参与建立社会网络，形成社会资本的横向联系，自下而上逐步影响决策层，发展社会资本的纵向联系，实现决策融入，最终融入城市社会。[④] 社会融入需要社区动员与支持，开放与包容地构建农民工公民参与的渠道，融入公共社区的再社会化过程可以超越户籍等外在屏障融入到城市生活方式中。[⑤]

农民工的公共参与目前已得到政策支持。随着农民工在城市人

---

① 关信平、刘建娥：《我国农民工社区融入的问题与政策研究》，《人口与经济》2009 年第 3 期。

② 柯元、柯华：《基于社区融入视角的农民工市民化问题探析》，《农村经济》2014 年第 8 期。

③ 蔡禾、李超海、马建华：《利益受损农民工的利益抗争行为研究——基于珠三角企业的调查》，《社会学研究》2009 年第 1 期。

④ 刘建娥：《乡—城移民社会融入的实践策略研究：社区融入的视角》，《社会》2010 年第 1 期。

⑤ 时立荣：《透过社区看农民工的城市融入问题》，《新视野》2005 年第 4 期。张金庆、冷向明：《现代公民身份与农民工有序市民化研究》，《复旦学报》（社会科学版）2015 年第 6 期。

口的比例越来越高，农民工的正式参与和非正式参与得到正式制度
的支持和认可。民政部《关于促进农民工融入城市社区的意见》
（以下简称"意见"）中明确规定，保障农民工参与社区自治的权
利。意见指出，要进一步完善社区民主选举制度，探索农民工参与
社区选举的新途径，在社区中有合法固定住所、居住满一年以上，
符合《中华人民共和国城市居民委员会组织法》选民资格的农民
工，可以参加本社区居民委员会的选举。在社区中涉及农民工切身
利益的重要事项如制定社区公约、兴办社区公益事业、拟定社区发
展规划等，应听取农民工或者农民工代表的意见。该政策有效保障
了农民工参与社区正式活动的资格和权利。意见还指出，社区应积
极探索社区评议会、民情恳谈会、网上论坛等有效形式，鼓励农民
工广泛参与，理性、合法地表达自己的诉求，社区要向农民工覆盖
公共服务项目，实现公共服务均等化；引进专业社工和社区社会组
织对农民工的需求开展有针对性的服务，鼓励农民工参与社区社会
组织，提高农民工参与社区管理和服务的组织化程度。意见在政策
层面上明确了农民工参与到社区正式活动和非正式活动的权利，并
且保障了农民工表达诉求，推动社区完善针对农民工的社区服务。

　　公民参与有两种范式，一种是素养范式，即成员是否拥有承担
相应义务和责任的基本条件；另一种是实践范式，即公民参与实践
的形式和深度。据此，提出研究假设了和两个分支假设：

　　假设3：农民工的公民参与实现得越充分，社会融入越好。

　　假设3.1：农民工的公共参与程度越高，社会融入越好。

　　假设3.2：农民工的公民素养越高，社会融入越好。

第二节   数据来源及样本情况

　　本研究以定量分析为主，以量化的数据资料作为分析对象。数
据主要来自国家社科基金项目"社会质量视角下的农民工市民化研
究"课题，课题组于2016—2017年在厦门、苏州、东莞、深圳四
个大城市进行问卷发放收集定量部分的数据，本书基于问卷收集到

的数据资料进行统计分析。问卷内容的设计首先是基于研究主题对农民工采取定性的访谈资料，结合以往在市民化、社会融入等主题的问卷基础上制定问卷的内容；再结合访谈资料对问卷问题进行筛选、优化；接下来将初步设计的问卷在厦门进行试调查，通过大约100份的试调查问卷，评估问卷质量，将其中不能准确反映农民工实际情况的问题删除或者修改，最终形成包含11个部分的调查问卷。问卷囊括三个方面，包括调查对象基本情况、就业和社会生活指标以及社会融入指标。第一部分是调查对象的个人基本情况和家庭背景，包括性别、出生年月、教育程度、政治面貌、宗教信仰、婚姻状态、来源地、子女数量、父母文化程度和职业等；第二部分是调查对象的工作和生活情况，包括就业、居住、日常生活；问卷的第三部分涉及不同的主题，分别是农民工的社会团结、社会融入、社会经济保障、社会参与、公共服务和社区生活、社会关系、社会公平感和幸福感等方面的内容。本研究所涉及的指标和内容横跨问卷的各个部分。

课题组在厦门、苏州、东莞、深圳四个城市针对农民工为调查对象展开大规模面访式问卷调查，调查对象界定为在流入地居住一个月以上，且截至调查日期时年龄在15—65周岁的农民工。其中，在厦门发放问卷350份，苏州390份，东莞310份，深圳350份问卷，四个城市共发放问卷1400份，共计回收1359份，其中厦门回收342份，有效问卷325份，苏州回收389份，有效问卷352份，东莞回收305份，有效问卷300份，深圳回收323份，有效问卷311份，问卷的总体有效率为92%。

为了丰富研究内容，研究者还采用全国综合社会调查2017年的数据（以下简称CGSS2017），其中城市居民部分的数据进行分析，以便对农民工与市民之间的差别做对比。CGSS2017采用随机配额抽样，样本量大，在操作过程中严格按照抽样的标准进行，能够准确、真实地反映全国性的群体特征。

一　调查地点

问卷在四个城市发放，分别是深圳、厦门、苏州、东莞，选择这四个大城市基于以下几个方面的考量：

首先，这四个大城市地处东南沿海，经济发展较好，且都是外来人口流入量较大的城市，非户籍人口所占比重很大。厦门是农民工进城务工的一个重要目的地，外来人口比重高于东南沿海的平均水平，2020 年 GDP 达到 6384 亿元，位列全国重点城市第四位，截至 2019 年底，全市常住人口为 429 万人，其中本地户籍人口为 261.10 万人，外来人口规模庞大，人户分离现象广泛存在。① 苏州位于长江三角洲中部，东临上海，是长三角经济带的重要组成部分，截至 2020 年末苏州 GDP 达到 1.9 万亿元，是开放型经济的典型城市，优势在于经济居于领先地位、县市基础好，形成苏南模式，并且制造业规模较大，吸引大量外来人口，截至 2019 年末，苏州市常住人口总数为 1074.99 万人，户籍人口 722.60 万人，外来人口 352.39 万人，外来人口占比 32.78%，居全国重点城市第七位，长三角地区第二位。② 东莞又称"莞城"，位于珠江口东岸，制造业发达，外来务工人员人数众多，有"世界工厂"之称，2020 年 GDP 达到 9650.19 亿元，截至 2019 年末，东莞市有常住人口 846.45 万人，其中户籍人口 460.47 万人，外来劳动力人口有 385.98 万人，占到常住人口比例的 45.6%，如果包含暂住人口，那所占的比例会更大。③ 深圳是珠三角的特大城市，2020 年 GDP 达到 2.69 万亿元，截至 2019 年末常住人口为 1343.87 万人，其中户籍人口 494.78 万人，非户籍人口 849.10 万人，非户籍人口的比例达到 63.18%，人口倒挂现象严重。④

其次，这四所城市分别位于长三角、珠三角和闽三角，涵盖多种大城市类别，其中深圳是超大城市和一线城市，东莞是特大城

① 厦门市统计局，2020，2021 年 3 月 23 日，http：//tjj. xm. gov. cn/tjzl/tjsj/tqnj/202009/t20200927_ 2481438. htm。

② 苏州市统计局，2020，2021 年 3 月 23 日，http：//tjj. sz. gov. cn/tjzl/tjsj/jdsj/sjyb/202101/t20210129_ 2516437. htm。

③ 东莞市统计局，2020，2021 年 3 月 23 日，http：//dg. gov. cn/tjzl/tjsj/jdsj/sjyb/202101/t20210129_ 2516437. htm。

④ 深圳市统计局，2020，2021 年 3 月 23 日，http：//www. sz. gov. cn/cn/xxgk/zfxxgj/tjsj/tjnj/content/post_ 8386385. html。

市，苏州、厦门是 I 型大城市，对于全面了解农民工社会融入在不同规模的大城市之间的差别提供不同的地域背景，也为了解不同城市的社会融入现状和融入路径提供经验资料的支持。

再次，这四个城市对于外来人口的准入政策松紧有别，社会融入的门槛和难度也差异巨大。户籍制度约束农民工在城市的权益，制度的划分让农民工从心理上无法融入城市，具有"他乡者"的疏离感。户籍制度和企业不规范用工导致的社会保障缺乏，让农民工在城市的合法权益难以得到有效维护，受教育程度不高，就业多属于低层次的劳动密集型工作，与个人职业能力相匹配的就业空间非常有限。在大城市，因社会节奏更快，对学历、技能等职业能力要求更高，农民工的疏离感更强烈，与中小城市相比，扎根更为困难，犹如浮萍，生活和工作都飘荡不安。深圳的户籍身份获得难度最大，深圳对于外来人口采取积分落户政策，虽然打出"来了就是深圳人"的口号，但是落户政策向高等教育人才倾斜，按照文化程度、技术水平、发明创造、表彰荣誉、社会服务以及居住时间、社保缴纳情况进行积分，学历高、有发明和技术的人才分值会很高，在四个城市中对农民工落户的准入门槛最高。厦门与苏州户籍身份获得有一定难度，但是对于农民工有筛选机制。厦门市对外来人口采取积分落户的政策，根据厦门市积分落户指导意见，持有暂住证和居住证，拥有签订的劳动合同以及缴纳一定年限的养老保险即可开始积分，满足一定的积分条件就可以享受一些拥有户籍的市民待遇，例如子女入学可参加随机学位派放。2015 年 12 月 15 日，苏州市政府颁布《苏州市流动人口积分管理办法》，宣布从 2016 年 1 月 15 日起，符合条件的流动人口可凭积分享受户籍准入、子女入学和参加医保等市民待遇，积分入户政策的实行，推动苏州市农民工社会融入进入新阶段。东莞市政府在推动农民工社会融入方面措施做得较为全面。东莞市是获得户籍难度最小也是相关市民化政策落实最好的城市，对于外来人口打出"新莞人"的口号，落户准入门槛最低，中国重点城市包容度排行榜中东莞成为"全国包容度最高城市"。2008年东莞市政府率先成立了流动人口服务管理的专门机构"新莞人服务管理局",并在村镇设立新莞人服务管理中心及服务站,在就业、社保、子女入学等方面为外来人口提供服务,此外还不断放宽积分落户政策条件,帮助外来人口落户东莞,东莞的农民工市民化政策处于全国先列。

最后,考虑到开展调查的难易程度,受到人力、物力的限制,兼顾调查的便捷性、可行性等现实条件,最终选择四个城市为调查地点。确保在有限的时间内能够回收较高质量的问卷。综合以上各种因素,课题组最终确定在深圳、厦门、苏州和东莞四个城市开展问卷调查。

二 抽样方案

本研究采用非概率抽样方法——配额抽样(也称为定额抽样)的方法来抽取样本。研究者尽可能地依据有可能影响研究变量的因素进行总体分层,并找出具有不同特征的成员在总体中所占的比例;然后依据这种特征的划分以及相关比例采用偶遇抽样或判断抽样的方式选择调查对象,使样本依据各种特征划分的类别构成及在样本中的比例尽量接近总体情况。一个合格的抽样框应该满足无遗漏、无重复、最新、单位界线清楚、现场易识别五条基本标准,以及单位规模、与调查对象有关的特征两条附加标准,由于农民工群体流动性高且空间分布不均匀,在实际资料收集工作中无法获取总体的抽样框,难以满足随机抽样中总体的每一个样本以相等的非零概率进入样本的要求。因此,为了尽量保证所得抽样尽可能接近总体样本的特征,在实际操作中课题组成员采用分层配额抽样的方法,按照城市、性别及职业等标准进行分层配额,尽可能保证调查样本能够均匀分布。

首先,按照城市配额。课题组预计样本量为1400,每个城市的样本数不少于300,在300份样本的基础上根据城市规模对样本量进行小幅度调节,城市规模越大的样本量会稍微多一些。其次,按照性别配额,保证男性和女性样本比例均衡。最后按照职业配额。根据国家统计局发布的2015年农民工监测调查报告,农民工中以受雇方式就业者占83.4%,行业分布上以制造业所占比重最大。[1] 参照这一数据，并结合悦中山采用的农民工分类概念即"企业农民工"和"社区农民工"，[2] 企业农民工是指被工厂或其他商业组织雇佣的职员或工人；社区农民工是指那些居住在社区的农民工，包括受雇就业的工人、职员，也包括自雇就业的农民工、失业或正在找工作的农民工。课题组决定每个城市调查都在企业和社区进行，将二者比例控制在4∶1左右。同时为了保证样本的多样性和代表性，将调查样本覆盖到农民工所在的典型行业包括建筑业、制造业、服务业、流动摊贩及个体户等，尽可能覆盖更多职业。非等概率抽样导致数据不可避免是有偏的，基于数据的结论在推广时会受到一定限制，但鉴于所收集的样本量较大，并且在配额抽样时照顾到职业、年龄、地区等方面的差异，抽样结果仍然能够作为预测总体情况的数据。风笑天指出配额抽样所得到的样本可能不完全具有对总体样本的代表性，但是具有其合适性，适合检验理论假设和解释关系的需要，数据适合做因果关系的分析，可以进行解释性研究。[3]

三 样本基本情况

问卷收集后，课题组成员通过SPSS16.0软件进行问卷的数据录入后，研究者使用Stata14.0软件进行后续的数据分析工作。

通过统计问卷数据，样本的基本情况如下。

（1）性别分布。在样本的调查对象中，男性618人，有效百分比为48.62%；女性样本653人，有效百分比为51.38%，男女比例接近。

（2）年龄分布。与全国范围的农民工监测调查报告一致，本次调查中的农民工也是以青壮年为主，平均年龄在32岁左右，最大64岁，最小16岁。

---

① 国家统计局，2017，2021年4月2日，http://www.stats.gov.cn/tjsj/sjjd/201712/t20171214_1562736.html。

② 悦中山：《农民工的社会融合研究：现状、影响因素与后果》，博士学位论文，西安交通大学，2011年。

③ 风笑天：《定性研究与定量研究的差别及其结合》，《江苏行政学院学报》2017年第2期。

（3）婚姻状况。未婚者371人，占比29.21%；已婚者878人，占比69.13%；离婚或丧偶者21人，占比1.65%。在回归分析中，研究者将离婚和丧偶者视为单身。

（4）教育程度。小学及以下121人，占比9.52%；初中520人，占比40.91%；高中或者中专464人，占比36.51%；大专133人，占比10.46%；本科及以上33人，占比2.6%。初、高中学历是大多数农民工的受教育情况。

（5）来务工地的时间分布。农民工在目前务工地的平均居住时间为7.03年，标准差为6.30，总体看来，在务工地的居住时间较长。

（6）流动范围。跨省流动的调查对象950人，有效百分比为75.40%，省内流动调查对象253人，有效百分比为24.60%。

（7）月收入。平均收入为3574.02元，标准差为3538.30。

（8）职业状态。有固定工作的978人，占比76.47%，大部分人拥有较稳定的职业。无固定工作的人中，打零工的152人，占比11.88%；个体经营/私营业主91人，占比7.11%；目前没有工作或正在找工作的58人，占比4.53%。

（9）政治面貌。调查样本中，政治面貌为群众的占绝大多数，有效百分比为85.30%，其次是有少量党员和共青团员，分别占比4.67%和9.94%，民主党派成员仅1人，占0.08%。

（10）宗教信仰。无宗教信仰的占绝大多数，共1130人，占90.4%；有宗教信仰的120人，占9.6%，以信仰基督教、佛教为主。

总体来看，调查对象性别比例合理，年龄分布恰当，职业分布符合实际，与全国范围内的农民工统计结果契合，具有一定的代表性，样本情况如表3-1所示。

表3-1　　　　　　　　　　样本概况

变量	样本量	百分比	变量	样本量	百分比
性别			**婚姻状况**		
男	618	48.62	已婚	878	69.13
女	653	51.38	未婚	371	29.21

续表

变量	样本量	百分比	变量	样本量	百分比
流动范围			离异/丧偶	21	1.65
省内流动	253	24.60	**政治面貌**		
跨省流动	950	75.40	群众	1004	85.30
受教育程度			党员	55	4.67
小学及以下	121	9.52	共青团员	117	9.94
初中	520	40.91	**职业状态**		
高中/中专	464	36.51	固定工作	978	76.47
大专	133	10.46	打零工	152	11.88
本科及以上	33	2.6	个体经营/私营业主	91	7.11
宗教信仰			正在找工作/无工作	58	4.53
有	1130	90.40	变量	均数	标准差
无	120	9.60	年龄	31.98	9.05
			收入	3574.02	3538.30
			来务工地年数	7.03	6.30

资料来源：笔者自制。

第三节　数据分析方法

　　研究对数据资料的分析将采用定量研究方法，即以问卷收集农民工在研究主题上的相关资料，以统计分析作为主要的分析方法。定量资料可以对某一现象进行多维度的测量，允许大范围内对不同类型研究对象收集研究主题的数据资料，对社会现象进行数据概括并运用统计方法推算到整个社会群体中去，描绘大型群体的特征。其缺点在于设计问卷问题时无法适用于所有的受访者，忽视了调查对象的个人经验和主体性，无法处理社会生活的情境，在处理较复杂的议题时也无法深刻地分析。

　　本研究将发挥定量方法的优势，以达到深入、全面了解农民工社会融入的相关议题。在对农民工进行描述性研究的基础上根据假设对数据进行分析和检测，对其社会融入进行解释性研究。具体将根据克雷斯威尔①制定的"解释性序列"研究方案流程进行：第一步，收集和分析定量数据；第二步，对定量数据进行描述性分析，决定哪些问题需要在第二阶段的解释性分析中进一步探索；第三步，通过高级统计方法对研究主题进行深入的解释性研究；第四步，在定量研究结果的基础上结合研究假设和相关理论进行深入分析。

在定量资料的处理中，首先进行的是描述性的统计分析，包括对样本在相关类别上的频数、百分比、均值、标准差等。其次，在描述的基础上进行深层次的因子分析、多元线性回归分析等高级统计分析方法，进行深入的解释性分析，以达到通过数据的方法验证研究假设的目的。

一 多元线性回归（OLS）分析

社会现象之间的关系是错综复杂的，相互联系的现象之间的关系还会受到其他一些社会因素的影响，因此在社会研究中常常进行多变量分析。多元线性回归模型适用于以定距变量为因变量的多变量分析方法，其优势在于能够提供在控制其他因素以后某一自变量对因变量的净效应②。在分析农民工职业、生活方式、公民参与等维度的阶层化对农民工社会融入的影响时，会采用这一方法。模型的方程如下：

方程一：$Y = B_0 + B_1 X_1 + B_2 X_2 + \cdots\cdots + B_i X_i + \varepsilon$

方程二：$Y = B_0 + B_1 X_1 + B_2 X_2 + \cdots\cdots + B_i X_i + B_m X_m + \varepsilon$

方程二：$Y = \beta_1 X_1 + \beta_2 X_2 + \cdots\cdots + \beta_i X_i + \varepsilon$

方程一中，Y 代表受访者社会融入进程指数；X_1、X_2、X_i 代表影响社会融入的因素，作为控制变量进入回归方程中，其中 B_0 是常数项，表示当其他自变量取值为 0 时因变量 Y 的截距项即均值；B_i 为各自变量的非标准回归系数，表示在控制其他变量的情况下，X_i 每改变一个单位，Y 平均改变 B_i 个单位，以期了解两者间的关系；ε 为随机误差。方程二是在方程一的基础上纳入研究的预测变量 B_m

---

① ［美］约翰·克雷斯威尔：《混合方法研究导论》，李敏谊译，格致出版社 2015 年版。

② 谢宇：《回归分析》，社会科学文献出版社 2013 年版。

X_m，与方程一结合，可以观测到 $B_m X_m$ 对 Y 的净效应。方程三是标准回归方程，β_1、β_2、β_i 均为标准化净回归系数，表示各个具体的自变量对因变量影响的大小和方向，β 系数可以相互比较，比较不同自变量对因变量影响的相对效果。

二 因子分析

因子分析是通过计算进入分析的变量的相关矩阵提取出符合变量之间交互相关的一些组合，从而提取出一些因子，用以描述一系列变量的潜在概念，其本质与多元回归分析有相似之处。在定量研究中通常被用于对问卷中多个项目进行降维，合成为较少的变量，以最少的共同因素对总的变异量做最大的解释，以便进行后续分析。在研究的分析过程中，确定社会融入进程指数各指标权重时会使用因子分析方法，在对自变量生活方式和公民参与进行操作化时也会采用因子分析方法。

第四节 概念操作化和变量测量

农民工是本研究的研究对象，研究者将其界定为户籍在农村，迁移到城市，在城市工作并且生活半年以上的人群。国家统计局[①]的监测报告显示，农民工主要向东南沿海地区流动。近年来，中西部地区对农民工的吸纳能力增强，在珠三角和长三角地区务工的农民工比重略有下降，农民工以制造业、建筑业和服务业为主，整体的社会保障水平较以往有所提高。

一 因变量

（一）社会融入相关指标体系的已有研究

本研究的因变量是农民工的社会融入，研究者将社会融入界定为在城市工作和生活的农民工达到市民状态，融入城市生活的过

---

① 国家统计局，2017，2021 年 4 月 2 日，http：//www. stats. gov. cn/tjsj/sjjd/201712/t20171214_ 1562736. html。

程。目前社会融入尚未形成统一的指标体系，社会融入是抽象且宽泛的理论概念，从不同角度理解将其操作化都能言之有理。学者们对社会融入的问题冠以"融入""融合""市民化"等名称，关注迁移者在迁入地的适应情况，这些指标构建方法大致分为两种：客观赋值法和主观赋值法。

首先是客观赋值法，即将同领域各个指标赋予相同的权数或者根据数据结构赋予指标权重，具有操作方便、避免主观化的优点。李树茁等人将社会融入指标界定为行为融入和情感融入两个维度，并且对每个维度内的指标进行等权重赋值。[①] 张文宏、雷开春运用探索性因子分析法，从主观和客观方面挑选出 14 个指标考察城市新移民的社会融合结构，包括掌握本地语言程度、熟悉本地风俗程度、接受城市价值观程度、亲属相伴人数、户籍状况、身份认同程度、社会交往范围、社会心理距离、日常交往人数、社会和职业满意度、购买房产意愿等。[②] 李培林和田丰从经济、社会、心理和身份四个维度测量社会融入，并且采用因子分析法赋予了每个维度不同的权重。[③] 肖子华等针对流动人口社会融合的调查研究报告从公共服务、经济地位、社会保障、社区参与和身份认同五个维度测量社会融合，包含 26 个三级指标，并赋予相同的权重。[④] 杨菊华从经济、社会、文化、心理四个维度测量农民工的社会融入，根据因子分析结果的解释比例对四个维度赋予相应权重。[⑤] 王桂新等构建市民化综合指标时将等权重（均为 0.2）的五个一级指标累加，五个一级指标分别包括两个二级指标共计 10 个二级指标，分别是居住条件（住房条件、居住环境条件）、经济生活（相对收入水平、相对消费水平）、社会关系（在沪有无亲友关系、在沪受社会关照情

① 李树茁、任义科、靳小怡、[美] 费尔德曼：《中国农民工的社会融合及其影响因素研究——基于社会支持网络的分析》，《人口与经济》2008 年第 2 期。

② 张文宏、雷开春：《城市新移民的社会融合的结构、现状与影响因素分析》，《社会学研究》2008 年第 5 期。

③ 李培林、田丰：《中国农民工社会融入的代际比较》，《社会》2012 年第 5 期。

④ 肖子华、徐水源、刘金伟：《中国城市流动人口社会融合蓝皮书》，社会科学文献出版社 2021 年版。

⑤ 杨菊华：《中国流动人口的社会融入研究》，《中国社会科学》2015 年第 2 期。

况）、政治参与（工会组织参与情况、党团组织参与情况）、心理认同（情感认同程度和"身份"认同程度），每个二级指标下有两个三级指标，共计 20 个三级指标，每个三级指标按照等权重分别占 50%。[1] 郧彦辉将状态、行为和态度作为市民化指标体系的三个一级指标，状态指标包括社会环境、生活水平、文化素质 3 个二级指标；行为指标包括社会权利和社会参与 2 个二级指标；态度指标包括自我认同和社会态度 2 个二级指标。指标权数采用"领域平均权数"的方法，即赋予各个子系统相同的权重，同领域各个指标也赋予相同的权重。[2] 任娟娟将市民化二分为刚性维度和柔性维度，刚性维度包括经济生活和政治参与，柔性维度包括社会交往和文化心理。其中经济生活包括收入、消费和居住；政治参与包括社会保障、制度因素和政治参与；社会交往包括社会活动、闲暇活动和人际交往；文化心理包括身份认同、社会认同和文化习得，所有指标赋予相等的权重。[3]

其次是主观赋值法，对不同维度的指标赋予不同的权重，优点是能够突出社会融入中重要的部分，缺点是主观赋值过于随意，不够客观公正，其科学性也令人诟病；此外，由于学者们主观赋值的依据不同，容易造成对社会融入指标认识混乱的现象。刘传江、程建林对农民工市民化构建的指标体系中包括三个一级指标分别是外部制度因素、农民工群体因素和农民工个体因素，外部制度因素包括土地流转制度、户籍改革制度改革进程、就业市场的统一、社会保障覆盖率，农民工群体因素包括市民化意愿和市民化能力，农民工个体因素包括个人素质、收入水平、城市中居住时间和自我认同，外部制度因素采用制度对农民工造成的歧视系数进行测算，农民工群体和农民工个体部分采用与市民对比、群体选择不同选项的

---

① 王桂新、武志奎：《城市农民工与本地居民社会距离影响因素分析——以上海为例》，《社会学研究》2011 年第 2 期。

② 郧彦辉：《农民工市民化程度测量指标体系及评估方法分析》，《学习与实践》2009 年第 8 期。

③ 任娟娟：《新生代农民工市民化水平及其影响因素研究》，《兰州学刊》2012 年第 3 期

比例、主观赋权等不同方法进行测量。① 此外，刘传江还通过采用层次分析法，分别从生存职业、社会身份、自身素质、意识行为四个方面构建指标体系。② 徐建玲将市民化指标设为市民化意愿、市民化能力和外部制度因素三个方面，市民化意愿包括未来归属倾向和自我身份判断两个因子，市民化能力用农民工月收入与市民月收入相比较得出，外部制度因素包括土地流转制度、户籍制度改革、就业制度的统一、社会保障改革等。但是在市民化整体指标体系的构建中，外部制度因素不可测量，仅以市民化意愿和市民化能力作为主要测量指标，并且两者的权重由研究者主观决定。③ 也有学者仅从流动人口主观意愿方面测量社会融入。④

　　通过梳理文献，可以发现已有研究对社会融入没有形成统一量化的指标体系，赋值方式也多样化。学者们使用不同的数据、考察不同的研究对象关注的重点也有所不同，缺乏具有普遍性和代表性的地方数据，对于社会融入也有不同的理解和测量标准。自变量和因变量之间较为混乱，有的将社会融入作为因变量，有的作为自变量进行研究。不同地区和背景的人面临社会融入的内容、挑战、困境都有所不同，这也导致研究之间的结论缺乏代表性和可比性，使许多社会融入的相关问题尚未厘清。社会融入指标的不统一制约了在学术上和政策上把握农民工社会融入的现状和特征。

　　在社会科学研究中，指标体系的合理构建必须符合三方面的要求：首先是科学合理的原则，指标应从理论中提取，并且适用于经验数据的收集。其次是全面性原则，指标必须包括概念的内涵和外延，全面体现概念的定义，能够有效反映概念所界定的社会现象。最后是可行性原则，指标构建必须在实证经验操作可行，可以通过

① 刘传江、程建林：《第二代农民工市民化：现状分析与进程测度》，《人口研究》2008 年第 5 期。
② 刘传江、程建林：《双重"户籍墙"对农民工市民化的影响》，《经济学家》2009 年第 10 期。
③ 徐建玲：《农民工市民化进程度量：理论探讨与实证分析》，《农业经济问题》2008 年第 9 期。
④ 任远、陶力：《本地化的社会资本与促进流动人口的社会融合》，《人口研究》2012 年第 5 期。

指标收集到相关的有效资料和信息。

　　本研究构建社会融入指标体系时将参照已有的指标体系，确定预选指标集。为避免主观赋值的随意性，研究者将采用客观赋值法对社会融入概念进行操作化，在前人研究的基础上谨慎选择二级指标，再确定每个维度的三级指标。三级指标的赋值采用等间距赋值法，根据三级指标与二级指标的相关关系，做归一化处理，合成二级指标。二级指标再以主成分因子的分析结果为基础，按照方差贡献率合成为一级指标，这种操作既可以避免主观赋值的随意性，也可以通过因子分析确定权重，避免客观平均赋值法无法突出社会融入重点维度的缺点。主成分因子分析法是将多个指标合成为少数指标的数据处理方法，该方法可以在最大化保留数据信息的前提下实现简化数据的目的，并反映变量之间的关系。

　　（二）社会融入指标体系的构建

　　对社会融入这样开放、抽象的理论概念操作化为可测量的具体变量，既可采用单个变量分析社会融入的各个方面，也可使用具有高效性、整体性、全面性、简洁性的综合指数了解总体社会融入的水平。[①] 本研究将对农民工社会融入程度的评价采用综合指标法，令社会融入以 I 表示，以城市居民作为参考标准（城市居民的融入水平为100%），从农民工的主观和客观方面，囊括现实状况、社会行为、心理方面的内容来测量农民工的社会融入。杨菊华对社会融入的指标体系有专门的研究，[②] 认为社会融入指标应该包含行为、文化、身份认同，反映显性客观和隐性主观的融入。研究在预选指标集时，根据杨菊华对社会融入指标的构建，将 I 界定为经济融入、生活融入、社会关系融入、心理融入四个维度，涵盖经济、行为和心理多个方面，也囊括了客观融入和主观融入。接下来，确定每个二级指标的三级指标，即具体测量指标。经济融入测量的是与市民相比的相对收入和农民工主观评价收入地位的状况；生活融入对应

---

　　① Vigdor J. L. , "Measuring Immigrant Assimilation in the United States", 2008, retrieved from http: www. manhattan - institute. org/htlm/cr_ 53. htm.

　　② 杨菊华：《流动人口在流入地社会融入的指标体系——基于社会融入理论的进一步研究》，《人口与经济》2010 年第 2 期。

的是居住类型和生活设施条件；社会关系反映个人社会交往和人际
关系；心理融入反映个人在迁入地的心理距离和身份认同。最后，
确定测量指标，经过指标是否能反映各维度的核心内容以及可操作
性的检验后，最终共产生 12 个测量指标，即三级指标，指标综合情
况如表 3 - 2 所示。

表 3 - 2   农民工社会融入评价指标体系

	二级指标	三级指标		赋值	目标值
社会融入指标 I	经济融入	相对收入	定距	个人月收入/城市居民平均收入	城市居民平均收入
		家庭收入与城市居民相比	定类	高很多 1；高一些 0.75；平均水平 0.5；低一点 0.25；很低 0	平均水平及以上
	生活融入	居住类型	定距		自购房
		室内生活设施	定距	最大 6 最小 0	都有
		周边生活设施	定距	最大 8 最小 0	都有
	社会关系融入	新生社会网络（最好的三个朋友中有无本地人）	定类	有 1；没有 0	有
		与本地人交往的频繁程度	定类	经常 1；偶尔 0.5；从不 0 三个类别	经常
		遇到困难时最先求助谁	定类	求助本地朋友、居委会、工作单位为 1；求助外地朋友 0.5；其他 0	求助本地朋友
	心理融入	是否认为自己属于城市一员	定类	是 1；说不清 0.5；不是 0	想
		感受到的迁入地居民对外地人的态度	定类	很友好 1；比较友好 0.75；一般 0.5；不太友好 0.25；很不友好 0	一般以上

资料来源：笔者自制。

（三）构建农民工社会融入指数

本研究构建的农民工社会融入指数由 5 个维度的 12 个指标构成。具体的操作过程是，先将 12 个指标在问卷中的回答转化成为 0—1 之间的得分，再将同一维度的指标按照一定的权重合并成分类指数，最后将 5 个分类指数按照相应的权重合并成总指数。这其中有两个关键步骤：一是去量纲化，二是确定权重。

1. 去量纲化

去量纲化是把不同计量单位的指标数值转化成为可以直接汇总的同度量化值①。指标的不同性质决定了指标有不同的去量纲化的方法，在社会融入指标体系中，既有定距层次的变量如月收入、室内设施种类和室外生活设施，也有定类层次的变量如住房类型、城市定居意愿等，研究在对这两类变量的去量纲化处理上将采用不同方式进行。

（1）定距变量的去量纲化

定距变量通常采用极值法实现去量纲化，正向指标通常按照公式

$$Z_i = (X_i - \text{Min}(X_i)) / (\text{Max}(X_i) - \text{Min}(X_i))$$

进行去量纲化。其中，Z_i 是第 i 个指标去量纲化之后的得分，X_i 是原始指标值，$\text{Max}(X_i)$ 是第 i 个指标的最大值，$\text{Min}(X_i)$ 是第 i 个指标的最小值。根据具体指标的性质，确定最大值 $\text{Max}(X_i)$ 和最小值 $\text{Min}(X_i)$。经过去量纲化处理之后，各指标的取值在 0—1 之间。

农民工社会融入指标体系中的定距变量有以下几个：

①相对收入。正向指标，数值越大，表示结果越优。按照上述公式进行去量纲化，在最大值 $\text{Max}(X_i)$ 和最小值 $\text{Min}(X_i)$ 的确定上，按照指标构建的目的来决定。研究将社会融入界定为达到与市民相同状态的过程，社会融入的最终目标是为了使农民工达到与普通城市市民同等的社会状态。参照国家统计局课题组在构建农民

①　郎彦辉：《农民工市民化测量指标体系及评估方法探析》，《学习与实践》2009 年第 6 期。

工生活质量指数时的做法，将最大值 Max（X_i）确定为城市居民在该项目上的平均值，[①] 最小值 Min（X_i）为 0。经过这种方法操作后，有部分样本的指标值超出 0—1 的范围，为了避免某一指标的影响过大，将大于 1 的指标值等同于 1，小于 0 的指标值按 0 处理。

②室内生活设施种类。正向指标，通过向调查对象询问住所内是否有以下设施：淋浴设备、独用卫生间、电风扇、有线电视/网络、空调、独用厨房，对每一类设施，"有"则记为 1，"没有"则记为 0，然后将 6 个项目的得分相加。对于室内生活设施种类，将最大值设定为 6，代表拥有所有列举的室内设施，最小值设定为 0，代表没有任何设施，去量纲化后的数值越大表示农民工的室内生活条件越好。

③周边生活设施种类。正向指标，向调查对象询问住所周边是否有以下设施：诊所/药店、小学/中学、公共交通站点、超市/便利店、银行/ATM 机、公园/绿地/广场、正规医院、社区图书馆/图书室，对每一类设施，"有"记为 1，"没有"记为 0，然后将 8 个项目的得分相加。周边生活设施种类的最大值设定为 8，代表拥有所有的周边设施，最小值为 0，表示没有周边设施。

（2）定类变量的去量纲化

住房类型、遇到困难求助谁等定类变量的数值虽然不能表示绝对水平，但是其数值大小能够反映社会融入在这些维度上的高低，因此可以采用直接赋值的方法将指标值转化为 0—1 之间的得分。[②] 根据指标的不同类型使用"领域平均值权数""等间距赋值"等赋值方法，对各个指标系统赋予相同的权重，不仅操作起来较为方便，也避免设置权重时过于主观化的缺点[③]。本研究将对社会融入中的定类变量进行等间距赋值法，具体赋值方法如下：

①家庭收入和本地普通市民比较。在问卷中向被访者提问"与

① 根据各省市统计年鉴的数据，2014 年厦门、苏州、东莞、深圳四城市从业人员月平均报酬分别为 5061 元、5579 元、3960 元和 6752 元。

② 国家统计局课题组：《城市农民工生活质量状况调查报告》，《调研世界》2007 年第 1 期。

③ 陨彦辉：《农民工市民化测量指标体系及评估方法探析》，《学习与实践》2009 年第 6 期。

本市普通家庭相比，您的家庭收入如何?"答案及赋值分别如下:"高很多"赋值为 1、"高一些"赋值为 0.75、"处于平均水平"赋值为 0.5，"低一点"赋值为 0.25，"很低"赋值为 0。

②居住类型。以"您目前住在哪里?"的问题形式向被访者提问，赋值方式参照王桂新等人构建市民化指标体系时的赋值方法，答案及赋值如下:自购房为 1;出租房为 0.75;单位宿舍、亲友家、雇主家为 0.5;单位工棚、自搭简易房为 0.25;其他为 0。

③新生社会网络。在问卷中向被访者询问"在厦门市最好的三个朋友中有没有本地人?""有"赋值为 1，"没有"赋值为 0。

④与本地人交往的频繁程度。该项在问卷中的问题为"您与本市居民(包括同事、邻居等)经常来往吗?"答案及赋值为"经常来往"赋值为 1，"偶尔来往"赋值 0.5，"从不来往"赋值为 0。

⑤遇到困难最先求助谁。该项指标反映农民工的社会支持网络，在问卷中向被访者提问"在生活中遇到困难时，您最先向谁求助?"将"求助本地朋友""求助于政府部门和居委会""求助于工作单位"赋值为 1，"求助于外地朋友、亲戚和老乡"赋值为 0.5，"其他"赋值为 0。该项赋值与其他项赋值方法有所不同，是基于以下的考量:属于现居城市的社会支持网络视为该项融入成功，而其他的社会支持网络则视为没有完全获得城市社会支持网络上的融入。

⑥认为自己是否属于现居城市一员。"属于"赋值为 1;"说不清"赋值为 0.5;"不属于"赋值为 0。

⑦认为现居城市居民对外地人的态度如何。该项指标反映农民工在现居城市心理层面上对社会距离的主观感受，在问卷中的问题是"您认为大部分本市人对外地人的态度如何?"答案和赋值分别是:"很友好"赋值为 1，"比较友好"赋值为 0.75;"一般"赋值为 0.5;"不太友好"赋值为 0.25;"很不友好"赋值为 0。

农民工的社会融入指数是相对于城市居民来说的，以到达城市居民的融入指数 1 为目标。因此这些指标应按照城市居民的平均值来进行标准化，但是有部分指标是只针对农民工群体设计的，对城镇居民不适用，缺少城镇居民在这些方面的统计数据，而且诸如遇到困难最先求助谁之类的问题，在现有的城镇调查中缺少现成的数据可以进行对比，无法按照城镇居民的参考值进行调整。研究者将城镇居民在这类指标上的平均值默认为1，考虑到城乡居民在这些指标上确实存在较大差距，且这些方面的改善本身就是推动农民工群体社会融入的重要内容，因此这种处理方式不会使结果产生太大偏差。

2. 确定指标权重

在确定多指标综合评价体系中各个指标的权重上，学界尚无统一的做法。在权重分配的问题上，有等权重法和不等权重法两种做法。等权重法的内在逻辑是综合指标体系中的每个具体指标在不同时期和地区对于综合指数都有影响，在社会科学中这些重要性是无法准确衡量谁重谁轻，因此将指标的影响力视为相等的是比较稳妥的做法。不等权重法的研究者则指出，虽然同一指标对综合指数都有影响，但是指标间的重要程度是有差别的。[①] 本研究认为，从客观现实来看，农民工社会融入的各个维度对于实现融入目标的重要性是存在差别的，采用等权重法无法突出部分维度的重要性；不等权重法可以突出部分指标的重要性，确定指标权重有多种选择如主观构权法、客观构权法和主客观构权法相结合等。本研究将采用客观构权法，运用因子分析法确定指标权重，这样做既避免了等权重构权法无法突出相关维度重要性的弊端，也避免了主观构权法过于随意的缺点。

权重分配具体的计算过程是，首先对未经加权的农民工社会融入指数包含的指标进行主成分因子分析，通过最大方差旋转法得出社会融入的因子，根据各个指标对应的因子负荷值对各个指标进行加权，得到每个因子的综合值；最后根据每个因子的特征值占总特征值的比重对各因子加权，形成农民工社会融入指标。对这些指标进行因子分析前，通常要进行检验，以测试是否适合做因子分析，这12项指标通过了Bartlett球形显著性检验，适合做因子分析，五个维度的特征值均大于1。因子分析结果如表3－3所示。

---

① 周长城、袁浩：《生活质量综合指数构建中权重分配的国际视野》，《江海学刊》2002年第1期。

表 3 – 3 社会融入因子分析

项目	经济融入	生活融入	社会关系融入	心理融入	共量
相对收入	**0.665**	0.254	0.033	− 0.183	0.638
收入与城市家庭对比	**0.809**	− 0.040	0.002	0.126	0.383
居住类型	− 0.112	**0.680**	0.040	− 0.197	0.379
室内生活设施	0.219	**0.70**	0.025	0.115	0.354
室外生活设施	0.068	**0.607**	− 0.092	0.257	0.557
三个好友中有无本地人	0.191	0.097	**0.533**	0.396	0.518
与现居城市居民交往频率	− 0.232	0.102	**0.656**	0.020	0.501
遇到困难时最先求助谁	0.121	− 0.113	**0.717**	− 0.030	0.473
是否属于现居城市一员	− 0.047	0.267	0.097	**0.597**	0.408
现居城市居民对外地人的态度	0.032	0.032	0.008	**0.780**	0.363
特征值	1.137	1.808	1.014	1.343	——
解释的方差%	11.37	18.08	10.14	13.43	53.01

资料来源：笔者自制。

3. 测量质量的评估

社会融入的测量指标借鉴或修改于已有的研究，这些指标对农民工的社会融入测量的有效性和实用性还有待检验。检验主要针对社会融入的各个维度展开。表 3 – 4 给出了经济融入维度各指标量纲化的最大值、最小值、均值、标准差、偏度、峰度。数据分析显示量纲化后的经济融入指标的峰度和偏度的绝对值都小于 3，说明经济融入的两个指标的数据分布满足正态分布。生活融入中的居住类型、室内生活设施都符合正态分布。室外生活设施项略微偏离正态分布，但是考虑到最后合成社会融入维度时，将部分消解该指标的峰度值，因此保留。心理融入的两个指标峰度和偏度值都在 3 以内，符合正态分布。社会关系融入维度中的新生社会网络和与普通市民交往频率均符合正态分布，而社会支持网络偏离了正态分布，但是社会支持网络是作为社会交往的重要维度，不可缺少，因此在研究中仍然保留该项指标。整体来看，社会融入指标的分布都大致符合回归分析所要求的正态分布。

表 3 - 4   社会融入基本情况

指标	最小值	最大值	均值	标准差	偏度	峰度	样本数
经济融入							
相对收入	0	1	0.594	0.221	0.30	2.49	1291
收入地位	0	1	0.327	0.270	0.169	1.84	1273
生活融入							
居住类型	0	1	0.722	0.136	- 1.05	2.95	1288
室内生活设施	0	1	0.703	0.261	- 0.586	2.49	1222
室外生活设施	0	1	0.756	0.223	- 0.867	3.35	1219
心理融入							
城市认同	0	1	0.461	0.426	0.148	1.393	1243
心理距离	0	1	0.571	0.202	0.536	2.92	1277
社会关系融入							
新生社会网络	0	1	0.308	0.462	0.833	1.693	1280
社会交往频率	0	1	0.665	0.235	0.726	1.527	1281
社会支持网络	0	1	0.331	0.225	2.21	6.727	1280
社会融入总维度	- 1.352	1.670	0.590	0.457	0.198	2.90	996

资料来源：笔者自制。

最后，确定社会融入指数和各个维度的指数。社会融入总指数 I 根据每个因子的特征值占总特征值的比例合成得到，农民工社会融入指数表达式为：

农民工社会融入指数（I） = 0.214 × 经济融入 + 0.341 ×
生活融入 + 0.191 × 社会交往 + 0.253 × 心理融入
每个分维度的表达公式为①：
生活融入 = 0.380 × 居住类型 + 0.354 × 室内生活设施 +
0.266 × 周边生活设施

———————————

① 根据指标与分维度的相关关系，做归一化处理。

$$经济融入 = 0.458 \times 相对收入 + 0.542 \times 收入地位$$
$$心理融入 = 0.421 \times 城市认同感 + 0.579 \times 心理距离$$
$$社会交往 = 0.280 \times 新生社会网络 + 0.338 \times$$
$$与市民交往程度 + 0.383 \times 社会支持网络$$

（四）生活满意度

生活满意度是心理幸福感不可缺少的一部分，是个人根据自己选择的标准对其生活质量所做的总体性认知评估。生活满意度是个人对自己总体生活状态的主观感受，这种感受不是凭空产生的，而是基于目前的工作、生活等客观因素而做出的主观评价。农民工在与城市环境的互动中相对来说处于弱势地位，他们通过工作和生活体验城市生活，对个人生活的满意程度做出主观的评价相对城市居民来说要差一些。虽然农民工的生活满意度高于农村生活状态的满意度，但是由于与城市居民处于一种区隔状态，相对于城市居民来说，其生活满意度并不高。[①]

农民工在城市中的生活满意度一直都没有得到重视，学界对农民工的研究停留在农民工融入城市社会，解决生存需求的层面上。但是，随着农民工的迁移规模越来越大，迁移形式越来越多，在城市中生活时间甚至比农村还要久，农民工的生活满意度应该予以重视。已有的对农民工生活满意度的研究多是从人口学因素、经济因素、社会支持、健康等方面进行考察的。流入地的生存条件如物质生活对农民工生活满意度有显著影响，拥有较好居住条件和收入的农民工显然生活满意度更高。[②] 许世存[③]的分析显示流动时间越长，农民工生活满意度越高。个体的健康状态或身体活动能力提高有助

[①] 李国珍：《武汉市农民工生活满意度调查》，《南京人口管理干部学院学报》2009 年第 1 期。李国珍：《互动论视角下的农民工生活满意度研究》，《南方人口》2011 年第 3 期。

[②] 林林、胡乃宝、刘海霞等：《山东省新生代农民工生活满意度调查》，《中国公共卫生》2013 年第 3 期。

[③] 许世存：《城市适应对农民工主观幸福感的影响分析》，《人口学刊》2015 年第 4 期。

于提高农民工的生活满意度。①② 不同地区的农民工生活满意度存在差异，社会支持能够有效促进其生活满意度。③ 从以上的研究来看，对生活满意度的影响因素的研究都是从单个角度进行的，每个影响因素都与农民工在流入地的社会融入有关系，但是还缺乏从社会融入的角度系统研究对生活满意度的影响。

对生活满意度的测量包括总体生活满意度和特殊领域的生活满意度两种，本研究将从农民工总体生活满意度进行测量。研究在问卷中设计的问题是"您对自己的总体生活的满意程度是怎样的"，答案从弱到强设为"非常不满意、不太满意、一般、比较满意、非常满意"五个层次，在操作中对这五项分别赋值1—5分。样本对该项的总体情况如表3-5所示。从数据统计结果来看，农民工的生活满意度居于一般水平。CGSS 2017数据中呈现了城市居民对生活状况的满意度，可以与农民工进行比较，由于CGSS问卷中将生活满意度的回答设置为"完全不满意、非常不满意、比较不满意、无所谓、比较满意、非常满意、完全满意"七个选项，为方便比较，统计时将"完全不满意与非常不满意"合并为一项，"非常满意、完全满意"合并为一项。从数据结果可以看出，农民工整体的满意度都要低于城市居民，农民工最大比例选择了"一般满意"，而城市居民最大比例选择了"比较满意"，在"非常满意"这个选项上，城市居民达到23.3%，远高于农民工的5.29%，城市居民对生活的总体满意度要远高于农民工。

---

① 张志英：《居民生活满意度评价模型及参数估计》，《浙江理工大学学报》（社会科学版）2014年第1期。

② 郭静、王秀彬：《青年流动与非流动人口生活满意度水平及其影响因素》，《中国卫生政策研究》2013年第12期。

③ 和红、王硕：《不同流入地青年流动人口的社会支持与生活满意度》，《人口研究》2016年第3期。

表 3 – 5 生活满意度情况对比

农民工生活满意度（%）	非常不满意	不太满意	一般	比较满意	非常满意
N = 1285	3.42	14.09	49.65	27.55	5.29
城市居民生活状况满意度（%）	非常不满意、完全不满意	比较不满意	无所谓	比较满意	非常满意、完全满意
N = 5815	2.2	7.9	8.7	57.7	23.3

资料来源：笔者自制。

二 自变量

（一）就业区隔

农民工的就业比较独特，职业跨度大、涵盖类别多，但是都沉淀在制造业和低端服务业。与城市底层阶层不同的是，农民工在户籍上属于农村，在就业市场上的境遇要更糟，面临同工不同酬、升迁机会更少、就业福利更差等情况。[1] 我们重点考察的是劳动力市场多重分割造成的农民工就业状况的分化，使农民工就业与城市居民大不相同。研究将从单位的性质、就业状态、稳定性、赋权和劳动权益几个方面来分析农民工在劳动力市场分割状态下表现出的特殊就业特征。

就业状态包含正规就业和非正规就业。非正规就业由国际劳工组织[2]提出，是指不受国家管理和支持的小规模企业以及木匠、小商小贩等职业。国际劳工组织于 2003 年在原来定义的基础上进行修订，提出非正规就业的概念应考虑劳动者的单位类型和身份特征。近年来，许多学者对非正规就业有所研究，大多数将非正规就业界定为非正规部门里的各种就业以及正规部门里的临时就业、非全日制就业以及劳务派遣就业等形式，非正规部门主要包括个体或者家庭经营户、手工业户、公益性劳动组织、其他自负盈亏的劳动

---

[1] 徐道稳：《农民工工伤状况及其参保意愿调查》，《中国人口科学》2009 年第 1 期。

[2] International Labour Office, *Employment, Incomes and Equality：A Strategy for Increasing Productive Employment in Kenya*, Geneva：ILO, 1972.

就业者等。①② 这方面的内容通过向被访者提问"您的工作状态是怎样的",答案设为"有固定工作、打零工、个体经营、私营业主、正在找工作、其他",将有固定工作赋值为 1,表示被访者属于正规就业,个体经营、私营业主、打零工、正在找工作和其他赋值为 0,表示被访者属于非正规就业。

就业稳定性是评价就业好坏的一个重要面向,反映就业的持续和稳定性,也是就业质量的一个重要维度,次属劳动力市场的就业岗位相对于首属劳动力市场来说失业风险更大。就业稳定性的测量有多种方式,一种是工作更替的频繁程度,另一种是以主观判断未来失业的风险来测量。由于农民工更替工作很可能是农村土地耕种的原因,工作更替的频繁程度无法准确反映目前工作的稳定性。因此本研究将通过测量失业风险来反映农民工工作的稳定性。失业风险在问卷中向被访者提问"您认为自己在未来半年中失业可能性有多大",答案设为"不可能、不太大、一般、比较大、非常大",分别赋值 1—5 分,分值越大失业风险越高。

考虑到中国是社会主义市场经济,包含国有和市场两种重要形式,在就业市场也应反映这些社会特征,我国的企业包含国有单位或企业、私营企业等多种形式。单位性质的分割有人为身份歧视的因素,这也是导致农民工工资与市民工资差别扩大的很重要因素。③在问卷中,我们就农民工就业所属单位的性质,向被访者提问"您所在单位的性质是",答案设为"国有企业、集体企业、机关事业单位、外资企业、私营企业、个体户"六个类别。为了比较国有单位、市场中的事业单位和拥有所有权关系的私营及个体户等,研究将国有企业、机关事业单位归为同类,赋值为 1,代表国有单位;集体企业、个体户对农民工来说都具有一定的所有权,归为同类,赋值为 2;外资企业、私营企业归为同类,赋值为 3。

---

① 常进雄、王丹枫:《我国城镇正规就业与非正规就业的工资差异》,《数量经济技术经济研究》2010 年第 9 期。

② 薛进军、高文书:《中国城镇非正规就业:规模、特征和收入差距》,《经济社会体制比较》2012 年第 6 期。

③ 陈宪:《劳动力市场分割与农民工就业实证研究》,中南大学出版社 2014 年版。

就业赋权是指在职业中享有发展个人能力的权利，通常以培训和再教育为主要形式。研究测量农民工的职业赋权通过培训进行提问，在问卷中向被访者提问"在过去三年里，您有没有参加过职业培训或拜师学艺"，答案分为"有、没有"两个选项，分别赋值1和0。

劳动权益从单位提供的社会保障、效能感和不平等经历包含正反两个方向来测量。单位所能提供的社会保障包括单位是否符合用工规范签订劳动合同，对劳动者的合法权益予以保障；以及是否为劳动者提供社会保险，为劳动者提供社会保障。具体在问卷中向调查对象提问"您是否签订了劳动合同"，答案设为"签了、没签、不需要签"三种，赋值情况为"签了"赋值为1；"没签"为0；"不需要签"有两种情况，如果被访者是个体户或者私营业主，那么选择该项赋值为1，如果不属于这两种情况则赋值为0。社会保险在问卷中的问题为"您有没有社会保险"，答案及赋值为："有"赋值为1，"没有"赋值为0。效能感通过在问卷中向被访者提问"您单位发生重大事件会不会通知您（如发通知或公告）"，答案设为"会""不会"和"不符合情况"，选择"会"赋值为1；选择"不会"赋值为0；对"不符合情况"的样本进行分情况赋值，如果样本工作状态一项属于个体经营及私营业主，则赋值到1的类别中，剩下的样本做缺失值处理。不平等经历通过向被访者提问"您有无被拖欠工资的经历"，答案设为"有、没有"，该项指标为反向测量，对选项"没有"赋值为1，"有"赋值为0。

（二）生活方式

阶层是一个宏观的概念，在微观的个人层面上最具体的体现莫过于个人的生活方式，生活方式也是判断阶层分化结构化程度的重要依据。生活方式的分化最主要体现在休闲和消费两方面。[1] 具有相同经历和背景的人一般具有相似的文化习惯，而生活在不同社会环境中的人文化差异往往很大。不同阶层在行为习惯、休闲品位及

①　李春玲：《断裂与碎片：当代中国社会阶层分化实证分析》，社会科学文献出版社2005年版，第249—250页。

品位格调等文化符号上存在着明显的区隔,① 生活方式是区分人们社会性差异的重要标准。

城市和农村的社会文化差异巨大,这也造成了农民工和市民之间的习惯差异,以往户籍制度严密的时代,这种习惯差异的界限非常明显,几乎不可逾越,城市和农村间的融合度也非常低。但是随着市场化机制的运行,带动大量人口的流动,这种文化习惯上的界限似乎变得模糊起来,但是生活习惯上的区隔仍然存在。阶层分化在农民工私人生活空间的维度主要从生活方式角度进行研究,本研究将从休闲和消费两个方面分析农民工的生活方式对社会融入的影响。

1. 休闲

休闲是文化的基础。自古以来,休闲就是人类生活和文化的重要部分。休闲以渗透、融合、感染、凝聚、熏陶净化等多种形式影响人的行为方式和生活方式,没有休闲就不存在科学、艺术、诗歌等富有创造性、融合智慧与浪漫于一体的社会文明。② 休闲是通过人们的外在行为而展现出来的,是由人们对自己的生命历程和生活理想而确立起来的生活方式和价值取向所决定的。从现代文化角度来说,休闲是人们在完成社会生活所要求的必要劳动之后,为满足自己的多方面需要而形成的生命状态和生活方式。休闲是个体层面的选择,在现代社会发展的过程中,休闲也是社会文化的一部分,是由社会结构形塑而成,嵌入在特定的社会文化结构中。

休闲目前并没有形成一致的概念,大多都围绕在休闲时间、休闲活动、休闲内容上进行定义。本研究认为休闲是指工作之外的自由时间中的个人可以自由支配的活动。在操作化中,将围绕业余时间进行的休闲活动进行测量。由于休闲涉及的活动过于广泛,无法全面描述和测量,我们首先通过问卷的试调查后选取特定休闲活动。在问卷中向调查对象提问"闲暇时,您主要干什么",回答选

---

① 徐晓军:《阶层分化与阶层封闭——当代中国社会封闭性专题研究》,华中师范大学出版社 2013 年版。

② [美] 戈比:《你生命中的休闲》,康筝、田松译,云南人民出版社 2000 年版,第 12—16 页。

项设置为"打牌、看电视、睡觉、逛街、看书/报、聚会聊天、玩手机、玩电脑、参加培训或继续教育、锻炼身体"。

研究采用主成分因子分析法对休闲活动的类别合成为因子进行降维。在做因子分析前,对这些指标进行 Bartlett 球形检验,经过检验发现,达到了 $p < 0.01$ 水平上的显著性,KMO 值为 0.630,信度较好,适合做因子分析。通过对这些指标进行主成分因子分析法并经过最大方差旋转后,提取出特征值大于 1 的三个因子,分别命名为娱乐型休闲、放松型休闲、发展型休闲。三个因子共解释了休闲活动变量 54.55% 的方差,解释力较好。因子分析结果如表3-6所示。

表3-6 休闲的因子分析

项目	放松型休闲	发展型休闲	娱乐型休闲	共量
打牌	-0.050	0.008	0.839	0.292
玩电脑	0.215	0.089	0.527	0.620
看电视	0.444	-0.108	0.223	0.719
睡觉	0.665	-0.095	0.102	0.487
逛街	0.729	0.130	-0.213	0.379
玩手机	0.599	0.022	0.178	0.481
聚会聊天	0.403	0.171	0.178	0.564
看书/报	0.163	0.652	0.219	0.499
参加培训或继续教育	-0.028	0.717	-0.092	0.476
锻炼身体	-0.030	0.676	-0.002	0.542
特征值	2.011	1.440	1.096	——
解释的方差(%)	16.13	13.38	11.31	50.59

资料来源:笔者自制。

2. 消费

消费的测量方式非常多元,通常有两种方式:一种是以直接的消费货币化支出作为测量方式;另一种是以具象化商品的消费选择和消费的文化意义作为测量手段。[①] 考虑到农民工作为流动的群体，其对商品的消费选择受限于生活经历和流动状态，无法真实地反映农民工的消费模式。本研究对农民工的消费测量有两种方式，一种是以货币化的消费支出作为测量农民工城市消费的基本情况；另一种将采用消费力的概念来测量农民工的消费能力，消费力是指个人为满足自身物质和文化生活需要，对生活资料和劳务进行消费的能力，通常以询问研究对象对生活必需项目的消费能力作为测量手段。[②]

由于在具体的货币消费项目上缺失值太多，不宜进入回归分析。为了体现农民工在消费上的现代性，研究采用是否购买商业保险来测量农民工的阶层消费属性。商业保险是个人对风险规避的消费行为，对社会保障起到补充作用。社会保障满足人们的基本生活需求，而商业保险满足更高的保障需求，体现阶层间的差异。目前我国的商业保险购买群体以市民为主，农村群体在商业保险上的消费非常有限。[③] 考虑到农民工作为迁移群体及弱势群体的双重特殊性，在城市中需要适应生活空间转变带来的现代生活方式和消费文化等变化，研究将以对生活必需品的消费承受能力来测量其消费行为。以往研究消费行为以家庭耐用消费品作为测量指标，但是考虑到农民工群体并不是完全在城市安家定居，在一些家庭耐用消费品上会有所保留，家庭耐用消费品无法测量他们真实的消费状况。研究者转向以测量消费力来反映农民工的消费状况，即测量生活必需品的负担能力。

不同阶层的个人或家庭在生活必需消费项目上的负担有所差异，越是富裕的家庭，食品支出比例越小，相反，越贫困的家庭消费大部分用于解决基本的生活问题。[④] 对生活必需消费项目的承担能力

---

① ［英］鲍曼：《工作、消费、新穷人》，仇子明、李兰译，吉林文史出版社 2010 年版。

② 尹世杰、蔡德容：《消费经济学原理》，经济科学出版社 2000 年版，第 25 页。

③ 许飞琼：《商业保险与社会保障关系的演进》，《中国人民大学学报》2010 年第 2 期。

④ 李春玲：《断裂与碎片：当代中国社会阶层分化实证分析》，社会科学文献出版社 2005 年版，第 247 页。

反映了个人的消费力，本研究将从教育、居住、医疗、日常生活等方面测量农民工的消费力。在问卷中向被访者提问"您认为您家花费在教育费用（子女学费）、住房费用（房贷、房租等）、医疗费用、父母和儿童照顾费用、基本的日常开销的负担有多重"，答案设为"负担很重、有些负担、还可以、没有负担、不符合情况"，并分别对前四项赋值1—4分，"不符合情况"选项做缺失值处理，分数越高，表示消费的承受能力越好。

对农民工的消费力五项指标进行因子分析的合格性检验发现，Bartlett球形检验达到 $p < 0.01$ 水平的显著性，KMO值为0.805，信度较好，适合做因子分析。接下来对这五个指标进行主成分因子分析法，并进行最大方差旋转，提取出特征值大于1的因子，最终聚合成为一个因子，将其命名为消费负担因子。因子分析结果如表3-7所示。

表3-7　　　　　　　　农民工消费负担因子分析

项目	消费负担因子	共量
教育费用（子女学费）	0.711	0.495
住房费用（房贷、房租等）	0.762	0.419
医疗费用	0.779	0.393
父母和儿童照顾费用	0.832	0.308
基本的日常开销	0.711	0.495
特征值	2.89	——
解释的方差%	57.8	——

资料来源：笔者自制。

（三）公民参与

公民参与涉及个人所处的社会环境，在日常生活中大部分的公民参与是在社区这个场域中进行的。农民工居住的社区类型具有多样化的特征。调查数据显示，75.2%的人住在出租屋，14.6%住在单位宿舍，7.6%自购房，其他有少数居住在单位工棚、亲友家、雇主家、自搭简易房等，基本上容纳了农民工居住的所有类型，其中以出租屋为主要的居住方式。在居住的社区人口构成上，有15.0%的人居住在以本地人为主的社区，57.8%住在以外地人为主的社区，21.6%居住在本地人和外地人比例相当的社区。在居住时间维度上，36.2%的人居住了5年以上，19.8%居住了3—5年，23.4%居住了1—2年，18.8%的人居住时间在1年以下。总体看来，农民工居住时间较长，相当比例的农民工甚至与市民居住时间相近，在社区中居住时间的沉淀有助于讨论农民工在社区空间的公共参与状况。

公民参与一方面涉及参与机会，另一方面涉及主体是否有参与的素养或能力。目前对公民参与并没有系统的指标体系，但是学者们尝试建立了农民工公民身份指标体系。张金庆、冷向明[1]将农民工的公民身份定义为农民工有权平等地享有移居城市各种公共服务与社会福利，有权平等参与所在城市社区自治与管理的权利等。郭忠华[2]根据托马斯·雅诺斯基的公民身份框架进行了本土化的改进，认为农民工的公民权利包括民事权利、政治权利、社会权利和劳动权利4个一级指标，民事权利包括身体权、财产权、表达权、组织权4个二级指标，政治权利包括个人权利、知情权、参与权3个二级指标，社会权利包括预防性权利、机会性权利和补偿性权利3个二级指标，劳动权利包括参与劳动市场的权利、劳动过程中的权利、享受劳动成果的权利和对资本控制的权利4个二级指标。闵学勤[3]在马歇尔对公民身份讨论的基础上将其划分为公民道德修养、公民政治素养和公民社会素养三个维度，并就这三个维度分别制定相应的问卷指标。

农民工的公民参与与普通市民有所不同，由于农民工流动造成的不稳定状态以及农村户籍问题，公民身份存在不完全状态。本研究对农民工的公民参与的指标构建做初步的尝试，考虑到农民工的

---

① 张金庆、冷向明：《现代公民身份与农民工有序市民化研究》，《复旦学报》（社会科学版）2015年第6期。
② 郭忠华：《农民工公民身份权利的分析框架——本土化创新的尝试》，《人文杂志》2015年第2期。
③ 闵学勤：《社区权力多元认同中的公民性建构》，《社会》2011年第4期。

特殊性，研究者以市民在社区中的权利和行为作为参照体系，对公民参与的指标进行了相应修改，最终将农民工的公民参与操作化为城市道德素养和公共参与两个二级指标。

1. 城市道德素养

城市道德素养反映在城市生活的基本道德素质，城市文化与农村文化有所区别，在需要遵守的道德方面也有差别，城市社会更需要公民遵守社会规范，而农村社会强调敦睦友邻。公民参与不仅仅是社会成员的资格和权利问题，也包含成员是否具有履行共同体责任和义务的基本素养问题。在问卷中城市道德素养指标具体设计为以下问题："在日常生活中，乘公交车给老弱病残孕让座、看到有人破坏公共物品就会阻止、参加志愿活动这些行为的频率高不高"，答案设为"几乎没有、很少、经常"，分别赋值 1—3 分，分值越高，代表农民工的城市道德素养越好；"在日常生活中，您发生随地吐痰、随处扔垃圾的频率高不高？"，答案设为"几乎没有、很少、经常"，对这两项从 3—1 分进行反向赋值，分数越低表示农民工在这两项上的道德素养越好。

研究者对这几个指标进行因子分析，因子分析检验 KMO 值为 0.554，信度较好，Bartlett 球形检验结果显著，适合做因子分析。研究者通过主成分因子分析法，提取特征值大于 1 的因子，共提取出两个因子，分别根据所容纳的项目命名为利他因子和公德因子。因子分析结果如表 3 - 8 所示。最后，根据每个因子所解释的方差比例合成为道德素养因子，即道德素养因子 = 0.343 × 利他因子 + 0.294 × 公德因子。

表 3 - 8 道德素养因子分析

项目	利他因子	公德因子	共量
随地吐痰	0.017	0.876	0.768
随处扔垃圾	0.036	0.877	0.770
乘公交车给老弱病残孕让座	0.678	0.031	0.461
看到有人破坏公共物品就会阻止	0.806	0.088	0.657
参加志愿活动	0.730	0.021	0.534

续表

项目	利他因子	公德因子	共量
特征值	1.717	1.472	——
解释方差（%）	34.336	29.444	——

资料来源：笔者自制。

2. 公共参与

公共参与是公民出于对自身利益的关心而对公共事务及所处社区的公共活动的参与。本研究中测量公共参与是参考城市居民对公共事务的参与内容和涉及个人权利受损时的参与方式，包括在网络中的表达、社区中的参与行为、参与权利和参与政治，体现农民工在城市中的活动或者组织参与情况。社区共同体成员的参与行为能够培养参与人合作的技巧和责任承担意识，从而促进个人融入社会。[①] 公众在公共参与上存在阶层区隔，社会整体的阶层分化渗透到社会参与中，形成程式化的阶层表达。[②]

公共参与在问卷中共设计了九个问题，包含了在网络上的虚拟表达性参与和现实中的实际行动性参与。问题涉及权利受损时可能采取的社会行为，在虚拟空间对公共事务的社会表达几个方面，详细问题如表3-9所示，问题的答案设为"没想过、从不参与、可能会参与、曾经参与"，答案赋值0—3分。研究对公民参与也运用主成分因子分析法，对指标进行降维。经检验，这四个项目的KMO值为0.868，信度较好，Bartlett球形检验结果显著，通过因子分析的可行性检验。通过最大方差旋转法共提取出两个特征值大于1的因子，并分别命名为表达性参与因子和行动性参与因子，因子分析如表3-9所示。

---

① ［美］普特南：《独自打保龄球》，刘波、朱乃娟、张孜异等译，北京大学出版社2011年版。

② 闵学勤：《行动者的逻辑——公众参与的阶层化与结构化研究》，《江苏社会科学》2013年第4期。

表 3 - 9　　　　　　　　　　公民参与因子分析

项目	表达性参与	行动性参与	共量
在网上发表对社会问题的看法与建议	0.833	0.096	0.703
在网上发表对政治问题的看法与建议	0.818	0.226	0.720
向媒体反映情况	0.720	0.358	0.646
居委会、业委会等社区组织提意见/建议	0.662	0.334	0.550
在社区联名信上签名	0.616	0.478	0.608
在选举时为自己或别人拉票	0.306	0.598	0.452
上访（或给信访部门打报告）	0.314	0.771	0.693
参与抵制行动	0.248	0.793	0.690
参与罢工/罢市	0.129	0.834	0.712
特征值	4.656	1.118	——
解释方差（%）	51.733	12.424	——

资料来源：笔者自制。

三　控制变量

控制变量涵盖人口学基本变量，包括性别、年龄、婚姻状况、受教育程度、在务工地居住时间、流动范围六个变量，其中性别、婚姻状况、政治面貌、流动范围属于定类层次的变量，将以虚拟变量的形式进入回归模型中。受教育程度在研究中将操作化为定距变量，数值越大，表示受教育程度越高；在务工地居住时间也是定距变量，直接放入模型中。控制变量是在模型中观察个人特征因素的净效应，并可以进一步检测预测变量对因变量的影响，排除干扰因素。

性别差异会造成许多社会行为方面的差异。性别在农民工的阶层流动上也扮演了非常重要的角色，农民工改变社会地位一般有经济和婚姻两种方式，其中婚姻在男女间改变社会地位的途径上差异非常大，女性农民工可以通过与市民通婚实现身份的改变，从而融入城市，而男性农民工则较难通过与城市女性通婚改变身份。其次，女性在人际交往方面更有优势，能够通过相关社会网络获取城市的社会资源，积累社会资本，实现社会融入。① 而男性在人力资本方面则要优于女性，具有劳动力市场的性别优势，② 人力资本是影响社会融入的重要因素。性别通过就业等多种因素对社会融入的影响是毋庸置疑的，在研究中作为控制变量放入模型中，性别是类别变量，因此以虚拟变量的形式放入模型中，"男性"赋值为1，"女性"赋值为0，参考类别为女性。

年龄对社会融入的影响已经得到诸多学者的论证，不论是以代际划分的形式来考察还是以年龄段来考察，年龄都表现出非常有效的影响。年龄越大的农民工越倾向于返回家乡，对融入城市并没有很强的欲望；年龄较小的农民工则更适应城市生活，在城市中的经历更丰富，更愿意融入城市生活。③ 此外，年龄因素也决定了个人在劳动力市场的地位，年龄越大，就业的竞争力越弱，而就业是融入的重要因素。④ 不管是个人素质技能还是在文化适应能力上，不同年龄的人都存在显著的不同，因此需要作为控制变量控制起来，以观察预测变量对因变量的净效应。

受教育程度是个人人力资本的重要面向，也部分决定了个人社会融入的能力。教育程度促进个人收入，Mincer⑤ 提出的著名的Mincer方程就强调教育对个人收入的决定作用。较高的教育程度也影响个人对不同环境的适应能力，学习新知识、与人沟通及在劳动力市场上竞争的能力。虽然教育不是本研究重点研究的维度，但是因其对社会融入有重要影响，需要作为控制变量放入模型中。在问卷中教育程度划分为小学及以下、初中、高中/中专、大专、本科及以上，分别赋值1—5分，分值越高，表示受教育程度越高。

① 李荣彬、袁城、王国宏等：《新生代农民工市民化水平的现状及影响因素分析——基于我国106个城市调查数据的实证分析》，《青年研究》2013年第1期。

② 王桂新、武志奎：《城市农民工与本地居民社会距离影响因素分析——以上海为例》，《社会学研究》2011年第2期。

③ 李树苗、任义科、靳小怡等：《中国农民工的社会融合及其影响因素研究——基于社会支持网络的分析》，《人口与经济》2008年第2期。

④ 任远、乔楠：《城市流动人口社会融合的过程、测量及影响因素》，《人口研究》2010年第2期。

⑤ Mincer J., "Human Capital and Earnings", *Economic Dimensions of Education*, 1972, pp. 1 – 31.

　　婚姻状况决定了个人情感和生活精力的分配，婚姻是农民工选择融入还是回乡时要综合考虑的家庭因素，并且婚姻中如果夫妻双方分居两地，则更不容易融入城市。[1][2] 因此婚姻状况也需要作为控制变量放入模型中，婚姻状况有"已婚""未婚"两种选项，并且操作为虚拟变量的形式放入模型中，参考类别为"未婚"。

　　在务工地居住时间影响个人接受城市文化、适应城市生活的程度。短时间的流动，无论是对获得稳定的职业地位和收入，还是对价值观和文化习惯的适应、接受和身份认同的形成，都不可能取得明显进展。[3] 居住时间对社会融入的影响是毋庸置疑的，该变量是定距变量，研究也将该变量作为控制变量纳入模型中。

　　流动范围是农民工迁移的空间距离。流动距离一方面带来文化间的差异，跨省流动的农民工除了适应城乡间的文化差异外，还需要适应地区间的文化差异，在融入时需要消耗个人更多的精力。另一方面，流动距离也决定迁移成本的不同，流动距离越大，在交通上、生活上的成本都会相应增加，胡书芝[4]认为流动距离可能造成迁移成本的上升和生活冲突的扩大，影响农民工的融入过程。在研究中将该项在问卷中设为"本地人""本省人""外省人"三个类别，这一项也将被操作化为虚拟变量纳入模型中，参考类别设定为"本地人"，"本省人"反映的是农民工省内流动的距离，"外省人"反映农民工跨省流动的距离。

---

　　① 杨菊华：《流动人口在流入地社会融入的指标体系——基于社会融入理论的进一步研究》，《人口与经济》2010 年第 2 期。
　　② 刘建娥：《乡城移民家庭融入趋势及政策研究框架》，《江苏社会科学》2015 年第 4 期。
　　③ 张文宏、雷开春：《城市新移民的社会融合的结构、现状与影响因素分析》，《社会学研究》2008 年第 5 期。
　　④ 胡书芝：《从农民到市民：乡城移民家庭的城市融入之路》，社会科学文献出版社 2014 年版，第 153—155 页。

第四章

农民工阶层的描述性研究

第一节　农民工阶层的描述性研究

一　农民工的社会地位

农民工作为底层群体，有别于具有城市户籍、享受城市福利和国家规定的八小时工作制的城市工人，他们收入来源有限，延长工作时间成为其增加收入的主要出路，工作时间远超过八小时，而接触、体验城市文化，拓展城市人际关系需要大量的个人时间，这就在无形中造成了农民工想要熟悉和融入城市，但超时长的工作，收入与消费之间的差距使其产生城市陌生感，并阻碍其融入城市，近年来农民工群体产生了逆城市认同的现象。[①] 作为底层人群的新生代农民工的生活方式无法基于与城市居民平等的时间性和空间性上进行生产，看似为了生活，实际上是为了生存，这种生存的压迫感和焦虑感极大吞噬农民工的自主生活时间和空间主体性，城市提供的活动空间远低于他们的家乡，暴露出他们的阶层限制和社会资本局限，致使其被动地嵌入到城市环境中。

（一）社会地位感知

农民工作为城市的外来者，在与城市社会互动的过程中会因身份不同而受到区别对待。农民工身上的"外地人"与"农村人"标签都是需要努力摘掉的，这两个标签也是造成他们弱势的原因。调

[①] 林巧敏、杨宜音：《时空下的流转：新生代农民工生活方式研究》，《哈尔滨工业大学学报》（社会科学版）2021 年第 1 期。

查中，26.3％的人经历过因为是农村人而受到歧视，29.2％的人经历过因为是外地人而受到歧视。

问卷中针对农民工的社会地位感知我们设计了以下问题："您认为自己的社会地位与本市居民相比如何"，答案设为"高很多、高一些、差不多、低一些、低很多"。我们通过统计发现（见表4-1），农民工感知个人的社会地位低于市民的比例偏高，普遍认为自己处于城市的偏低端。研究者试图检验农民工的地位感知是否与城市相关，是否城市规模越大、越发达，这种差距感越强烈。经过统计，农民工选择"低一些""低很多"的比例在四个城市中由高到低分别是深圳、东莞、苏州、厦门，皮尔逊卡方检验值为33.45，具有显著性，证实了城市规模越大，农民工感知到与市民的地位差距越大。（见表4-2）

表4-1   农民工社会地位感知

	高很多	高一些	差不多	低一些	低很多
社会地位与市民相比	23（1.8％）	48（3.8％）	623（49.6％）	391（31.1％）	171（13.6％）
家庭收入与城市对比	0	13（1.0％）	362（28.4％）	487（38.3％）	411（32.3％）
家庭收入与农村对比	4（0.3％）	269（21.1％）	655（51.5％）	249（19.6％）	95（7.5％）

注：百分比为有效百分比。
资料来源：笔者自制。

表4-2   调查城市与社会地位感知交叉表

社会地位与本市居民相比：皮尔逊卡方33.448[a]，df=12，$p<0.001$

调查城市	高很多	高一些	差不多	低一些	低很多	总计
厦门	12	16	175	81	30	314
苏州	4	11	181	94	50	340
深圳	3	10	136	112	40	301

社会地位与本市居民相比：皮尔逊卡方 33.448ᵃ，df = 12，$p < 0.001$

调查城市	高很多	高一些	差不多	低一些	低很多	总计
东莞	3	11	131	104	49	298
总计	22	48	623	391	169	1253

资料来源：笔者自制。

（二）经济地位感知

我们还围绕经济地位分别从城市和农村两个方向设计了以下问题，更为具象地呈现农民工在社会结构中对于经济地位的感知，"与本市普通家庭相比，您的家庭收入如何"，"与农村老家普通家庭相比，您的家庭收入如何"，答案设为"很低、低一点、处于平均水平、高一些、高很多"。从统计结果来看（见表4-3、图4-1、图4-2），超过半数的农民工认为自己的经济地位比市民要低，而大部分农民工在与农村的同辈相比时认为经济地位差不多或稍稍高出在农村的平均经济地位。

表4-3 　　　　　　　　　　家庭收入地位

	家庭收入与本市居民相比		家庭收入与农村相比	
	频数	百分比（%）	频数	百分比（%）
很低	411	32.29	95	7.47
低一点	487	38.26	249	19.58
处于平均水平	362	28.44	655	51.49
高一些	13	1.02	269	21.15
高很多	0	0	4	0.31
总计	1273	100.01	1272	100

注：百分比为有效百分比。

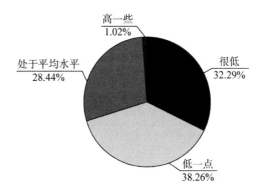

图 4 - 1　家庭收入与城市居民相比

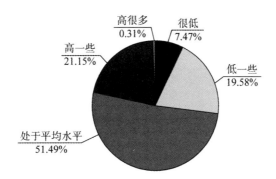

图 4 - 2　家庭收入与农村居民相比

（三）居住空间的地位感知

居住空间是个人在所处的社会环境中反映个人社会地位的指标之一，我们在问卷中针对居住空间分别从与城市居民对比和与农村居民对比设计了以下问题："与厦门市普通居民相比，您的居住条件如何"，"与您老家的住房相比，您现在的居住条件如何"，答案设为"非常差、比较差、与原来差不多、比较好、非常好"。经过统计（见表 4 - 4、图 4 - 3、图 4 - 4），农民工整体居住条件较差，不论与城市居民相比还是在老家的住房，居住感受都较差，53.28% 的人认为比城市居民差，54.67% 的人认为比老家的住房条件差。这源于农民工在城市中居住时间越来越长，在大城市中如果想要居住条件好,居住成本会非常高。在本次调查中,农民工平均每月在住房上花费 578.69 元,因个人收入限制无法在住房上支出更多,因而只能降低居住质量水平,选择城中村等条件较差的地方。

表 4－4 居住空间差异感知

	居住条件与本市居民相比		居住条件与老家住房相比	
	频数	百分比（%）	频数	百分比（%）
非常差	152	11.86	146	11.45
比较差	531	41.42	551	43.22
处于平均水平	533	41.58	419	32.86
比较好	63	4.91	151	11.84
非常好	3	0.23	8	0.63
总计	1282	100	1275	100

注:百分比为有效百分比。

资料来源:笔者自制。

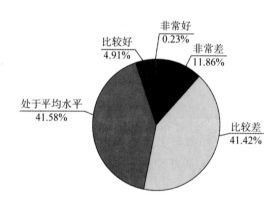

图 4－3 居住条件与市民相比

（四）阶层的代际差异

教育是个人实现阶层流动的最重要方式之一,对于缺乏社会资本的普通民众来说,也可能是仅有的实现阶层向上流动的方式。近年来国家义务教育阶段“两为主”方针的确定（以流入地为主、以

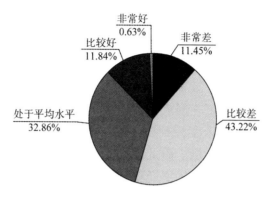

非常好
0.63%

比较好
11.84%

非常差
11.45%

处于平均水平
32.86%

比较差
43.22%

图4-4 居住条件与老家住房相比

公办学校为主）以及对卫生健康基本公共服务均等化工作的重视，基本解决了流动人口子女义务教育阶段上学问题。然而，国家卫生健康委员会针对全国流动人口的调查统计分析显示，流动人口规模越大，占比越高的城市，子女获得公平教育的难度越大，直辖市、超大城市流动人口随迁子女获得公平教育的难度最大，而义务教育阶段入学门槛的限制和异地中考政策限制是影响流动人口随迁子女获得公平教育的关键因素。① 个人受教育水平的提高有利于促进社会阶层向上流动，同时抑制代际向下流动，城乡地区间不平等的机会结构，尤其是教育机会的巨大不平等，是导致农民工与本地城镇工人职业隔离的重要原因。② 教育作为家庭活动的重要决策之一，对子女的社会地位产生重要影响，也是家庭未来社会流动的机会之一。家庭的教育观和价值观对子女学业有重要影响，已有研究表明，低家庭社会经济地位的子女除了受限于经济地位低导致的教育机会少之

① 国家卫健委：《中国城市流动人口社会融合评估报告》（蓝皮书），社会科学文献出版社2020年版。
② 吴晓刚、张卓妮：《户口、职业隔离与中国城镇的收入不平等》，《中国社会科学》2014年第6期。

外，家庭教育观和未来取向的作用，也使得学业更难取得成功。①

　　农民工的子女教育问题不仅关系到农民工及其子女人力资本积累，更关系到教育公平与社会公正、社会稳定与和谐。农民工的子女因父母在空间上的流动，在教育上与主流方式有所不同，留守儿童在老家受教育，但是教育质量往往不高，并且缺乏父母陪伴，学业管理混乱。与农民工一同流动的随迁子女，在城市中就学也受到很多阻力，公办学校入学障碍多，民办学校教育质量一般，此外，需要适应不同的就学环境。除此之外，因农民工工作不稳定，子女会产生学业中断、学业衔接不畅等问题，从长期来看，对子女的教育会造成负面影响。不论农民工子女采取了何种就学方式，与主流相比，整体质量和教育相适应的环境、条件都差强人意，学业取得成就的阻力更大，极易传递父辈的阶层地位。

　　研究在问卷中设计了农民工对学历与社会地位的认知，"您觉得一个人能否通过获得更高学历达到更高的社会地位"，答案设为"完全有可能、有可能、说不清、不太可能、完全不可能"。同时，问卷中还设计了子女在哪里接受教育的问题，并追问没有在就业城市接受教育的原因。统计显示（见表4-5），农民工对教育的认同度很高，认同可以通过教育获得更高的社会地位；农民工子女的教育质量与城市居民子女相比偏低，近半数为留守儿童在老家上学，在本市就学也多在民办学校，公办学校就学的比例仅有20.6%；子女在老家就学的原因集中在城市就学收费贵、生活成本高和没精力照顾三个方面。农民工子女的低教育质量容易导致农民工的阶层再生产，将不利的社会处境传递给下一代，产生二代农民工。

---

　　① 陈爱丽、郑逸芳、许佳贤：《教育能促进社会阶层代际流动吗？——基于中国综合社会调查（CGSS）的经验证据》，《教育与经济》2019年第6期。陈晶晶、许玲：《低家庭经济地位的初中生为何更难获得学业成功？——教育价值观与未来取向的多重中介作用》，《教育科学研究》2020年第6期。

表4-5　　　　　　　农民工子女教育情况

通过高学历达到更高社会地位	频率	百分比（%）	子女就学地	频率	百分比（%）	不在本市就学原因	频率	百分比（%）
完全有可能	262	20.6	本市公办学校	151	20.6	收费贵	120	28.1
有可能	570	44.9	本市民办学校	188	25.7	没精力照顾	95	22.2
说不清	331	26.1	在老家上学	361	49.3	没学位	34	8.0
不太可能	92	7.2	辍学	30	4.1	生活成本高	115	26.9
完全不可能	14	1.1	——	——	——	子女不适应	29	6.8

注：百分比为有效百分比。

资料来源：笔者自制。

　　虽然农民工子女义务教育阶段在城市入学障碍减少，但是结构性供需矛盾仍然存在，教育资源总量不能满足市民和农民工子女的总体需求，农民工子女就学的机会受住房、户口等条件限制，在大城市取得优质教育资源的机会与城市市民相比有较大差距。部分城市通过扩大班级规模等办法缓解就学压力，此外还有高入学门槛、不达标的"农民工子弟"学校等现象。例如，深圳教育资源紧张问题突出，农民工子女在公办学校入学的门槛非常高，需要父母有"深户"或者居住满1年（居住需持有效居住证），社保满1年等诸多条件才能取得机会，而优质的学校需要有房产支撑才能有入学资格。

　　除了义务教育阶段的入学问题，随迁子女在城市中考的问题也是影响教育公平的重要因素。在城市就读的随迁子女如果在本地参加中考，继续高中阶段的学习，都需要跨过一定的政策门槛。现实中，能跨过政策门槛的农民工非常少，大部分随迁子女能选择的高中教育要么是民办类要么是职业高中。例如，具有深圳市初三学籍的随迁子女（须为应届生），可在深圳市参加中考，并根据条件报读相应的高中阶段学校。具体可分为两种情况：一是同时符合下列5项条件的随迁子女，可参加高中阶段学校划线录取，按照高中阶段学校招生计划所列户籍类型报考相应的公办普通高中、民办普通高中和中职类学校（含中职学校、技工学校），也可参加民办普通高中补录或中职类学校注册入学：父母具有合法稳定职业；父母具有合法稳定住所；父母持有有效居住证；父母缴纳基本养老保险及基本医疗保险，且其中任一险种累计缴费满 3 年；具有 3 年完整初中学籍。二是参加中考但不符合上述条件的随迁子女，仅限于参加民办普通高中补录或中职类学校注册入学。

二　就业特征

农民工的社会资本禀赋较弱。首先是教育程度普遍偏低，调查中的农民工 40.3% 的人只有初中学历，35.9% 的人是高中学历，仅 10.3% 的人是大专学历，学历是决定进入初级劳动力市场和次级劳动力市场的敲门砖，农民工受到学历限制在初次就业时只能进入低端的次级劳动力市场。其次是缺少技术劳动必需的技能改善就业质量。学历之外，对于初级劳动力市场的就业人员来说，技能是个人重要的社会资本之一，能够帮助个人提升职业地位。调查中，仅 20.7% 的人拥有技能证书，其中，51.5% 的人是初级证书，41.7% 的人是中级证书，拥有高级证书的人寥寥无几，改善就业质量进入到初级劳动力市场对于他们来说困难重重。

调查中，农民工集中在生产工人（60.64%）、服务业人员（8.37%）、办公室一般工作人员（11.58%）、技术人员（5.01%）、个体经营及私营业主（5.24%）等几个种类中。职业涉及面较广，但多数都是一线操作工人或者普通文员，少量管理和技术类人员，以次级劳动力市场就业为主。根据陆学艺的十大阶层理论，从职业来看，大部分农民工处在产业工人阶层和商业服务业人员阶层，处在第八和第七阶层，少数农民工可以达到个体工商户阶层，即第六阶层。较第九阶层农民阶层来说，他们的地位有所提升，在城市社会体系来说，处于中产阶层以下的底层位置。

农民工就业的相关情况如表 4-6 所示。市场化带来了私营经济的繁荣，农民工的就业也以私营企业或者外企为主，占到总体比例的 78.1%；集体经济或者个体户也是重要的就业方式之一，占到就业的 12.76%；在国有单位中的就业比例极低，仅有 5.06%。总体来看，农民工的就业比较规范，72.39% 的人签订了劳动合同，但是农民工的就业赋权仍然不足，接受过培训的比例尚不足一半，仅有37.04%的农民工有过培训经历，这也部分解释了为何农民工总是集中在低端就业。农民工的工作效能感较好，能够在重大决策时接收到通知的比例占到56.58%。但是农民工的权益受损情况仍然严重，平均每周休息1.33天，平均每天工作时长9.65小时，超过了国家规定的五天工作制和八小时工作制，有过拖欠工资的比例占15.61%，没有正式的组织和机构帮助他们维护劳动权益，就职企业或单位有工会的仅占到28.1%。

表4-6　　　　　　　　　　　就业特征

变量	类别	频数（百分比）	变量	类别	频数（百分比）
单位性质	国有企业/机关事业单位	43（5.06）	重大决策是否告知	会	684（56.58）
	集体企业/个体户	159（12.76）		不会	289（23.90）
	私营企业/外资企业	972（78.01）		不符合情况	234（19.35）
工作状态	固定工作	978（76.41）	购买保险	有	794（62.92）
	私营业主/个体经营	91（7.11）		没有	381（30.19）
	打零工/正在找工作	210（4.53）	拖欠工资经历	有	192（15.61）
职业培训或拜师学艺	有	463（37.04）		没有	1038（84.39）
	没有	783（62.64）	变量	均值	标准差
是否签订合同	有	907（72.39）	每天工作时长	9.65	2.02
	没有	248（19.79）	每周休息天数	1.33	0.79
	不需要	97（7.74）	失业风险	3.52	0.99
单位是否有工会	有	363（28.1）	工作满意度	2.97	0.81
	没有	398（30.8）	城市月收入	3574.02	3538.25
	不清楚	371（28.7）			

注：百分比为有效百分比。

资料来源：笔者自制。

为了更好地理解农民工群体的就业状况，研究者将农民工与全国城镇人口的就业状况进行对比，统计了全国性数据 CGSS2017 中城镇居民的就业情况，与农民工进行比较。表4-7 显示城市居民就业的基本状况，从统计数据中可以发现，城市居民的就业形式更加多元，在党政机关、事业单位的比例要高出农民工许多，达到28.80%。而在劳动合同的签订方面，并没有表现出优势，与农民工签订合同的比例差不多，这与近年来出台的各种保障农民工劳动权益的政策有关。医疗保险是单位提供的最重要的社会保险，从数据中可以看出，城市居民拥有医疗保险的比例有86.40%，基本实现有工作就有保险，比农民工获得的社会保险要高；在养老保险方面，城镇居民达到43.29%。由于本研究所采用的农民工数据没有细分保险类型，因此无法做社会保险的细化比较。

表4-7　　　　　　　　　城市居民就业基本状况

单位所有制	N	百分比	参加基本医疗保险	N	百分比
党政机关	165	6.1	是	10180	86.40
企业	1324	48.6	否	1532	13.0
事业单位	500	18.3	基本养老保险	N	百分比
社会团体、居委会	66	2.4	是	5101	43.29
无单位/自雇	585	21.5	否	6242	52.97
军队	5	0.2	是否签订劳动合同	N	百分比
			签了	1487	70.3
			没签	578	27.3

注：百分比为有效百分比。

资料来源：笔者自制。

三　生活方式

生活方式是构成个人日常生活的经验积累，形成相似群体的共同"品味"（taste），工作之外的时间被生活占有，生活方式能够显示出群体差异的领域集中在休闲、消费等方面。

（一）休闲

本研究主要从休闲和消费两个方面来测量农民工的休闲方式。

农民工休闲活动情况如表4-8所示，从统计结果来看，农民工的休闲活动中看电视、玩手机、睡觉、逛街占主导地位；逛街、聚会聊天、锻炼身体、看书/报也是农民工的主要休闲选择；而打牌、参加培训或继续教育则是农民工较少参与的休闲活动。而在市民的生活方式中，休闲是非常多元的，发展性、社交性、娱乐性、技能性的休闲都是市民生活中常见的休闲活动。相比较而言，农民工闲暇时间的休闲活动显得单调，休闲方式单一。

表4-8　　　　　　　农民工休闲活动统计概况（N=1288）

放松型休闲	百分比	娱乐型休闲	百分比	发展型休闲	百分比
玩手机	45.43	打牌	10.21	看书/报	19.49
看电视	55.49	玩电脑	21.75	参加培训或继续教育	6.01
睡觉	40.76			锻炼身体	21.90
逛街	38.50				
聚会聊天	24.02				

注：百分比为有效百分比。

资料来源：笔者自制。

在 CGSS 2017 数据中，城市居民休闲部分是以三个大类别来测量的，没有对休闲进行细致的分类，但是测量休闲的部分与本研究因子分析后的休闲有相似之处。在 CGSS 2017 调查中，休闲分为三类，休息放松对应农民工的放松型休闲，社交娱乐对应娱乐型休闲，学习充电对应发展型休闲。从统计结果来看，在放松型休闲上，城市居民与农民工并未表现出太大差异。在社交娱乐型休闲上，城市居民参与得更多。在继续学习项目上，城市居民超过20%经常学习充电，而农民工仅有6%，在发展型休闲上城市居民显然要好于农民工。（见表4-9）

表 4 – 9　　　　　　　　城市居民休闲状况

百分比	从不	很少	有时	经常	非常频繁	N
休息放松	1.3	9.8	29.5	49.2	10.2	5815
社交娱乐	12.7	33.7	30.8	19.0	3.9	5815
学习充电	28.6	27.8	23.1	16.3	4.1	5815

注：表内数据为有效百分比。

资料来源：笔者自制。

（二）消费

在消费支出上，研究者将消费划分为生存型消费（包括食品、居住、交通、赡养老人、医疗）、发展型消费（子女教育、学习培训、社交、购买服务）、娱乐型消费（文化娱乐）三个维度，这三个维度具体的测量通过在问卷中向被访者提问"您或者您家每月在现居城市以下情况的消费金额多少"，包括食品、购买服务、居住、子女教育、交通、医疗、文化娱乐、赡养老人、学习培训、社交 10 个类别，将各个维度下的具体指标进行相加，例如将食品、居住、交通、赡养老人、医疗五个指标进行相加，得到生存型消费维度。支出的基本情况如表 4 – 10 所示，从表中的分析结果我们可以看出，生存型消费仍然是农民工消费的主要支出，占据了消费总支出的 67.42%；其次，农民工也比较注重发展型消费，该项占据消费总支出的 29.93%，这与以往的农民工相比有重大的进步。以往的调查研究指出农民工的消费局限在生存型消费，这种贫民化的消费方式也限制了农民工融入城市；[①] 娱乐型消费在农民工消费结构中比重非常小，仅占到 3.48%。由于在消费支出上的缺失值过多，尤其是生存型消费项目上的缺失样本超过总样本的半数，有效样本太少，不宜进入回归分析。

---

① 朱力：《论农民工阶层的城市适应》，《江海学刊》2002 年第 6 期。

表4-10　　　　　　　　　　农民工消费基本情况

消费维度		指标	均值	标准差
消费总支出			3010.20	2353.05
生存型消费	样本量	食品	815.97	716.93
	437	居住	578.63	534.45
	均值	交通	157.42	269.11
	2029.52	赡养老人	323.41	499.53
		医疗	149.92	289.18
发展型消费	样本量	购买服务	156.38	269.38
	934	子女教育	815.97	716.94
	均值	学习培训	51.11	267.20
	901.28	社交	273.58	394.35
娱乐型消费	样本量	文化娱乐	104.86	229.88
	1222			

资料来源：笔者自制。

商业保险的购买情况反映农民工对城市风险社会的接受程度，同时也能够反映个人抗风险的能力。从表4-11的统计结果来看，农民工的商业保险购买行为上仍然带有农村传统的观念，在风险规避的消费上非常有限，购买商业保险的人仅占到总体的12.70%。CGSS 2017 调查中的城镇居民商业保险购买率达到30.26%，比例超出农民工很多，城镇居民风险意识更强。

表4-11　　　　　　　　　商业保险购买情况

	是否购买商业保险	N（百分比）		是否购买商业保险	N（百分比）
农村	有	162（12.70）	城市	有	1760（30.26）
	没有	1113（87.23）		没有	4055（69.7）

注：表内数据为有效百分比。

资料来源：笔者自制。

消费能力反映农民工对生活必需消费品的承担能力，通过全国统计数据发现，教育、住房费用是个人消费的最大支出，医疗费用、老人和子女照顾费用是体现个人消费能力的重要部分，此外消费还有一项是维持日常生活的基本支出。农民工的消费能力的相关类目上的样本基本情况如表4－12所示。

表4－12　　　　　　　农民工城市消费负担基本情况

项目（%）	负担很重	有些负担	还可以	没有负担	不符合情况	N
教育费用	25.1	24.5	24.2	12.9	12.6	1282
住房费用（房贷、房租等）	23.5	29.1	31.2	8.5	7.1	1284
医疗费用	11.7	21.0	45.8	15.6	5.1	1281
父母和儿童照顾费用	16.0	29.6	35.0	12.0	6.9	1285
基本的日常开销	13.5	31.4	46.1	8.0	0.7	1287

注：表内数据为有效百分比。

资料来源：笔者自制。

因 CGSS 2017 调查未涉及城市居民消费，我们采用 CGSS2010 年的调查中涉及城市居民消费进行对比，在 CGSS2010 年问卷的城市市民部分涉及以下问题："您在食品、住房、教育、医疗、赡养方面的压力大不大"，方便研究者与农民工的消费能力进行对比。从分析结果中（见表4－13），我们发现，城市居民在住房、教育、赡养项目上的负担能力要远远好于农民工，在医疗、食品上的消费负担要略好于农民工。

表4－13　　　　　　　　城市居民消费负担

项目（%）	没有压力	很少	一般	明显	非常大的压力	N
食品	21.54	13.39	30.25	24.70	10.13	11160
住房	41.02	20.41	20.97	10.56	7.05	11639
教育	50.07	11.96	13.27	13.89	10.81	11562
医疗	24.53	17.78	21.42	19.51	16.76	11592
赡养	60.05	18.68	16.25	3.69	1.34	11517

注：表内数据为有效百分比。

资料来源：笔者自制。

四　公民参与

公民参与包含素养和实践两个方面，本研究分别从道德素养和公共参与两个方面来测量公民参与。道德素养的样本分布情况如表4-14所示。从统计结果来看，农民工的道德素养都较好，基本适应了城市道德规范。

表4-14　　　　　　　　道德素养样本基本情况

项目（百分比）	几乎没有	很少	经常	样本量
随地吐痰	60.48	36.18	3.26	1287
随处扔垃圾	51.51	45.62	2.87	1289
乘公交车给老弱病残孕让座	7.45	17.86	74.69	1288
看到有人破坏公共物品就会阻止	20.25	57.41	22.34	1289
参加志愿活动	29.46	52.40	18.06	1289

注：表内数据为有效百分比。

资料来源：笔者自制。

对农民工的公共参与的指标设计了包括在虚拟空间网络上的表达、在媒体等公共话语场域的表达、社区公共组织的参与、政治参与和涉及利益的对抗参与等行动，公共参与的基本情况如表4-15所示。从统计结果来看，农民工的公共参与比例较少，在城市以沉默的面貌呈现，构成了"沉默的大多数"。

表4-15　　　　　农民工公共参与基本情况（N=1291）

项目（百分比）	没想过	从不参与	可能参与	曾经参与
在网上发表对社会问题的看法与建议	16.1	49.8	26.6	7.5
在网上发表对政治问题的看法与建议	19.4	54.9	21.1	4.7
向媒体反映情况	19.8	72.2	24.7	3.1
居委会、业委会等社区组织提意见/建议	18.2	46.4	30.2	5.1
在社区联名信上签名	20.22	52.49	23.72	3.6
在选举时为自己或别人拉票	20.9	53.1	20.5	5.5

续表

项目（百分比）	没想过	从不参与	可能参与	曾经参与
上访（或给信访部门打报告）	25.7	60.0	12.2	2.1
参与抵制行动	22.4	59.6	15.7	2.3
参与罢工/罢市	25.6	62.8	9.4	2.2

注：表内数据为有效百分比。

资料来源：笔者自制。

第二节　社会融入的描述性研究

一　社会融入的总体描述

社会融入虽然在社会学、人口学、经济学、公共管理学等学科中得到诸多重视和研究，但是关于社会融入指标的构建仍然没有达成一致，得出的结论也差别很大。本研究试图在前人研究的基础上构建一个准确反映大城市农民工社会融入状况的指标体系，并对其社会融入程度展开测量，以了解农民工在大城市的社会融入状况。

表 4 - 16 的统计结果显示，农民工社会融入状况平均在 0.541 左右，仍然处于半融入的状态。其中，融入状况非常好的农民工（社会融入 > 0.7）的占比为 9.32%，融入成功的农民工所占比例很小；近半数农民工处于半融入的状态（社会融入在 0.5—0.7 之间）；36.03% 的农民工处于融入不太理想的状态（社会融入 < 0.5）。与以往相比，农民工在大城市的融入状态有显著提升，但是仍然有进一步融入的空间。

表 4 - 16　　　　　　　　农民工社会融入状况

	总体均值	分布		
社会融入	0.541	> 0.7	0.5—0.7	< 0.5
		120（9.32%）	572（45.19.8%）	464（36.03%）

资料来源：笔者自制。

表 4 - 17 中列出了分维度的社会融入水平，统计结果显示，生活融入方面，农民工已经达到较高水平。生活融入达到 0.724，有高达 94.28％的农民工达到了半融入（＞0.5）及以上的水平。心理融入也较好，整体上超过了 0.5 的融入水平，平均水平在 0.525，心理融入呈现两端多、中间少的态势，高融入水平（＞0.7）和低融入水平（＜0.5）的人都较多，分别占比 32.47％和 39.98％，而中间水平的心理融入（0.5—0.7）则相对较少，仅有 28.61％。经济融入低于半融入的水平，仅达到 0.449，与市民相比，有高达60.64％的农民工经济融入低于 0.5 的水平，与城市市民在经济方面的差距仍然是限制农民工社会融入的主要因素。社会交往是农民工在城市融入中最低的维度，仅达到 0.436 的水平，且超过半数的农民工社会关系融入都低于 0.5 的水平，因迁移导致社会网络的断裂仍然是融入的主要障碍之一。

表 4 - 17　　　　　　　　　不同维度的社会融入水平

	均值	＞0.7	0.5—0.7	＜0.5
生活融入（1190）	0.724	56.30％	37.98％	5.7％
经济融入（1273）	0.449	10.76％	28.59％	60.64％
心理融入（1213）	0.525	32.47％	28.61％	39.98％
社会交往（1266）	0.436	17.30％	17.93％	64.77％

资料来源：笔者自制。

二　分类别社会融入状况

（一）不同城市的社会融入

表 4 - 18 中列出了厦门、苏州、深圳、东莞四个城市农民工总体社会融入及不同维度社会融入的状况。在总体社会融入上，东莞的社会融入状况最好，达到 0.573；厦门次之，达到 0.544；再次是苏州，农民工社会融入为 0.535；超大型城市深圳的农民工总体社会融入比上述三个城市都要低，仅达到 0.512。图 4 - 5 展示了不同城市社会融入状况的箱型图，更直观反映了城市间社会融入的差

异。四个城市间的社会融入分布上通过了卡方检验，存在显著差异，超大型城市更难融入。

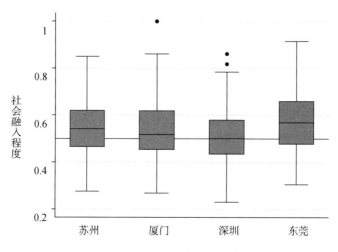

图4-5   不同城市社会融入的箱型图

不同维度的社会融入在城市间也存在差异。生活融入上，深圳和厦门持平，都在高位，达到0.738，而苏州和东莞则相对较差一些，都在0.71左右。经济融入上，则是东莞最强，这也与预期相同，东莞与其他三市相比，其城市规模和城市发展都要弱一些，经济上相对更容易融入。农民工在特大城市深圳的经济融入程度最差，仅达到0.4。心理融入维度上，东莞最差，仅达到0.494，深圳最好，达到0.562。一般来说，城市越发达，会相对更开放、包容性更强，更能接纳外来人口。社会关系融入最差，都没有达到半融入的水平，深圳在社会关系融入维度上表现最差，仅有0.338，社会关系融入最好的数厦门，但是也仅有0.465。

表 4 - 18　　　　　　　　　不同城市社会融入状况

社会融入	均值	生活融入	经济融入	心理融入	社会关系融入
厦门	0.544	0.738	0.426	0.538	0.465
苏州	0.535	0.711	0.450	0.509	0.446
深圳	0.512	0.738	0.40	0.562	0.338
东莞	0.573	0.714	0.524	0.494	0.443
统计检验 F - test	$F = 6.28$, $p < 0.01$ Chi $= 4.84$ Prob. $>$ chi $= 0.028$	$F = 3.26$ Df $= 1187$ $P < 0.05$	$F = 20.34$ Df $= 1188$ $P < 0.01$	$F = 51.5$ Df $= 1228$ $P < 0.01$	$F = 8.73$ Df $= 1262$ $P < 0.01$

资料来源：笔者自制。

（二）不同代际的社会融入

不同年龄段的农民工在行为方式和生活经验上存在非常大的差异，学界通常以 1980 年作为农民工的代际分界线，[①] 1980 年以前出生的农民工被视为老一代农民工，1980 年以后出生的农民工被视为新生代农民工。本研究也沿用这种方法，探讨代际农民工社会融入的差异。表 4 - 19 中列出了新生代农民工和老一代农民工的社会融入状况。从统计结果来看，新生代农民工比老一代农民工社会融入状况要更好一些，新生代农民工整体的社会融入水平在 0.614 左右，而老一代农民工社会融入水平仅为 0.585。在不同水平的社会融入上，新生代农民工达到半融入及以上融入水平的比例占总体比例的 80.92%，有 19.15% 的新生代农民工没有达到半融入的水平。老一代农民工达到半融入及以上融入水平的比例仅占 70.14%，值得注意的是，有高达 29.60% 的农民工没有达到半融入的水平。整体来说，老一代农民工比新一代农民工的融入状况要差很多，并且代际具有显著差异。图 4 - 6 中的箱型图更直观地展示了社会融入的代际差异。

---

① 田丰：《逆成长：农民工社会经济地位的十年变化（2006—2015）》，《社会学研究》2017 年第 3 期。

不同代际的农民工在经济融入水平上有所差别，而在生活融入、心理融入和社会交往方面则没有表现出显著的差异性。新生代农民工在经济融入方面都要显著好于老一代农民工。新生代农民工在就业技能和教育程度上都比老一代要好很多，融入能力和融入意愿上都要更强，拥有更多向上流动的机会。

表4-19   不同代际农民工社会融入

代际社会融入	均值	生活融入	经济融入	心理融入	社会关系融入
新生代农民工	0.614	0.723	0.465	0.523	0.436
老一代农民工	0.585	0.725	0.421	0.527	0.436
统计检验 t - test	$t = 2.91$ $Df = 979$ $p < 0.05$	$t = -0.191$ $Df = 768.06$ $p > 0.1$	$t = 3.785$ $Df = 833.82$ $p < 0.01$	$t = -0.338$ $Df = 831.76$ $p > 0.1$	$t = 0.02$ $Df = 923.20$ $p > 0.1$

资料来源：笔者自制。

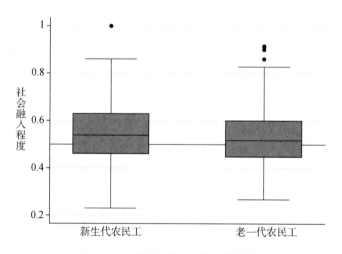

图4-6   代际与社会融入箱型图

（三）不同流动范围的社会融入

流动范围是农民工地理空间上从农村到城市的距离，不仅决定了迁移成本，也带来城市文化和生活习惯上的变化。本研究将流动范围分为"省内流动""跨省流动"两个类别，省内流动表示农民工是与现居城市属于同一个省，但是不属于当前所在的同一个市区；跨省流动表示农民工来自其他省。表4-20列出了两种流动范围下的农民工社会融入状况。从统计结果来看，空间距离上的流动范围对农民工的社会融入还是产生了很大的影响，省内流动的社会融入水平比跨省流动要高得多，省内流动的融入水平达到0.646，而跨省流动仅达到0.591，并且两者的差异达到了统计上的显著性，表明省内流动的农民工社会融入要显著好于跨省流动的农民工社会融入。在分水平的社会融入上，社会融入水平非常高的（>0.7），跨市流动的农民工占比36.89%，而跨省流动仅达到22.76%；且跨省流动融入水平较差的（<0.5）的农民工较跨市流动高出将近10个百分点。

　　在分维度上，流动范围在社会保障融入、生活融入、心理融入和社会交往四个维度上都表现出显著差异，而在经济维度上没有显著性的差异。省内流动在四个社会融入维度上都要显著好于跨省流动。流动空间的距离对于农民工的社会融入来说有重要影响，长距离的社会流动对农民工社会融入的限制颇多。（见图4-7）

表4-20　　　　　　　　　流动范围与社会融入

不同流动范围 社会融入	均值	生活融入	经济融入	心理融入	社会关系融入
省内流动（311）	0.646	0.779	0.461	0.561	0.475
跨省流动（950）	0.591	0.707	0.446	0.513	0.422
统计检验 t-test	$t=5.344$ Df=981 $p<0.01$	$t=7.501$ Df=486.08 $p<0.01$	$t=1.167$ Df=535.17 $p>0.1$	$t=3.06$ Df=485.29 $p<0.05$	$t=3.85$ Df=464.21 $p<0.01$

资料来源：笔者自制。

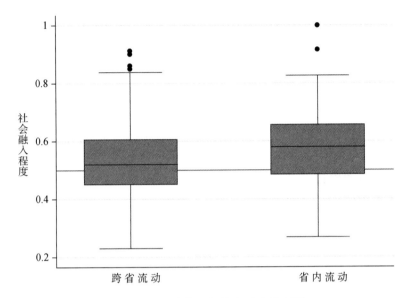

图 4 - 7　流动范围与社会融入箱型图

第三节　社会融入对生活满意度的影响分析

　　已有研究都聚焦于农民工的社会融入，并且分析到这一步也就结束了，很少分析农民工融入城市的下一步，即关注农民工个体的主观感受。农民工作为城市社会的一员，幸福感是其在城市生活质量的一个重要评价指标。此外，目前农民工的社会融入大多数仍然处在半融入状态，这就涉及农民工对个人未来生活安排的问题，如果生活得不幸福，那他们很有可能会选择离开城市。

　　农民工作为一个庞大的群体，对生活的主观感受关系到社会稳定。学界对农民工生活满意度的研究还比较少，李国珍从互动论视角下研究农民工生活满意度的影响因素，[①] 吕菲宜则是将农民工与

---

　　① 李国珍：《互动论视角下的农民工生活满意度研究》，《南方人口》2011 年第 3 期。

城市居民在生活满意度上进行了对比研究，[①] 焦亚波对青年农民工的生活满意度进行了评估。[②] 总体来说，对农民工的生活满意度的研究还比较少，也缺少从社会融入的角度分析对生活满意度的影响机制。本研究试图弥补这方面的不足，分析社会融入对农民工生活满意度的影响。社会融入包含多个维度，农民工进入城市是为了改善自己的社会境遇，寻求机会提高社会地位，不同的农民工个体由于生活机会和社会背景的差异在社会融入上表现不同，哪些维度影响到了农民工的幸福感，即社会融入对幸福感的影响机制是如何的，这是研究接下来试图回答的问题。

生活满意度是个人幸福感认知的一部分，是个体根据自己界定的主观标准对生活质量所做的总体性宏观评价。本研究以农民工对个人总体生活满意度的主观评价作为因变量，以社会融入的各个维度作为自变量，建立回归模型，分析结果呈现在表 4-21 中。

模型 1 是以农民工总体生活满意度作为因变量，只放入了控制变量的模型。控制变量包括基本的人口学变量——性别、年龄、受教育程度、婚姻状况、宗教信仰。控制变量中加入宗教信仰，是因为已有研究指出信教能够显著地改善人们的幸福水平。[③] 模型 1 的 R^2 为 0.8%，人口学变量对生活满意度的解释非常有限，模型中仅有受教育程度对生活满意度的影响达到了统计上的显著性。模型 2 是加入了社会融入四个具体维度的模型，模型的解释力从控制变量中的 0.8% 提高到了 10.4%，社会融入对生活满意度的净解释力达到 10.32%，可见，社会融入对农民工的生活满意度具有非常有效的影响。

从模型 2 中，我们可以看出，经济融入、生活融入、心理融入和社会关系融入都对生活满意度产生了正向促进的作用。其中，生活融入每提高 1 个单位，生活满意度提高 0.084 个单位。经济融入

① 吕菲宜：《农民工与城市居民生活质量满意度调查》，《统计与决策》2006 年第 17 期。
② 焦亚波：《青年农民工主观生活质量满意度评价分析》，《兰州学刊》2009 年第 6 期。
③ 金江、吴培冠：《宗教、文化与主观幸福感——基于中国劳动力动态调查的实证研究》，《中山大学学报》（社会科学版）2016 年第 3 期。

每提高 1 个单位，生活满意度提高 0.212 个单位。心理融入每提高
1 个单位，生活满意度提高 0.110 个单位。社会关系融入每提高 1
个单位，生活满意度提高 0.095 个单位。通过比较标准回归系数发
现，对生活满意度影响力从大到小排序依次是：经济融入对生活满
意度的影响最大，往后依次是心理融入、社会关系融入、生活融
入。农民工的经济融入仍然是最薄弱的环节，经济融入代表农民工
与市民相比之下的经济状况，与城市市民的经济差距过大，是限制
农民工在城市生活质量提高的最主要因素。而与城市生活方式的区
隔造成的心理疏离和社会交往中的孤立，也限制了农民工在城市中
获得幸福感。

表 4-21   社会融入与生活满意度回归模型

变量	模型 1 生活满意度	模型 2 生活满意度
性别[a]	0.091	0.088
S. E	(0.051)	(0.054)
Beta		0.052
年龄	0.002	0.005
S. E	(0.004)	(0.004)
Beta		0.054
受教育程度	0.071*	-0.013
S. E	(0.029)	(0.033)
Beta		-0.014
宗教信仰[b]	0.012	-0.045
S. E	(0.086)	(0.093)
Beta		-0.015
婚姻状况[c]	-0.011	-0.012
S. E	(0.065)	(0.070)
Beta		-0.006
流动范围[d]	-0.000	-0.030
S. E	(0.060)	(0.065)
Beta		-0.015

续表

变量	模型 1 生活满意度	模型 2 生活满意度
在务工地居住年限	0.003	− 0.007
S. E	(0.005)	(0.005)
Beta		− 0.056
生活融入		0.084 **
S. E		(0.029)
Beta		0.10
经济融入		0.212 ***
S. E		(0.027)
Beta		0.253
心理融入		0.110 ***
S. E		(0.027)
Beta		0.130
社会交往		0.095 ***
S. E		(0.027)
Beta		0.114
Constant	2.861 ***	3.117 ***
S. E	(0.150)	(0.162)
Observations	1173	928
R − squared	0.008	0.104

*** $p < 0.001$，** $p < 0.01$，* $p < 0.05$， + $p < 0.1$。

虚拟变量参照类别：a：男性；b：无宗教信仰；c：未婚；d：省内流动。

资料来源：笔者自制。

第五章

农民工的阶层与社会融入

第一节　就业的劳动力市场分割
与农民工社会融入

就业是决定个人社会地位的重要因素，也是决定个人阶层的关键变量。农民工从农村退出到融入城市的过程中，就业是其中的关键性要素，如果无法在城市中就业，那就谈不上社会融入。多重劳动力市场分割造成农民工与城市居民的就业区隔，农民工以第三产业、低端服务业、小摊小贩为主。而城市居民的就业分布广泛，以专业技术、综合服务、管理人员为主。农民工这种就业分布的差异与市民形成了就业区隔状态。李春玲提出，中国劳动力市场存在三重分割，即社会结构、经济结构和劳动力市场分割，在这种社会结构下流动劳动力以体制外、次属劳动力市场中的体力或半体力工人、自雇佣劳动者和小经营者、个体经营者为主，被隔离在正式制度控制的社会和经济空间外。[①] 城镇居民与农民工之间不仅存在职业区隔，还存在严重的社会歧视，导致农民工与城市底层人员形成无福利、低工资的"探底竞争"。[②] 这种区隔限制了他们提高社会地

---

　　① 李春玲：《流动人口地位获得的非制度路径——流动劳动力与非流动劳动力之比较》，《社会学研究》2006 年第 5 期。

　　② Meng, Xin, Junshen Zhang, "The Two-Tier Labor Market in Urban China: Occupational Segmentation and Wage Differentials between Urban Residents and Rural Migrants in Shanghai", *Journal of Comparative Economics*, Vol. 29, 2001. 李骏、顾燕峰：《中国劳动力市场中的户籍分层》，《社会学研究》2011 年第 2 期。

位的可能性，也限制了个人发展，而个人发展与社会集体认同之间具有紧密的关系，个人发展的限制不可避免地让个人与社会的关系紧张起来。本研究根据就业的劳动力市场分割现象，提出影响农民工社会融入的假设（详见第二章），假设认为稳定的、国有单位或集体单位的、富含赋权的、具有发展性的就业能够促进农民工社会融入。就业不仅直接对社会融入产生影响，还通过与心理感受的相互作用，产生不同的影响效果。工作满意度对员工的工作动机有深远影响，企业组织如果要诱导员工的工作动机，就需要满足员工实现自身的需求，增加员工对工作的满意度，从而激发员工的积极性和创造性。

在具体的分析工作中，研究将采用逐步回归法，将控制变量和就业区隔特征逐步放入回归模型中，以便研究预测变量对社会融入的影响，并通过逐步回归比较变量的标准回归系数验证工作满意度是不有中介效应，以验证各个研究假设。

一　就业与农民工社会融入

在表 5 - 1 的五个模型中，通过构建以工作满意度、社会融入为因变量，分别放入控制变量和预测变量，以检测就业的特征对社会融入的影响，并验证工作满意度是否为就业影响社会融入的中介变量。

模型 1 以工作满意度为因变量，仅放入了控制变量。控制变量涵盖人口学变量（性别、年龄、婚姻状况）、人力资本核心指标（受教育程度）及迁移的空间和时间特征（流动范围、在迁入地居住时间）。从分析结果来看，控制变量仅解释了工作满意度的1.8%，解释力一般，其中只有受教育程度这个人力资本要素对工作满意度产生显著影响，教育程度越高，工作满意度也越高。

模型 2 是在模型 1 的基础上加入了就业的相关变量，模型的解释力提高到了 8.3%，净效应提高近八个百分点，说明就业特征对工作满意度有非常好的解释力。模型的最大方差膨胀因子为 4.52，平均值为 1.63，模型的自变量之间多重共线性情况较好，模型可以接受。其中，就业的稳定性和劳动权益两个变量具有显著影响，就业的赋权维度达到边缘显著。失业风险越大，工作的满意度越低，失业风险每提高一个单位，工作的满意度降低0.20个单位。劳动合同对于工作满意度并没有有效影响，但是单位是否提供社会保险却有非常显著的促进作用，相对于不提供社会保险来说，就业单位提供社会保险的农民工工作满意度要高0.229分。有过欠薪经历的农民工相较于没有经历的农民工，其工作满意度降低0.251个单位。尽管欠薪经历不一定是目前就业的单位，但是有过劳动权益受损的农民工工作满意度更差。就业赋权维度对社会融入具有边缘显著的作用，有过职业培训的农民工对工作更容易满足。刘爱玉等人[①]曾将农民工与城镇职工的工作满意度进行了对比研究，发现就业特征中的就业所有制、劳动权益等因素会影响农民工的工作满意度。本研究的数据分析结果也发现农民工的劳动权益影响了工作满意度。

模型3是以社会融入作为因变量，仅加入控制变量的模型，模型共解释了社会融入变量变异的14.3%，解释力较好。控制变量中，年龄对融入有负向的影响，年龄每提高1岁，社会融入降低0.006个单位。教育程度与以往的研究一致，教育程度越高，社会融入程度也越高，教育程度每提高一个等级，社会融入提高0.122个单位。流动范围作为迁移的空间距离对社会融入也有显著的影响，跨省流动相对于跨市流动即省内流动来说，社会融入低0.133个单位。在迁入地居住年限对社会融入有正向的有效影响，居住时间每增加1年，社会融入提高0.021个单位。控制变量中的性别和婚姻状况没有表现出显著的影响。

模型4在模型3的基础上加入了就业的相关指标，包括农民工的就业状态、就业所有制结构及就业稳定性、就业赋权和劳动权益等因素，以观察除去控制变量后，就业对农民工社会融入的影响。模型的方差膨胀因子VIF最大值为4.78，平均值为1.70，多重共线性情况较好，模型可以接受。加入了就业稳定性的指标后，模型具有显著性，且模型的解释力 R^2 达到20.6%，相较于只加入控制变

---

① 刘爱玉、陈彦勋：《工作满意度：农民工与城镇工人的比较》，《江苏行政学院学报》2010年第2期。

量的模型 3 提高了 6.3%，就业特征对社会融入的解释力较好。在就业状态维度上，没有固定工作的农民工社会融入水平更差，比拥有固定工作农民工低 0.154 分，没有固定工作限制个人的社会融入；从事个体经营的农民工相较于固定工作的农民工，融入水平则更高，高出 0.355 个单位，个体经营拥有更多的自主权，相对于打工者社会地位感更强，对城市与农村的差距感会减弱，有利于其社会融入，假设 1.1 得到验证。在就业的所有制结构上，相对于国有单位来说，私营企业的融入程度更差，在私营企业工作的农民工比国有企业工作的同伴群体社会融入低 0.210 个单位；个体户则是所有工作种类中社会融入程度最高的群体，假设 1.2 得到部分验证。就业的所有制结构影响了农民工的社会融入。就业的稳定性维度达到边缘显著，失业风险每提高一分，表示失业风险越来越大，社会融入相应降低 0.026 个单位，就业的稳定性影响了农民工的社会融入，就业越稳定，社会融入越好。

就业中的赋权维度通过询问培训经历测得，以虚拟变量的形式加入模型中。分析结果显示，就业赋权对农民工社会融入具有显著的影响，在过去三年有过培训经历的农民工相较于没有培训经历的农民工来说，其社会融入要高出 0.135 个单位，就业赋权对社会融入具有显著的积极影响，假设 1.3 得到验证。就业赋权对农民工来说是一种实现个人发展和改变社会地位的机会，在分析结果中也证明了拥有职业赋权经历的农民工社会融入表现得更好。培训作为就业赋权的主要方式，是农民工提高人力资本的重要途径，有助于提升个人职业地位，改善社会地位。首属劳动力市场对员工进行培训，提高员工技能，是发展员工素质和提高职业地位的重要途径；而在次属劳动力市场中，为降低劳动力成本，培训通常被减免，导致农民工拥有更少的积累人力资本的机会，强化了他们的低劳动力素质，最终导致了无法改变其社会地位的恶性循环。

就业中的劳动权益维度从正反两个方向来测量，正向指标中包括有重大事件是否会通知个人、是否签订劳动合同以及单位是否为个人购买社会保险。从数据分析结果来看，所在单位有重大事件会通知个人的农民工相较于选择"没有"的其社会融入水平要高

0.178 个单位；是否签订劳动合同并没有表现出显著性；单位提供社会保险这一指标对社会融入有边缘显著的作用，相对于不提供社会保险的个人来说，有社会保险的社会融入要高 0.062 分。反向指标是欠薪经历，有过欠薪经历的农民工相较于没有欠薪经历的，其社会融入要低 0.179 个单位，假设 1.4 得到验证。

模型 5 是在模型 4 的基础上加入了工作满意度这一变量，以检测就业特征是不是通过工作满意度这个中介效应影响社会融入的。模型的方差膨胀因子最大值为 4.79，平均值为 1.67，共线性情况较好。结合前面四个模型，就业特征对工作满意度有 6.5% 的净效应；就业的相关维度对社会融入有 9.8% 的净解释力，以社会融入为因变量，加入就业的维度后再加入工作满意度，模型的解释力更高了，达到 24.1% 的解释力，并且就业特征中的就业稳定性、就业赋权、劳动权益的影响效应降低了。加入了就业稳定性的标准回归系数从原来的 - 0.055 降为 - 0.011，并且变得不再显著了，可见就业稳定性完全通过工作满意度对社会融入产生影响。就业赋权因素中职业培训对社会融入的影响为 0.146，加入了工作满意度后降为 0.138，证明就业赋权部分通过工作满意度影响社会融入。劳动权益中的提供社会保险的系数从 0.062 降为 0.037，并且从边缘显著变得不再显著了；反向指标劳动不平等经历即欠薪经历对社会融入的净效应为 - 0.145，在加入了工作满意度后，降为 - 0.125，可见不平等经历也部分通过工作满意度影响社会融入。生命历程理论认为，个体的生活和职业经历由许多个人机遇所组成，构成了不断变换的生活轨迹。在这些生活轨迹中，某些生活事件会对个人的生命历程产生重要影响，甚至可以影响个人生活轨迹，这些重要事件也被称为"拐点"。农民工的劳动权益对于大城市社会融入来说，就是一个拐点。经历过欠薪经历的农民工，即使在其他条件都具备的情况下，心理上经历了不公平待遇后也会形成"创伤"，对城市社会产生抗拒心理。研究结果也证实，劳动的不平等经历是通过工作满意度这个心理影响对社会融入产生影响的，假设 1.5 得到部分验证。

表 5 - 1　　　　　　　　　　就业与社会融入

变量	模型 1	模型 2	模型 3	模型 4	模型 5
	工作满意度	工作满意度	社会融入	社会融入	社会融入
性别[a]	0.090	0.055	- 0.011	- 0.018	- 0.023
S. E.	(0.048)	(0.059)	(0.028)	(0.031)	(0.031)
Beta		0.034		- 0.020	- 0.025
年龄	0.004	0.007	- 0.006 **	- 0.001	- 0.002
S. E.	(0.004)	(0.005)	(0.002)	(0.002)	(0.002)
Beta		0.069		- 0.0256	- 0.036
教育程度	0.122 ***	0.089 *	0.122 ***	0.090 ***	0.081 ***
S. E.	(0.028)	(0.035)	(0.016)	(0.019)	(0.018)
Beta		0.094		0.175	0.157
婚姻状况[b]	- 0.013	- 0.075	0.043	- 0.021	- 0.021
S. E.	(0.061)	(0.074)	(0.035)	(0.040)	(0.039)
Beta		- 0.042		- 0.021	- 0.021
流动范围[c]	0.011	0.077	- 0.133 ***	- 0.138 ***	- 0.152 ***
S. E.	(0.057)	(0.067)	(0.033)	(0.036)	(0.035)
Beta		- 0.041		0.136	- 0.149
在迁入地居住年限	0.004	0.003	0.021 ***	0.017 ***	0.017 ***
S. E.	(0.004)	(0.006)	(0.002)	(0.003)	(0.003)
Beta		0.019		0.234	0.225
就业状态[d]					
非固定工作		- 0.022		- 0.154 **	- 0.156 **
S. E.		(0.103)		(0.056)	(0.055)
Beta		- 0.008		- 0.097	- 0.099
个体经营		0.131		0.355 ***	0.339 ***
S. E.		(0.152)		(0.088)	(0.086)
Beta		0.035		0.164	0.156
所有制结构[e]					
私营企业		0.161		0.098	0.074

续表

变量	模型 1	模型 2	模型 3	模型 4	模型 5
	工作满意度	工作满意度	社会融入	社会融入	社会融入
S. E.		(0.202)		(0.117)	(0.115)
Beta		0.059		0.062	0.465
个体户		0.107		0.129	0.117
S. E.		(0.172)		(0.100)	(0.098)
Beta		0.043		0.090	0.082
就业稳定性					
失业风险		-0.199***		-0.026	-0.005
S. E.		(0.031)		(0.016)	(0.016)
Beta		-0.228		-0.055	-0.011
就业赋权[f]					
培训经历		0.081		0.135***	0.127***
S. E.		(0.061)		(0.032)	(0.032)
Beta		0.048		0.146	0.138
劳动权益					
单位重要事件是否会通知[g]		0.058		0.112**	0.108**
S. E.		(0.066)		(0.035)	(0.035)
Beta		0.032		0.111	0.107
欠薪经历[h]		-0.251**		-0.179***	-0.154***
S. E.		(0.080)		(0.042)	(0.042)
Beta		-0.120		-0.145	-0.125
签订劳动合同[i]		0.067		0.144	0.009
S. E.		0.077		0.0.049	0.048
Beta		0.033		0.0.012	0.007
单位是否购买保险[j]		0.229***		0.062 +	0.037
S. E.		0.066		0.042	0.041
Beta		0.128		0.056	0.034
工作满意度					0.116***

续表

变量	模型 1	模型 2	模型 3	模型 4	模型 5
	工作满意度	工作满意度	社会融入	社会融入	社会融入
S. E.					(0.019)
Beta					0.189
Constant	2.444***	3.023***	−0.187*	−0.322*	−0.611***
	(0.149)	(0.265)	(0.086)	(0.151)	(0.158)
Observations	1200	1030	947	902	903
R − squared	0.018	0.083	0.143	0.206	0.241

*** p < 0.001, ** p < 0.01, * p < 0.05, + p < 0.1。

虚拟变量参照类别：a：男性；b：未婚；c：省内流动；d：固定工作；e：国有单位；f：没有培训经历；g：单位重要事件不会收到通知；h：有欠薪经历；i：无劳动合同；j：无社会保险。

资料来源：笔者自制。

二　就业与分维度的社会融入

社会融入的各个维度反映的内容有所不同，就业对各维度是否都有影响还是只对某些特定维度有影响？接下来，研究将通过回归模型探讨就业对社会融入各个维度的影响机制。数据分析结果如表 5-2 所示。

模型 6 是以生活融入作为因变量，加入了就业变量的模型。就业中的就业状态、赋权和工作满意度表现出显著的影响。个体经营相较于有固定工作的农民工来说，生活融入高出 0.476 个单位，而非固定工作项与固定工作在生活融入维度上没有显著差别。工作越满意，生活融入的程度也越高，工作满意度每提高一个等级，生活融入提高 0.133 个单位。单位为个人提供社会保险的农民工相对于没有社会保险的农民工，生活融入要高 0.218 个单位。

模型 7 是以经济融入作为因变量，在这个维度上就业所有制、工作满意度、就业的稳定性具有显著作用。就业所有制中的个体经营相较于国有单位来说，经济融入的表现力更差，比国有单位低 0.453 个单位。工作满意度则对经济融入具有正向效应，工作满意度每提高 1 个单位，经济融入提高 0.161 分。就业的稳定性每提高

1 个单位，经济融入降低 0.068 个单位。

模型 8 是心理融入作为因变量的模型，就业中的赋权和工作满意度表现出有效影响。有培训经历的农民工相较于没有培训经历的农民工来说，其心理融入高出 0.233 个单位。工作满意度每提高 1 个单位，心理融入提高 0.098 个单位。

模型 9 是探讨就业对社会交往的影响，但是就业的所有因素都没有对社会交往维度表现出显著性的影响。

概括而言，就业特征对社会融入各个维度的影响程度和影响机制是不同的，其靶向效应非常强。具体来说：就业状态主要影响农民工生活融入维度；就业所有制和稳定性影响经济融入；赋权影响农民工的生活融入和心理融入；劳动权益影响生活融入；工作满意度影响生活融入、经济融入和心理融入。

表 5 - 2　　　　　　　　就业与社会融入各维度的回归模型

变量	模型 6 生活融入	模型 7 经济融入	模型 8 心理融入	模型 9 社会关系融入
就业状态[d]				
非固定工作	- 0.139	- 0.099	0.168	- 0.104
S. E.	(0.133)	(0.131)	(0.137)	(0.134)
个体经营	0.476 *	0.341	0.308	0.155
S. E.	(0.212)	(0.208)	(0.218)	(0.213)
就业所有制[e]				
私营企业	0.228	0.002	0.433	- 0.187
S. E.	(0.274)	(0.269)	(0.282)	(0.275)
个体户	0.209	- 0.453 *	0.370	- 0.242
S. E.	(0.228)	(0.224)	(0.234)	(0.229)
失业风险	- 0.046	- 0.068 *	0.001	0.030
S. E.	(0.040)	(0.039)	(0.041)	(0.040)
培训经历[f]	0.170 *	0.090	0.233 **	0.103
S. E.	(0.077)	(0.076)	(0.079)	(0.077)

变量	模型 6 生活融入	模型 7 经济融入	模型 8 心理融入	模型 9 社会关系融入
单位重大决策 是否通知[g]	0.126	0.082	0.013	0.123
S. E.	(0.085)	(0.084)	(0.088)	(0.086)
欠薪经历[h]	-0.165	-0.112	-0.069	-0.125
S. E.	(0.102)	(0.100)	(0.105)	(0.103)
签订合同[i]	0.069	0.028	-0.063	-0.102
S. E.	0.101	0.099	0.103	-.105
社会保险[j]	0.218**	0.088	0.069	-0.014
S. E.	0.083	0.083	0.085	0.087
工作满意度	0.133**	0.161***	0.098*	0.060
S. E.	(0.047)	(0.046)	(0.049)	(0.047)
Constant	-0.623*	0.013	-0.748*	-0.163
S. E.	(0.297)	(0.292)	(0.306)	(0.298)
Observations	947	947	947	947
R - squared	0.057	0.079	0.032	0.018

*** $p<0.001$, ** $p<0.01$, * $p<0.05$。

虚拟变量参照类别：a：男性；b：未婚；c：省内流动；d：固定工作；e：国有单位；f：没有培训经历；g：（单位重要事件）不会收到通知；h：有欠薪经历；i：无劳动合同；j：无社会保险。

资料来源：笔者自制。

第二节　生活方式与农民工社会融入

生活方式是阶层化的生活化体现。个人在阶层上的差异在日常实践中具体表现为生活方式上的差异，而生活方式上的差异又集中体现在休闲与消费方面的差异。① 同一阶层的人在生活风格上具有相似性，形成相似的"惯习"，而惯习的形成过程是也是阶层产生的过程，也是阶层化的过程。韦伯对消费与阶层关系的分析是从身份认同的角度进行的，他认为地位群体在消费和生活方式上具有排他性，倾向于形成封闭的群体，地位群体通过生活方式达到排斥他人进入群体的目的，并与阶层地位、生活方式相同的人建立身份认同。消费行为、消费观念和消费功能具有极强的社会属性，本质上是一种社会活动，是一种社会交往、社会沟通、社会互动和社会竞争。② 随着社会和经济的发展，我国的消费开始从传统模式向现代模式转化，消费的符号气息越来越浓。生活方式的不同会反映在消费偏好和模式上，消费规律反映的生活方式上的差异也是区分地位群体的重要依据。消费因其符号含义具备了身份建构和区分功能，使消费方式与身份认同之间产生了紧密联系，消费方式成为身份认同的重要手段，同时社会身份也约束着消费方式，个人倾向于选择与其身份相符的消费方式，通过这两个相互作用的过程，消费成为阶层"区隔"的方式，不同地位的阶层群体通过独特的消费行为相互区别。③

　　不同生活空间的经历让农民工的消费方式与城市消费方式有很大不同，农民工的生存型消费更多。赵卫华指出城市非户籍人口和户籍人口在消费方式上差异显著，④ 非户籍人口的消费方式明显落后于户籍人口的消费方式；阶层地位的不同也导致消费方式上的巨大差异，脑力劳动者阶层和体力、半体力劳动者阶层之间有鲜明的差别，消费方式的阶层化非常明显。李培林等人的研究也指出，不同阶层在不同消费项目上差异明显，阶层越低，在基本需求型消费方式上的比重越高，较高阶层在消费上更加多元，在休闲、娱乐、

---

① 周晓虹：《时尚现象的社会学研究》，《社会学研究》1995 年第 3 期。张翼：《当前中国各阶层的消费倾向》，《社会学研究》2016 年第 4 期。
② 王宁：《消费社会学——一个分析的视角》，社会科学文献出版社 2001 年版，第 8—9 页。
③ 姚建平：《消费认同》，社会科学文献出版社 2007 年版，第 163—214 页。
④ 赵卫华：《地位与消费——当代中国各社会阶层消费状况研究》，社会科学文献出版社 2002 年版。

炫耀性消费上的比重更高。①

　　休闲也是区分阶层的重要手段，不同阶层的群体在休闲观念、休闲活动上都有很大差异。较高阶层的群体注重休闲在个人的发展中的独特作用，挖掘休闲的功用性，借休闲活动提升个人思想和技能。底层群体并没有注重休闲，在休闲活动上也以"被动休闲"或者"消极休闲"为主。中高层群体注重休闲的格调、品位和情趣，体现为发展型休闲活动，而底层群体则更注重休闲的实用性，体现为放松型和娱乐消遣型休闲活动。② 消费和休闲的这种排他性功能，产生了不同阶层间的区隔效应。

　　农民工与农村生活空间密不可分，农村生活习惯和文化的烙印非常深刻。农村共同体相对较为封闭，潮流文化和消费品蔓延到农村的周期长，导致农村消费结构相对简单。农村的休闲因农业生产活动季节性较强，且休闲活动单一，一般以恢复劳动体力的消极休闲为主。农民工流动到城市后，体验到的是与农村完全不同的生活方式。农民工的城市社会融入是一个再社会化的过程，社会融入就是要不断习得城市的生活方式，接受城市的消费文化和丰富多彩的娱乐活动的过程。由此看来，消费和休闲对于农民工建立身份认同具有重要作用。

　　现代城市社会节奏的加快，社会不平等表现出个人主义化的趋势，特定的生活方式、休闲品位、选择和承诺等文化因素开始变得更重要，甚至大于传统的结构因素。③ 个人生活中休闲方式的选择、消费的选择是现代社会中非常个人化的活动，农民工进入城市后，其生活方式的安排面临重新适应城市社会的需要，从这个意义上来说，生活方式越带有城市生活风格，则农民工越能对城市产生情感共鸣和心理适应与认同，进而实现社会融入。

---

　　① 李培林、张翼、赵延东等：《社会冲突与阶级意识》，社会科学文献出版社2005年版。

　　② 徐晓军：《阶层分化与阶层封闭——当代中国社会封闭性专题研究》，华中师范大学出版社2013年版，第162页。

　　③ Grusky, D. B. (ed.), *Social Stratification: Class, Race, and Gender in Sociological Perspective* (2nd ed.), Boulder, CO: Westview, 2001.

一　生活方式与农民工社会融入

本研究以社会融入作为因变量，以生活方式中的休闲和消费作为预测变量建立了表 5 - 3 中的模型。模型 1 只放入了控制变量，考察基本的人口学变量、人力资本变量和农民工的流动特征变量；模型 2 加入了休闲因子，包括放松型休闲、发展型休闲和娱乐型休闲；模型 3 加入消费的相关变量，包括反映消费力的消费负担因子以及反映风险消费的商业保险的购买行为。数据分析结果表明，休闲能够有效提升模型的解释力，模型的 R^2 从 16.8% 提高到 20.4%，休闲对社会融入的净效应为 3.6%，模型的拟合度有了明显的提升。模型 3 是在模型 2 的基础上加入了消费的相关变量，模型的解释力达到 26.3%，相较于模型 2 提升了 6.3%，消费有效解释了社会融入的 6.3%。

从回归模型结果可以看出，放松型休闲对社会融入并不具有显著性的影响，从回归系数来看，放松型休闲对社会融入影响力也非常小。放松型休闲作为一种城乡无差别的普适性休闲，并不带有城市生活方式的特殊性。发展型休闲作为提升个人技能和素质的休闲方式，对社会融入有正向的显著影响，发展型休闲每提高 1 个单位，社会融入相应提高 0.123 个单位，验证了研究假设 2.1。娱乐型休闲带有很浓的城市味道，对社会融入也具有正向显著性的影响，娱乐型休闲每提高 1 个单位，社会融入相应提高 0.032 个单位，进一步验证了研究假设 2.1。通过标准回归系数的对比发现，发展型休闲相较于娱乐型休闲，对社会融入的提高能力更强，发展型休闲能相应提高 0.218 个标准单位的社会融入水平，而娱乐型休闲仅能提升 0.087 个单位。农民工所从事的工作大多以体力劳动或者单调长时间的生产线劳动为主，在维持生存上付出巨大精力，休闲时间较少，在有限的休闲时间里，以放松型休闲为主，以达到恢复劳动耗损的目的。此外，农民工在发展型休闲和娱乐型休闲上缺乏额外的金钱和精力参与。

消费有效解释了社会融入的变化，消费负担每提高一分，社会融入降低 0.085 分。在城市中生活相对在农村来说，要多出很多消费项目，如住房、交通等基本生存消费比原来的农村要投入更多，带来消费负担。农民工的工资原本就相对较低，而消费负担的加重，又进一步阻碍了他们融入城市的步伐，假设2.2得到验证。农民工生活方式最大的特点就是节俭，在消费行为上，农民工一般能省则省，除了"衣、食、住、行"生活必需费用，用于其他消费项目的费用极少。[①] 生存型消费占据农民工主导地位的情形正是由于消费支出负担过重，不得不压缩消费，简化生活，形成了仅以生活必需费用为主的生存型消费模式。但是这种消费模式又让农民工疏离于城市，无法融入城市。在城市风险规避的消费上，购买商业保险的农民工相对于没有购买的人社会融入要高0.270分，商业保险的购买行为有效促进了社会融入。

从标准回归系数的对比上来看，生活方式的各个维度中，发展型休闲最能促进农民工的社会融入，标准回归系数达到0.222；其次是商业保险购买，标准回归系数为0.181分；最后是消费负担对社会融入的阻碍，标准回归系数的绝对值达到0.169；娱乐型休闲也具有非常显著的影响，但是影响力相较于前两者较弱，标准回归系数为0.117；而放松型休闲则不具有显著的影响。

表5-3 生活方式与社会融入回归模型

变量	模型1	模型2	模型3
	社会融入	社会融入	社会融入
性别[a]	-0.011	-0.018	-0.039
S. E.	(0.028)	(0.028)	(0.031)
Beta		-0.019	-0.018
年龄	-0.006 **	-0.007 **	-0.005 *
S. E.	(0.002)	(0.000)	(0.002)
Beta		0.001	-0.120
教育程度	0.122 ***	0.103 ***	0.130 ***
S. E.	(0.016)	(0.016)	(0.018)

① 朱力：《论农民工阶层的城市适应》，《江海学刊》2002年第6期。

续表

变量	模型 1	模型 2	模型 3
	社会融入	社会融入	社会融入
Beta		0.203	0.177
婚姻状况[b]	0.043	0.011	0.051
S. E.	(0.035)	(0.031)	(0.041)
Beta		0.011	0.071
流动范围[c]	-0.133***	0.163***	0.138***
S. E.	(0.033)	(0.032)	(0.036)
Beta		0.154	0.152
在迁入地居住年限	0.021***	0.015***	0.019***
S. E.	(0.002)	(0.002)	(0.003)
Beta		0.212	0.225
放松型休闲因子		-0.022	-0.020
S. E.		(0.014)	(0.016)
Beta		0.002	-0.042
发展型休闲因子		0.123***	0.096***
S. E.		(0.014)	(0.014)
Beta		0.218	0.222
娱乐型休闲因子		0.032**	0.053***
S. E.		(0.015)	(0.015)
Beta		0.087	0.117
消费负担			-0.080***
S. E.			(0.016)
Beta			-0.169
是否购买商业保险			0.270***
S. E.			(0.046)
Beta			0.181

续表

变量	模型 1	模型 2	模型 3
	社会融入	社会融入	社会融入
Constant	− 0. 187 *	− 0. 158 ***	− 0. 119 ***
S. E.	(0. 086)	(0. 054)	(0. 091)
Observations	1049	1049	845
R – squared	0. 168	0. 204	0. 263

*** $p < 0.001$, ** $p < 0.01$, * $p < 0.05$。

虚拟变量参照类别：a：男性；b：未婚；c：省内流动。

资料来源：笔者自制。

二　生活方式与分维度社会融入

接下来，研究将继续深入细化探讨生活方式与社会融入具体维度的影响机制。以社会融入的各分维度作为因变量，生活方式作为预测变量，建立回归模型，回归结果如表 5 – 4 所示。

从回归模型中，我们可以看出，生活方式对生活融入有非常重要的影响，尤其是休闲，放松型休闲对于生活融入有抑制作用，放松型休闲每提高 1 个单位，生活融入降低 0. 082 个单位，放松型休闲是兼具个体和普遍性的休闲方式，也较偏向农村的休闲习惯，这种休闲方式在城市中反而不利于农民工融入城市生活；另一方面，放松型休闲也反映个人劳动强度大，使农民工在闲暇时间更多选择放松休闲补充精力，[①] 限制了城市融入。而发展型休闲对生活融入有非常显著的经济影响，发展型休闲每提高 1 个单位，生活融入提高 0. 170 个单位，与放松型休闲不同的是，发展型休闲是更偏向于城市的休闲习惯，对个人适应竞争性的城市生活提供了一种途径。发展型休闲能够促进个人能力和潜能的提升，也让个人更接近城市生活方式。

消费负担对经济融入产生了显著的负面影响，消费负担越重，

---

① 潘泽泉、林婷婷：《劳动时间、社会交往与农民工的社会融入研究——基于湖南省农民工"三融入"调查分析》，《中国人口科学》2015 年第 3 期。

经济融入越差，消费负担每加重 1 个单位，经济融入降低 0.280 分。以往的研究强调，农民工经济融入的障碍主要是低工资造成的，[①] 但是经济融入其实不仅受工资收入的影响，城市消费方式带来的消费负担也阻碍了农民工的经济融入，农民工离开农村的主要目的是改善经济，然而城市中的经济收入虽然比农村有所提升，但是进入城市后要面临生活、交通、居住、教育、医疗等方面额外的消费支出，对他们来说仍然是不小的负担，限制他们在经济上融入城市社会。购买商业保险也对生活融入具有积极的促进作用，相对于没有购买商业保险的人来说，购买商业保险的人生活融入上要高 0.494 分。购买商业保险表示个人对城市社会的风险具有一定的认识，能够适应城市社会生活，因而在生活融入上会更好。购买商业保险的行为对于经济融入也具有显著作用，一般来说，购买商业保险的群体都具有较好的理财意识，具备财产的风险规避意识，能够抵抗城市社会风险带来的经济上的损失，从而有利于实现经济融入。

　　心理融入受到发展型休闲影响，发展型休闲每提高 1 个单位，心理融入提高 0.172 个单位，发展型休闲让农民工适应城市生活，接受城市的习惯和文化，从而更易心理上融入城市。心理融入是农民工社会融入的主观部分，反映农民工认同城市社会身份的程度。分析结果显示，心理融入与在城市居住时间的长短并没有必然联系，在务工地居住时间并没有表现出显著性。而发展型休闲则对心理融入有促进作用，这种结果说明农民工要达到心理融入，更多是认同并培养起了城市生活模式，使原有的农村生活方式的痕迹逐渐变弱，生活习性上的改变才能让农民工改变自己农村人的身份认同。

　　社会交往层面仅受到娱乐型休闲的显著影响，娱乐型休闲每提高 1 个单位，社会交往提高 0.101 个单位，娱乐型休闲一方面渗透城市娱乐休闲的文化，另一方面通过这种休闲方式为农民工创造社会交往的机会。农民工在社会交往上呈现出与城市疏离、偏向保持

　　[①] 李树茁、任义科、靳小怡等：《中国农民工的社会融合及其影响因素研究——基于社会支持网络的分析》，《人口与经济》2008 年第 2 期。

农村原有社会网络的状态，不仅是原有生活习惯带来的乡土情结，也是因为缺乏与城市居民建立社会网络的机会，娱乐型休闲通过非正式渠道为改善社交贫困的局面提供了新的视角。

表 5 - 4　　　　　　生活方式与社会融入分维度回归模型

变量	模型 4 生活融入	模型 5 经济融入	模型 6 心理融入	模型 7 社会关系融入
性别[a]	- 0.064	- 0.064	- 0.014	0.150 *
S. E.	(0.069)	(0.074)	(0.074)	(0.073)
年龄	- 0.008	- 0.012 *	- 0.004	0.000
S. E.	(0.005)	(0.005)	(0.005)	(0.005)
教育程度	0.074	0.114 **	- 0.049	- 0.000
S. E.	(0.040)	(0.043)	(0.043)	(0.042)
婚姻状况[b]	0.350 ***	0.117	- 0.289 **	- 0.107
S. E.	(0.089)	(0.094)	(0.094)	(0.093)
流动范围[c]	0.290 ***	0.060	0.144	0.149
S. E.	(0.078)	(0.083)	(0.084)	(0.082)
在迁入地居住年限	0.045 ***	0.011	0.006	0.021 **
S. E.	(0.006)	(0.006)	(0.007)	(0.006)
放松型休闲因子	- 0.082 *	- 0.051	0.023	- 0.033
S. E.	(0.035)	(0.038)	(0.038)	(0.037)
发展型休闲因子	0.170 ***	0.027	0.172 ***	0.035
S. E.	(0.032)	(0.034)	(0.034)	(0.034)
娱乐型休闲因子	0.024	0.052	0.042	0.101 **
S. E.	(0.034)	(0.036)	(0.037)	(0.036)
消费负担	- 0.023	- 0.280 ***	- 0.026	- 0.026
S. E.	(0.034)	(0.036)	(0.036)	(0.036)
是否购买商业保险[d]	0.494 ***	0.346 ***	- 0.049	0.211 *
S. E.	0.093	0.099	0.102	0.10
Constant	- 0.511 *	- 0.059	0.383	- 0.241
S. E.	(0.204)	(0.217)	(0.218)	(0.214)

| 变量 | 模型 4 | 模型 5 | 模型 6 | 模型 7 |
	生活融入	经济融入	心理融入	社会关系融入
Observations	845	845	845	845
R – squared	0.190	0.109	0.064	0.043

*** p < 0.001，** p < 0.01，* p < 0.05，+ p < 0.1。

虚拟变量参照类别：a：男性；b：未婚；c：省内流动；d：没有购买商业保险。

资料来源：笔者自制。

第三节　公民参与和农民工社会融入

公民参与涉及许多社会公共生活的管理问题，涉及农民工在公共服务、社区参与、网络表达等方面的参与程度问题。农民工在城市中具有"外来者""底层群体"双重劣势。首先，农民工作为城市偏底层的群体，与其他阶层相比有所不同，参与能力偏低，往往不知道如何参与到公共事务中，参与时较其他阶层的群体来说，也缺乏相应的公共表达技巧，不知道如何通过公共参与的渠道表达个人诉求。公共生活在阶层之间历来都有非常明显的差异，底层群体总是较少参与公共事务，而中产阶层则是公共活动的组织者和参与者，也是推动社区建设的中坚力量。其次，农民工作为外来者，在公共事务中的参与、社区权利的行使、身份认同上又与市民有所区别，这些都牵涉到农民工公民参与的相关内容，并且这些特点也都是农民工阶层所特有。公民资格上的模糊和社会权利上的限制，让农民工在城市公共事务中一直处在边缘群体。[①] 近年来，农民工的社会地位虽然有所改善，但是大到地区小到社区对农民工的政策和措施都有所不同，形成了从边缘群体到与市民相同的主流群体两端之间的连续谱状态。再者，农民工并不像市民，以社区生活作为公共生活的第一社会化场所，天然习得在社区和公共事务中的规则，

---

① Solinger D. J. , *Contesting Citizenship in Urban China*：*Peasant Migrants*，*the State and the Logic of Market*，University of California Press，1999.

农民工是以农村集体的乡土文化作为第一惯习，农村是一个讲人情的社会。农村社区或村落与城市社区在管理机制上也有所不同，农民工进入城市社区后，需要重新学习城市社区中需要的公共生活素养。公共参与的情况间接促进并反映农民工阶层在城市的状态，并对社会融入产生深远的影响。

本研究对农民工公民参与的测量，涵盖现实的公共事务空间和虚拟的网络空间，反映他们在公共表达、公共事务的参与、维护自身权利等方面的情况。充分的公民参与意味着在身份上处于城市社会生态圈中，拥有城市市民参与公共事务的成员资格，这有助于农民工调节流动造成的社会和心理上的结构性紧张和危机，缓解因空间迁移和文化断裂带来的情感焦虑，有助于提升更高层次上的城市社会融入。研究通过建立回归模型分析公民参与如何影响了农民工的社会融入。

一 公民参与和社会融入

本研究以公民参与作为自变量，社会融入作为因变量建立回归模型，数据分析结果如表5-5所示。模型1是以社会融入作为因变量，只加入控制变量的模型，以达到为后面的模型观察预测变量的净效应的目的。模型1的解释力 R^2 为16.8%，表示所有控制变量可以解释社会融入变量的16.8%。模型2是在模型1的基础上加入预测变量即公民参与因子的模型。模型2的解释力较模型1提升了将近十个百分点，R^2 达到26.4%，说明公民参与可以解释社会融入的程度为9.6%，意味着公民参与对农民工的社会融入有非常重要的影响。在公民参与的具体维度上，表达性参与因子和行动性参与因子具有正向的积极影响；道德素养的公德道德行为和利他道德行为表现出显著的促进作用。

道德素养中的利他道德因子对社会融入起到积极的促进作用，利他道德因子每提高1个单位，社会融入提高0.007个单位。社会公德因子每提高一分，社会融入提高0.007个单位，回归分析结果验证了假设3.2。道德素养反映农民工作为生活在城市中的公民接受城市社会规则的程度，社区具有邻里互助的功能，是一个重要的维持社会关系的空间，同时在城市社会规范中强调以遵守公共秩序为首要原则，利他道德与社会公德反映个人对城市公共空间生活的适应。回归分析中，我们也可以看出，遵守城市公用空间的道德规范能有效促进农民工社会融入。

公民参与包括两个维度，一个是表达性参与，以网络空间的政治性和公共事务性表达来测量；一个是行动性参与，通过询问在公共事务中的互动活动和权利受损时的社会行动来测量。公民参与反映了三个方面的内涵：其一，农民工具有参与公共事务活动的资格，属于城市成员；其二，农民工具有参与社区活动和选举的资格和权利；其三，农民工有参与的内在驱动，与城市进行社会互动。两种参与方式对社会融入影响有很大差异，与预期不同，表达性参与并没有提高农民工的社会融入，没有表现出统计上的有效影响。行动性参与有效促进农民工的城市社会融入，行动性参与每提高1个单位，城市社会融入提高 0.070 个单位，达到统计上的显著性。假设 3.1 得到验证。与城市的软性互动，能够让城市共同体文化以一种缓慢的方式渗透到农民工的城市再社会化过程中，促进农民工的城市适应和融入。

表 5 - 5   公民参与和社会融入回归分析模型

变量	模型 1 社会融入	模型 2 社会融入
性别[a]	− 0.011	− 0.006
S. E.	(0.028)	(0.004)
Beta		− 0.044
年龄	− 0.006 **	− 0.001 **
S. E.	(0.002)	(0.002)
Beta		− 4.566
教育程度	0.122 ***	0.019 ***
S. E.	(0.016)	(0.003)
Beta		0.249
婚姻状况[b]	0.043	0.013

续表

变量	模型1 社会融入	模型2 社会融入
S. E.	(0.035)	(0.005)
Beta		0.082
流动范围ᶜ	0.133***	0.008***
S. E.	(0.033)	(0.002)
Beta		0.123
在迁入地居住年限	0.021***	0.002***
S. E.	(0.002)	(0.000)
Beta		0.174
利他道德因子		0.007**
S. E.		(0.014)
Beta		0.092
社会公德因子		0.007**
S. E.		(0.013)
Beta		0.100
行动性参与		0.005*
S. E.		(0.002)
Beta		0.070
表达性参与		-0.003
S. E.		(0.014)
Beta		-0.043
Constant	-0.321***	-0.331***
S. E.	(0.082)	(0.083)
Observations	947	929
R-squared	0.168	0.265

*** p<0.001, ** p<0.01, * p<0.05, + p<0.1。

虚拟变量参照类别：a：男性；b：未婚；c：省内流动。

资料来源：笔者自制。

二　公民参与和分维度社会融入

接下来，本研究将继续细化讨论公民参与对社会融入各个维度的影响，以梳理公民参与对社会融入的影响机制。研究以社会融入各个维度作为因变量，以公民参与的各个因子作为预测变量建立回归模型，分析结果如表 5 - 6 所示。从模型的结果我们可以看出，公民参与在生活融入的维度上解释力最强，R^2 达到 19.2%；对心理融入和社会关系融入也具有较好的解释力，而在经济融入上则表现较差，R^2 仅达到 0.042。

在具体的影响机制上，道德素养中的利他道德因子对经济融入、心理融入和社会关系融入都有显著的促进作用，利他道德因子每提高 1 个单位，经济融入提高 0.030 个单位，心理融入提高 0.024 个单位，社会关系融入提高 0.032 个单位。道德素养的社会公德因子对心理融入起到了正向的有效促进作用。社会公德因子每提高 1 个单位，心理融入提高 0.015 个单位。社会公德代表了在城市生活的个体需要遵守的普遍社会运行规则，农民工具备了社会公德素养代表其习得了城市社会的规范，实现心理融入。风险是城市作为现代化社会的标识，农民工的社会公德素养标识其接受城市社会规范，有助于他们认识城市社会的本质，建立起相应的风险规避的意识。

公民参与中的表达性参与对社会融入的四个维度产生了具有统计意义的提升作用，表达性参与提高 1 个单位，生活融入提高 0.012 个单位，经济融入和心理融入都提高 0.016 个单位，社会关系融入提高 0.01 个单位。而行动性参与仅对社会关系融入产生统计意义的促进作用，这与农民工在城市中的行动性参与非常有限有关，大部分农民工从未被纳入正式参与体系中。行动性参与每提升 1 个单位，社会关系融入会相应提高 0.004 个单位行动性参与，行动性参与公共事务是个人建立社会网络的重要机会，因而能够促进农民工的社会关系融入城市。

公民参与反映农民工主观上认为自己是城市一员时，在经济、生活、心理方面也会产生相应的主人翁意识，会主动参与公共事务表达个人诉求、参与社会生活。社会交往的机会与限制理论认为个人所处的结构环境影响个人社会关系的建立和维持。公共事务作为农民工在城市中建立社会网络的重要场域，一方面帮助他们与市民建立互动机会，另一方面通过公共参与这一类共同行动模糊与市民之间社会关系的分界线。

表5-6　　　　　　　公民参与与分维度社会融入回归模型

	模型3	模型4	模型5	模型6
变量	生活融入	经济融入	心理融入	社会关系融入
性别[a]	-0.071	-0.048	-0.052	0.115
S. E.	(0.062)	(0.067)	(0.065)	(0.066)
年龄	-0.006	-0.008	-0.005	0.002
S. E.	(0.005)	(0.005)	(0.005)	(0.005)
教育程度	0.083*	0.153***	-0.030	0.059
S. E.	(0.036)	(0.039)	(0.038)	(0.039)
婚姻状况[b]	0.338***	0.077	-0.269**	-0.293***
S. E.	(0.078)	(0.084)	(0.082)	(0.083)
流动范围[c]	0.305***	-0.040	0.121	0.119
S. E.	(0.073)	(0.079)	(0.076)	(0.077)
在迁入地居住年限	0.045***	0.005	0.008	0.027***
S. E.	(0.005)	(0.006)	(0.006)	(0.006)
公民参与				
利他道德因子	-0.010	0.003+	0.024**	0.032***
S. E.	(0.004)	(0.006)	(0.003)	(0.034)
社会公德因子	0.009	-0.014	0.015*	0.001
S. E.	(0.004)	(0.006)	(0.032)	(0.033)
表达性参与	0.012*	0.016**	0.016*	0.010**
S. E.	(0.058)	(0.006)	(0.061)	(0.006)
行动性参与	-0.005	0.000	0.005	0.004*
S. E.	(0.032)	(0.035)	(0.003)	(0.004)
Constant	-0.793***	0.360***	0.703***	0.551***
S. E.	(0.191)	(0.048)	(0.056)	(0.047)

续表

变量	模型 3 生活融入	模型 4 经济融入	模型 5 心理融入	模型 6 社会关系融入
Observations	929	929	929	929
R^2	0.192	0.042	0.097	0.081

*** $p < 0.001$, ** $p < 0.01$, * $p < 0.05$, + $p < 0.1$。

虚拟变量参照类别：a：男性；b：未婚；c：省内流动。

资料来源：笔者自制。

第六章

研究结论与政策建议

本书从阶层的视角探讨了大城市农民工的社会融入问题，主要考察了两组议题：第一，农民工社会融入的指标体系构建和社会融入测度，并以社会融入作为研究视角，分析农民工社会融入对生活满意度的影响。从生活、经济、心理、社会关系四个维度出发，采用因子分析法构建农民工社会融入指标体系，并测算大城市农民工的总体社会融入程度和分维度社会融入。第二，农民工社会融入的影响因素。以阶层作为研究视角，在描述大城市农民工的阶层特征的基础上，从劳动力市场分割理论出发对就业场域操作化、从生活方式阶层化理论出发对生活场域操作化、从公民参与角度出发对公共事务场域操作化，分析就业、生活、公共生活三种不同空间的阶层化与农民工社会融入的关系。

通过数据分析发现，农民工呈现阶层固化的趋势，正在形成一个阶层。在制度与市场、社会与个人的共同作用下，农民工被塑造成城市的"打工阶层"，被区隔在城市社会体系之外并形成自我隔离。劳动力市场的多重分割将农民工固定在次属劳动力市场及非正规劳动力市场低端就业体系中，大城市的行业、单位对个人学历技能等赋权要求较高，这些就业要素以直接的形式将农民工"粘"在底层，农民工只能通过非规就业形式达到中小企业主实现阶层的向上流动，普通的职业道路只能是重复性的劳动，并没有向上流动的机会和通道。农民工被固化在城市社会中低端，成为大城市的"外来底层"，无法实现长距离的社会流动。大城市的户籍制度在农民工的阶层固化中起到了重要作用，大城市因人口规模过大在不同程度上采用保护主义，采用户籍制度变形形成即积分制度形成筛选机制，高学历、高技能、经济能力强的人能够进入大城市，农民工缺乏相应的积分条件，拿到大城市的户籍尤其是超大型城市的户籍难如登天。

公共空间对农民工仍然区别对待，被不同程度地区隔在城市公共生活之外，无法实现实质性的公民参与，社会排斥仍然存在。整体来说，这种"粘地板"的阶层固化趋势限制了他们融入城市。阶层固化现象在农民工自身生活方式的不断演绎下被不断强化和稳定，农民工被动生存型的生活方式成为身份区隔的内在机制，无法获得社会性成长，并导致其自我排斥，固化了阶层的脆弱性。多重劣势累加效应下，农民工遭受的"阶层粘地板"被再次巩固。

第一节　理论讨论

一　农民工的阶层固化

农民工群体折射着社会和时代变迁的斑斓色彩，社会结构的变化在他们身上展示得非常明显。农民工内部存在分化，从完全不融入到完全融入之间形成连续体。大部分农民工被区隔在大城市的阶层之外，以半融入或者不融入的形态存在，在经济融入和生活融入上尚可，但是心理融入和社会关系融入成为短板，农民工出现自我隔离。究其根本原因，乃是农民工被固化在大城市的社会底层，向上流动的通道窄化所致，即使达到社会融入的农民工也仍然处在城市阶层偏下的位置，极少数通过个体经营的农民工可以达到城市中层，处于中低层让农民工心理上产生自我隔离，与大城市产生隔阂。农民工在城市中向上流动的愿望对于个人来说是合乎理性的行为，但是社会结构限制及阶层固化，让他们难以在城市中获得预期的社会地位。

社会融入的前提是农民工能够被纳入城市的社会体系中，但是大城市将农民工置于社会体系的从属地位，变相对农民工进行排斥。这种排斥体现在个人的就业、生活和公共事务空间，这种"排他"导致农民工身在城市社会却无法真正融入其中，固化为城市底层阶层。城市为了维持和增强自身的优势而制造了农民工阶层。总而言之，农民工的阶层固化是变形的户籍"整体"筛选与"个体"排斥同时发挥作用。

市场机制的深入推进，允许劳动力可以自由迁徙。农民工自20世纪90年代流动一直持续到现在，虽然这一群体共享"农民工"的制度性身份和特定称谓，但是群体内部已经出现职业分化和阶层分化的特征。[①] 随着时代的变迁，大部分仍然粘连在城市社会底层，如同"粘地板"一般，无法获得中层社会地位，向上流动仍然存在非常大的障碍，农民工仍然无法实现长距离的社会流动，这种被固化在城市社会底层的形势使农民工始终与城市社会间存在巨大鸿沟。这种鸿沟存在于农民工生存的各个空间，包括就业的、个人的、公共的，这些区隔让农民工心理上感受到强烈的社会排斥，限制了城市社会融入。

（一）就业机会限制造成的阶层上升通道窄化

农民工正在形成一个阶层，成为大城市的"外来底层"，农民工的阶层固化是国家的制度设置和市场机制同时发挥作用的结果。以往是户籍制度作为"先赋因素"的主要社会筛选机制决定农民工在城市的社会地位。户籍制度对中小城市农民工的限制功能减弱，但是对大城市而言仍然发挥筛选作用。大城市对农民工产生市场对个人能力筛选和户籍制度的约束双重排斥，对农民工的社会排斥从"整体"排斥变成"个体"排斥。[②] 这种排斥首先是劳动力市场的多重分割造成的，劳动力市场分割造成的农民工次属就业属性，一方面经济地位相对较差，另一方面是劳动的权益较差，晋升渠道有限，向上流动的通道不顺。大城市高度市场化的劳动力市场，对劳动力技能和素质提出了更高的要求，农民工在技能和素质上都需要经历与城市相关的转化才能勉强进入首属劳动力市场，提高职业地位，达到社会地位的提升。

在经济学领域，针对劳动力市场歧视的现象有四种理论：歧视

[①] 符平、唐有财、江丽华：《农民工的职业分割与向上流动》，《中国人口科学》2012年第6期。

[②] 李强：《农民工与中国社会分层》，社会科学文献出版社2012年版，第27页。

的市场竞争理论、歧视的垄断结构、统计性歧视理论、前市场歧视理论。① 从分析结果来看，我国农民工的就业歧视无法简单用其中一种理论解释，而是包含历史、经济、文化、制度等多方面的歧视因素，其中制度因素又是影响最深刻的。② 我国的劳动力市场是制度二元格局下的区隔性市场，③ 这种区隔决定了农民工的就业不稳定、缺乏正式晋升渠道、赋权低，向上流动的通道窄化。社会政策上的就业歧视强化了农民工在分层体系中的弱势地位。农民工由于在教育成就上的劣势，被固定在次属劳动力市场中，永久性排斥在首属劳动力市场之外，大量农民工挤压在私营部门、低端和行业、非正规就业中，就业市场对个人的"统计性歧视"④ 伴随整个职业生涯，通过正式就业渠道改变阶层的可能性非常小。农民工在教育体系中表现一般或者较差，虽然许多农民工与拥有文凭的人一样聪明、勤奋，但是他们的个人能力无法获得正式体制的认可，也无法转化为报酬，导致阶层跃升的机会很少。教育上的不利形势让农民工在进入就业时处于先天弱势，这种弱势无法通过生命历程中漫长的就业时间进行弥补。农民工从事的工作被排斥在正式制度的劳动力市场之外，与职业阶层固化相关的社会不平等在劳动力市场领域内传递，⑤ 导致农民工无法通过职业实现阶层流动。

城市的劳动力市场是有选择性地对农民工开放，以底层职业开放模式为主。农民工在职业分布上存在着"粘地板效应"，从事的往往是生产工人、服务员、建筑工人等低端职位，黏着在劳动力市

---

① 姚先国、谢嗣胜：《西方劳动力市场歧视理论综述》，《中国海洋大学学报》（社会科学版）2004 年第 6 期。

② 胡学勤：《农民工受歧视的二元制度分析》，《扬州大学学报》（人文社会科学版）2007 年第 4 期。

③ 蔡昉：《中国城市限制外地民工就业的政治经济学分析》，《中国人口科学》2000 年第 4 期。

④ 统计性歧视是指由于信息的不完全，以及获取信息需要支付成本，企业在劳动力市场上雇佣时，往往将求职者的群体特征推断为个体特征，这种做法会使不利群体遭受统计性歧视。

⑤ 李路路：《制度转型与阶层化机制的变迁——从"间接在生产"到"间接与直接生产"并存》，《社会学研究》2003 年第 5 期。田丰：《职业分层视野下的城镇人口与农民工收入差距研究》，《河北学刊》2016 年第 3 期。

场底端，在职业流动上存在"天花板效应"，即使拥有较高职位的资格，也无法获得相应职位。① 劳动力市场分割存在体制内部门与体制外部门，正规就业部门和非正规就业部门两种分割交织的现象，这两种分割交织的现象造成农民工就业与市民就业相比处于区隔化的状态，集中在次属劳动力市场或者非正规就业中，表现出稳定性差、赋权低、职业上升渠道窄、劳动权益保障较差等特点。职业限制造成他们社会地位向上流动非常有限，就业的区隔反过来又加剧了他们低阶层化的状态，这种被禁锢在低社会地位的状态限制了其社会融入。

对农民工来说，低端就业一方面限制了经济融入，另一方面也击穿了心理底线，处于随时受到威胁的状态，带来心理和生活上无法融入城市生活的连锁反应。我国市场化经济体制的深入，私营经济的蓬勃发展对劳动力的需求增加，并一度产生了"民工潮"现象。然而农民工的人力资本有限，整体受教育程度偏低、就业素质偏低，也是近年来"民工荒"的原因之一。虽然农民工职业选择越来越多，但是待遇、福利机制较好的职业仍然难以获取。大多数私有企业的农民工，以生产线工人、低端服务行业为主。虽然私营经济已经成为社会主要的经济单位，但是国有单位在福利待遇、赋权、权益保障方面仍然比私营单位要好，能进入国有单位的农民工即使是以合同工等形式存在，也仍然能够促进他们融入城市社会。私营企业中的农民工的就业赋权偏低，劳动权益意识差，劳动保障机制薄弱，导致农民工与城市的心理距离加大，降低了融入城市的动力。

农民工的劳动权益状况堪忧，工作满意度一般。就业是个人在城市生存的基本保障，是生活生产的安全线。农民工的工作满意度普遍不高，他们的不满和抱怨不能简单地归结为心理失衡，而是由于劳动权益保障差导致的，超时劳动成为常态，收入得不到有效保

---

① 田丰：《职业分层视野下的城镇人口与农民工收入差距研究》，《河北学刊》2016 年第 3 期。

障，就业缺乏效能感。任焰、潘毅①的调查研究发现，在工厂体制下，企业常常以员工自愿加班的形式规避监管和舆论。超时工作问题的本质在于农民工没有选择的空间，只能以个人的时间和体力换取报酬，反映的是劳工制度的不健全和劳动者基本权利的缺失。农民工缺乏必要的社会资源，市场竞争力很弱，起点的差别因素随着市场竞争的深入被持续放大，形成更大的不公平，加剧了农民工的阶层化。

（二）生活方式强化了阶层固化

农民工的阶层固化现象在日常生活实践中被不断演绎和强化。与大城市的市民相比，农民工社会地位偏低，会产生飘离在大城市之外的情绪，即"自我隔离"。从融入状况来看，农民工的心理融入较差，无法获得大城市的身份认同；同时，无法建立与大城市连接的社会网络。与大城市市民相比，农民工生活满意度偏低，幸福感体验较差。随着市场化程度越来越高，农民工在分层体系中的底层化趋势将更加明显，强化了其低阶层化的特征。如果说现代城市社会的社会不平等分布是个体化、碎片化的，那么对农民工的社会不平等分布则是半组织化的。

农民工社会融入的过程实际上是与城市文明和社会不断整合的过程，是以市民为参照群体，不断调整行为方式的社会过程。农民工在农村社会建立的社会关系，早期社会化习得和遵循的规范和观念，在流动到城市后，都被强制性地割断。习惯上的断裂，让农民工在城市中形成了特殊的群体特征，这些特征又反过来塑造了他们作为一个阶层的不利形势，这也是阶层化的过程。农民工初期流动到城市的"出来挣钱，看世界"的动机逐渐被城市中新的生活体验替代，生活境遇逐渐让他们更新了价值观念和行为规范，但是这个过程是充满曲折和不平等的，尤其是和城市人的比较中积累了不满意和相对剥夺感。城市现代化生活方式在农民工和市民间进一步进

---

① 任焰、潘毅：《宿舍劳动制：劳动控制与抗争的另类空间》，《开放时代》2006年第3期。

行区隔，在城市形成了亚生活方式生态圈——以生存性消费为主，城市生活必需消费项目负担过重，消费结构单一。超时工作挤压了休闲时间，导致农民工依赖放松型休闲以恢复劳动耗损，没有多余的时间用在发展型休闲和娱乐型休闲上，而后两者是习得城市生活方式、融入城市社会的关键因素。闲暇时休闲活动单调，以基本的放松型休闲为主，这种被动式的生活方式与城市的多姿多彩文化格格不入，形成区隔，强化了农民工的阶层固化，使他们疏离在城市之外，阻碍了农民工的社会融入。近年来，农民工的自我隔离成为重要的一个社会现象，这种自我隔离正是基于无法融入城市社会，为寻求生活意义做出的无奈之举，生活方式对农民工呈现劣势积累效应。主观对向上流动的向往和现实情况的无法获致之间形成张力。阶层间的张力会冲击现有的社会结构，具有一定的破坏性，威胁现有社会运行状态。①

（三）大城市户籍的限制

农民工已实现城市常住化，习得城市生活的基本规则和道德素养，具备了基本的市民素养。公共生活实践中，农民工面临"外地—本地""农村—城市"的双重弱势，使他们在公民参与上极为有限。国家宏观层面的社会政策倡导农民工与市民同等待遇停留在形式上，现实并未实现实质上的同等机会和权利。农民工在社区等公共空间的社会认同也较差，公共事务的服务和管理以市民为主，并未充分考虑到农民工的特殊性，以形式包容实质排他的方式对农民工进行排斥。

农民工的身份和权利意识淡薄，主人翁意识欠缺，在融入城市社会中显得较为被动。在社区中存在被动排斥，由于经济、文化和个人能力禀赋等资源的限制，农民工无法同市民一样参与公共事务活动，与城市公共事务保持着一定距离的群体隔离，表现在公民参与实现不足，无法参与到正式社会组织和公共事务中，相关权利缺

---

① 徐晓军：《阶层分化与阶层封闭——当代中国社会封闭性专题研究》，华中师范大学出版社2013年版，第287页。

失，无法获得完全的社会认同。这种隔离与半隔离的状态加剧了农民工低阶层化的趋势。农民工长久以来一直饱受"污名化"困扰，市民将肮脏、不礼貌、不文明等标签贴在农民工身上。污名化标签加大了农民工与城市的社会距离。然而，随着农民工在城市中常住化，在潜移默化中习得都市生活所需要的道德素养，研究的调查结果显示，农民工在遵守城市公共道德方面已经达到较高水平。但是污名化标签仍然无法在短期内消除，影响了农民工的自我认同和行为方式。农民工在城市中聚集，在一些超大城市中尤其明显，形成了自己的"社区"，以城中村或郊区为主，这种趋势导致居住空间的隔离，也阻碍他们融入城市。

二　城市户籍管理制度与"打工阶层"

目前，不同城市对农民工是不同的准入机制，但是都建立在城市中心主义上。户籍制度虽然趋于瓦解，不再是人口地域流动上的障碍，对劳动力流动的制约也在减弱，但是由于制度惯性的作用，以及户籍制度在地方政府管理操作层面上的变形，仍然在社会管理中发挥着作用，对农民工在社会地位的流动显示出持续的效应，使农民工无法获得与城市市民同等的改善社会地位的机会。城市通过户籍管理对农民工进行排他性的筛选，筛选机制导致城市社会的封闭度不同。超大城市对农民工来说，基本上是完全封闭的，与其他社会因素一起，强化了农民工的阶层化；对劳动力需求旺盛的大城市则适度放开与户籍相关的福利，以容纳必要的农民工群体；而依赖劳动力的城市则采以服务农民工为主，完全放开户籍，为农民工提供均等化的公共服务。

虽然国家在宏观政策上强调农民工市民化的重要性和必要性，鼓励农民工实现融入城市社会，但是在政策的具体实施过程中，不同城市对外来人口拥有较大的自主管理权，特大城市将农民工视为"暂住者"，以补充城市缺乏的劳动力。群体区隔在大城市仍然存在，农民工长期在城市生活、工作，由于社会身份上的限制，导致他们的经济社会地位处于社会底层，成为边缘、沉默的阶层。① 城市通过户籍管理的方式向农民工展现不同程度的社会闭合效应，特大城市对农民工基本闭合，农民工很难实现制度上的身份转变；大型城市对农民工是一种半闭合的状态，进行有挑选的放开；中小型城市基于城市发展的需要，亟须人口支撑，具有人口红利的农民工完全开放。城市对农民工的开放程度是由城市对农民工的需求程度决定的，东莞这类主打制造业的城市，对劳动力的依赖性非常强，在农民工的管理上以"服务"为主。深圳这一类特大城市，在经济上更依赖金融、科技等产业，制造业和低端服务业需求量较小，则采用有倾向性的积分制度，以限制为主。I型大城市如厦门、苏州，对农民工有一定需求，但是不是完全依赖劳工的城市，采取弹性较大的积分制度，允许一部分农民工享受市民待遇。总体来说，城市仍然是以城市中心主义的角度出发对待农民工。

农民工在城市中的地位类似于杜蒙②研究印度社会使用的"阶序"，农民工属于中低端"阶序"的位置。"阶序"是一种整体的各个要素依照其与整体的关系来排列等级所使用的原则，即不同等级之间有序排列的体系化的规则，是按照身份等级划分的社会阶层，阶序之间彼此隔离而又相互依赖，彼此之间存在着比较强烈的互相服务的关系。阶序的本质在于对人群的划分、隔离和社会分工，这与当代的城市管理制度有异曲同工之效。农民工就处于这种阶序的中低端部分，为城市服务，城市的社会管理体制又以差别性的劳动力市场和差序化的管理方式对待农民工。在深圳、厦门及苏州这样的大城市采取倾向于人才的积分户口管理制度，将农民工排斥在城市体系之外，但是城市的生产和运作又依赖农民工为主要生产力量，因此也未驱赶农民工，农民工可以在这些城市中以流动身份生活。而东莞以第三产业为主，高度依赖劳动力，在管理上则对

---

① 朱力：《农民工阶层的特征与社会地位》，《南京大学学报》（哲学·人文科学·社会科学）2003年第6期。李培林、李炜：《农民工在中国转型中的经济地位和社会态度》，《社会学研究》2007年第3期。

② ［法］杜蒙：《阶序人：卡斯特体系及其衍生现象》，王志明译，台湾：远流出版事业股份有限公司2007年版，第135、151页。

年轻、有技术、受过一定教育的农民工放开户籍限制。以往的户籍制度是以一刀切的形式对农民工进行隔离和控制，将城市福利体系偏向拥有城市户口的居民。① 而目前的户籍管理制度虽然在国家层次上主导松动，强调取消城乡户籍的差别，农民工在城市生存的政策环境有了非常大的改善，但是在实际操作层面上，每个城市拥有较大的户籍管理自主权，户籍制度在不同城市产生了治理术的不同变体。超大型城市对于农民工来说仍以一刀切式户籍手段控制社会人口，将农民工排斥在正式城市体系外。大型城市户籍制度形成上较为公平，实际上是对农民工有所挑选，那些富有人力资本、能够为城市发展做出稳定贡献、方便社会管理的人拥有积分入户的机会。农民工在身份等级上的隔离表现为具体而不完整的状态，在每个地区或城市都有不同的表现形式，但是与市民相比或多或少都是不完整的。总体来说，城市对农民工的管理都是以城市中心主义出发，以利于城市发展为首要原则，将农民工视为打工阶层，并采用政策手段将农民工固定在阶序的中低端部分。

户籍管理也体现了国家的治理术在不同城市空间采用不同形式对社会进行分割，制造社会区隔。城市社会对于寻求社会机遇的农民工来说呈现的仍然是封闭式的结构，这种社会封闭性是全景式的，在就业、生活、文化、社区等各个方面都存在无形的藩篱，将农民工从不同程度拒绝在社会体系外。农民工在城市的社会融入隐含着制度和社会的权力关系，他们被社会和制度平等对待还有很长的路要走。仅有小部分农民工可以跨越阶层间的"藩篱"，提升社会经济地位，实现社会融入。在社会结构层次上，农民工在城市嵌入、排斥和融入的过程也在形塑城市社会。

农民工有社会保障、教育、就业等方面的社会需求，而城市社会管理和服务体系滞后于农民工的现实需求，融入城市的主观愿望与城市社会的客观社会排斥之间形成了深刻的社会矛盾。作为被排斥的群体，农民工的社会公平感很低。目前的社会激励机制环境下，他们无法通过自己的努力，实现向上流动。正式的社会控制机

① ［美］苏黛瑞：《在城市中争取公民权》，浙江人民出版社 2009 年版，第 105 页。

制在逐渐弱化，然而，非正式的社会控制机制造成农民工与城市间的区隔。这种社会阶层间的封闭机制，可能造成农民工阶层的再生产，面临贫民窟化的威胁。要实现全面的社会融入，还需要为农民工建立与城市文化融合和适应的渠道。

三　非正式制度下的社会流动

农民工在城市中的"阶层标识"越来越明显，实现社会融入最大的障碍是作为流动群体，被结构的、制度的、社会的各种因素限制在社会分层体系中的底层，不仅在职业上存在"粘地板"效应，还是整个生存状态底层化的写照，无法实现远距离社会流动。缺乏社会安全网、职业地位低、赋权因素低等状态阻碍了农民工的城市社会融入。农民工在城市的就业被限制在次属劳动部门和非正规劳动部门中，无法进入城市的首属劳动力市场，其收入无法达到城市生活所需求的安全界限内。以往对农民工就业的研究主要关注收入对社会融入的限制，本研究的结果显示，就业影响农民工社会融入的不只是收入，工作福利、工作满意度和就业赋权也会对社会融入形成影响，劳动权益和赋权甚至通过影响工作满意度而影响社会融入。工作福利较差，无法有效保障收入，在大城市生活的不确定性，职业晋升渠道有限，就业培训缺乏，无法提升个人的工作技能，很难实现个人发展。正是就业的底层化，限制了农民工向上流动的机会，导致群体低阶层化。这种区隔既是一种主动的选择，也是被动的适应。就业、生活方式和社区空间都是农民工在进入大城市后不断选择的难题。

以往对非正规就业的研究都指出，非正规市场的就业缺乏稳定机制和必要保障，不利于个人发展，不利于实现向上流动，但是对于农民工来说，他们很难获得首属劳动力市场中的工作，同工不同酬、不对等的关系使群体利益经常受损，向上流动的愿望让他们倾向于选择竞争力较小的非正规就业尤其是自雇型就业。相对于城市居民来说，农民工也更能获取非正规就业机会，非正规市场相对于次属劳动力市场来说更加有助于他们融入城市生活。非正规市场赋予他们更多的自由、更多地参与到城市社会的运行中，区隔变得不那么强烈。非正规市场成为农民工实现向上社会流动的替代性机遇，也是作为社会结构安排下的被动选择。

农民工在非正规就业空间中被正式制度的控制和影响较弱，不受人力资本和工作资历等正式制度的影响，沿着非正规就业实现向上流动，是农民工实现阶层跨越的非制度模式。① 自雇型就业是在劳动力市场的宏观结构性因素和微观因素共同影响下形成的。一方面，劳动力市场的分割对农民工来说存在不均衡和歧视，户籍制度加上竞争机制使农民工无法被平等对待；另一方面，非正规就业存在有利于农民工的劳动分配和工资决定形式，农民工可以根据自身条件进行资源整合，避免劳动力市场上的不公正待遇。作为理性的社会个体，农民工在比较优势下会倾向于自雇型就业，以改变社会地位，实现向上流动。与打工者的社会地位相比，自雇及个体户等非正规就业的社会地位较高。② 在职业体系中的分层中，创业者的阶层地位要稍高于打工者。③

农民工在城市中能够取得的高社会地位是中小企业主或中小企业管理层，也是农民工所能取得的社会地位的上限，不太可能是正规体制中的国家或社会管理者和技术人员，影响个人地位的所有制结构并没有发挥与市民相同的作用。结构和制度因素将他们排挤到正式制度的劳动力市场之外，无法按照正常的地位获得模式争取向上流动的机会，家庭背景、工作资历、人力资本、单位等因素是正规就业中向上流动的主要因素，这些对于农民工的就业来说都无法发挥作用，他们只能采取在正式制度控制薄弱的空间中寻找向上流动的机会。非正规就业正是在这种情况下成为农民工实现流动的有限空间，当然，非正规就业"鼓励"农民工冒险、大胆、抓住机遇、钻制度空子，但是，最终能真正实现流动的人寥寥无几。一个开放包容的社会应该是为每个努力拼搏的人提供上升流动的机会，

---

① 李春玲：《流动人口地位获得的非制度路径——流动劳动力与非流动劳动力之比较》，《社会学研究》2006 年第 5 期。

② 陈文超：《形同质异：进城农民务工经商的分殊》，《华中科技大学学报》（社会科学版）2015 年第 5 期。

③ Form，William，*Divided We Stand：Working - Class Stratification in America*，University of Illinois Press，1985.

公正的流动机会是以"个体排他"为主，现代社会决定个人社会地位的应该是个人素质与技能。

四 城市里的"异乡人"

农民工在城市中形成自我隔离，这与城市的底层群体还有所不同。农民工游离于城市现代文明的边缘，对于城市现代文明的认知存在缺失。他们需要克服的区隔不仅是职业上的，还面临着流入现代化城市带来的私人生活方式和公共社区空间上的挑战。就业、生活、社区公共空间都存在区隔，并且这些不同空间中的区隔并非是相互独立的，而是相互交融、相互影响的，就业上的区隔和不平等会传递到私人生活和社区公共生活中。现代城市生活方式是在"传统—现代—后现代"现代化链条比较靠后的位置，而农村是以传统生活方式和传统观念为主的社会空间，在现代化链条上处于靠前的位置。农民工离开农村生活空间进入城市后，在生活方式上存在半隔离的状态，这些特征有别于农村社会中的农民，也有别于城市社会的居民。农民工一方面对家乡的认同越来越淡漠，另一方面进入了城市认同的丧失和重构的艰难阶段，成为无"根"漂泊者。① 农民工所受的教育、接受的文化观念、养成的生活习惯都带有农村的特征，秉持"主动工作，被动休闲"的传统休闲观念，并非以发展的眼光看待休闲，这种落后的生活方式也阻碍了他们融入现代城市，很容易被城市分层体系隔离，无法获得体系中合理的位置。以往学术界认为是户口造成了城乡隔离，但是目前的隔离并非户口这么简单，而是更多带入城乡文化、生活方式等方面的区隔，正是这种区隔使他们容易抱团取暖，形成自我隔离。

即使在物质丰富的大城市，农民工的消费行为也带有很浓的贫民化消费的印记。城市是消费时尚流行的主要场所，但是农民工的消费更偏向农业社会的节俭和保守特征。与市民的多元消费相比，农民工经济拮据却又要满足都市的消费愿望，"不求是个城里人，

---

① 王春光：《对新生代农民工城市融合问题的认识》，《人口研究》2010 年第 2 期。

只求像个城里人"。① 收入不足和消费负担过重的双重压力限制了农
民工融入城市。潘毅对务工人员的研究指出，在消费世俗化的诱惑
下，农民工逐渐积累城市社会知识和文化符号，以适应和融入现代
城市。② 城市文化的排斥和生活成本的增长成为农民工社会融入的
障碍，吉登斯将社会排斥分为两种：一种是对于社会底层的排斥，
将他们排斥在主流社会之外；一种是社会上层人士主动选择自愿排
斥，从公共机构中抽离出来③。底层人士与上层的主动排斥不同，
底层人士属于被动排斥，吉登斯同时指出，社会排斥不仅仅局限于
经济排斥，还涉及生活方式和文化层面上的排斥。农民工就是典型
的被动排斥，作为底层人士无法获得向上流动的机会，在生活方式
上被现代化城市隔离造成社会排斥，城市生活成本造成的消费负担
又带来生活物质层面上的排斥。

第二节　政策建议

　　城市化进程伴随的是人的城市化，从调查数据的分析结果来看，
目前农民工处于城市"半融入"的状态，融入程度与每个城市对外
来人口的政策关系很大。超大型城市深圳因严格的积分入户限制，
并且教育等公共服务与积分挂钩，农民工融入程度偏低；特大城市
东莞是一个制造业城市，城市发展依赖外来人口，尤其是农民工，
采取了友好型的积分落户政策，只要农民工有意愿落户，都能够成
功落户，并且配套了满足基本需求的公共服务，农民工容易实现城
市社会融入；厦门、苏州这类大城市，农民工获得户籍有难度，但
是能享受基本的公共服务，融入程度相对较好。城市的社会政策关

---

① 潘毅：《中国女工——新兴打工阶级的呼唤》，香港：明报出版社 2007 年版，第
111—118 页。

② 潘毅：《阶层的失语与发声——中国打工妹研究的一种理论视角》，《开放时代》
2005 年第 2 期；潘毅：《中国女工——新兴打工阶级的呼唤》，香港：明报出版社 2007
年版。

③ ［英］安东尼·吉登斯：《第三条道路：社会民主主义的复兴》，北京大学出版社
2000 年版，第 107—108 页。

系到农民工的社会融入。

农民工半融入的状态如果没有得到有效化解，很可能会走印度、巴西等国家的老路，即"城市贫民窟"现象，形成以农民工为主、被城市主流社会隔离的底层社会。融入并非农民工单方面的事情，一方面需要农民工自身的不懈努力，另一方面需要有关部门针对农民工的需求从就业、户籍管理、公共服务等多个方面入手提供有效的政策。要打破这种底层固化的状态，只有消解目前固化农民工的各种社会因素，为农民工打造通向中产阶层的渠道。

一　完善职业发展体系，加强农民工培训，增加人力资本带动社会融入

就业是农民工实现城市社会融入的最关键因素。要提高农民工的社会融入，首先要从就业政策入手，完善职业发展体系，完善劳动力培训，帮助农民工从非技能、低技能向技能型劳动者转变，从单一的制造业、建筑业、低端服务业向多元产业拓展是促进社会融入的关键所在。农民工在正式教育体系中没有获得社会认可的成就，在劳动力市场中无法进入以文凭为依据的岗位，但是农民工往往具有相关行业的技术，目前来看，劳动部门的技术等级标准并没有对农民工起到作用，他们被隔离于技术等级的体制外。要有效改善这种状况，就要对高技能的农民工设计技术晋升的证书制度，给予职业地位的认定，创造向技术人员、高技术人员转化的认定与竞争机制，实现社会地位上向城市中产阶层靠近，是促进农民工城市社会融入的有效举措。

在新的政策背景下，农民工流动到城市中的再社会化的社会环境都发生了巨大变化，户籍制度的松动，市民化政策的倾斜，为农民工融入城市提供机遇。但是这种机遇需要从改变农民工阶层现实的困境中入手，才能有效实现社会融入。国外有关移民的研究指出，移民在迁出地积累的人力资本到了迁入地后都要经过"转化"（Transformation）才能发挥作用，这也是一种重新学习和适应的过程。[①] 再教育、职业培训等方式对农民工的社会融入具有重要意义，农民工的教育、技能等人力资本需要经过城市职业市场的培训进行补充和转化，才能发挥人力资本的最大效用。

要加强分类分等级逐渐扩大公共就业服务，保障农民工多渠道就业创业的合法权益，注重农民工劳动合同的签订，提高工作稳定性。破除妨碍劳动力流动的体制机制弊端，使人人都有通过辛勤劳动实现自身发展的机会。培训是对农民工赋权的有效措施之一，帮助个体获得与工作或生活相关的能力，降低权能障碍，提升他们争取工作能力和权利的能力，促进社会公平正义。加强农民工就业培训，提高就业技能和劳动力素质，这也是提高人力资本实现提升社会地位的重要途径。农民工就业囿于次属劳动力市场，一方面是由于教育程度偏低，就业市场中的"教育统计性歧视"使其无法进入首属劳动力市场；另一方面是其职业技能缺乏，劳动力素质偏低，但是又没有相应的提升个人人力资本的机会。农民工培训需要从多个方面入手：其一，企业完全培训机制，企业应积极承担社会责任，加强对农民工的技能和知识培训，形成对农民工人力资本投资的良性机制。其二，政府组织劳动力技能和知识的培训，补充企业培训的不足和单一。城市政府在评估城市承载力的基础上，建立健全流动人口职业教育制度，加强与市场的合作开展技能培训，依托第三方开展技能培训，政府发挥监管者的作用，对培训的质量和效果进行检测和评估。其三，依托社区针对农民工就业提供培训服务。社区根据农民工的就业需求，加强针对农民工的就业政策咨询、就业信息发布、职业教育技能、创业技能培训、职业介绍等服务，鼓励社区单位的企业事业单位吸纳农民工就业，吸引农民工灵活就业。开拓多渠道的教育培训和职业培训，不仅在微观上为农民工提供实现个人发展的机会，促进社会融入；从宏观上来说，也有利于将"人口红利"从数量向质量转变，促进社会经济发展。

强化就业的劳动权益保障机制，让农民工心里有底，摆脱"外来者"心态，减少城市飘离带来的不确定感。农民工在企业中多呈

---

① Sanders J. M. , V. Nee, "Immigrant Self – employment: The Family as Social Capital and the Value of Human Capital", *American Sociological Review*, 1996, pp. 231 – 249.

现被动就业状态，机械化地完成工作，缺乏作为劳动者和职工应有的尊严，就业的满意度不高，阻碍了城市社会融入的欲望，劳动权益保障是促进社会融入的一个安全阀。例如，尽管拖欠农民工工资经过了十多年的重视和改善，目前仍然有相当比例的农民工正在经历拖欠工资，基本的劳动权益仍然没有得到有效实现，并且当农民工权益受损时，缺乏相关组织给予法律援助。权益受损极大地阻碍了农民工融入城市，不仅在经济上无法融入，也削弱了就业的满足感，也加大了与城市的心理距离。

二　引导和支持非正规就业，促进农民工获得社会经济地位

市场经济的发展带来的一大优势是向农民工开放了更多的机会，许多农民工走进城市在非正式部门开展自己的生意，但是其规模都不大，多是小摊小贩的规模。但是这些非正规就业的农民工在生活、心理层面上反而更容易融入城市生活。非正规工作中的流动摊贩、个体户与私营企业主提高农民工与城市市民的接触频率，让农民工多维度参与城市生活，也更容易与城市产生共鸣，认可自己的经营工作是城市社会的一部分，认同个人属于城市一员。个体经营也让农民工有更多的主体感，相对于企业中工作的人来说，他们对工作拥有更多的自主性和弹性。

城市管理者应充分认识到非正规就业的正向社会功能。鼓励和引导农民工通过创业发展个体经济、私营经济，非正规就业一方面是农民工获取就业机会的重要方式，另一方面也是不得已的选择。非正规就业也为城市居民生活提供多方面的服务，是城市服务的重要组成部分。[①] 鼓励和发展农民工非正规就业，加强引导、服务和监管，对于促进农民工城市融入具有重要意义。李强、唐壮认为非正规就业在解决进城劳动力就业、促进经济发展、市场机制发育、产业结构升级和城市化战略等方面具有重要作用。[②] 非正规就业是农民工实现城市融入的重要方式之一，非正规就业是岗位成本最小

---

① 李强：《农民工与中国社会分层》，社会科学文献出版社 2012 年版，第 105 页。

② 李强、唐壮：《城市农民工与城市中的非正规就业》，《社会学研究》2002 年第 6期。

的城市就业。① 对非正规就业的管理要求城市管理更细致化，将合理的非正规就业纳入城市合法就业体系中，引导和鼓励农民工非正规就业，以创业带动就业，营造有利于农民工非正规就业的社会环境，增加非正规就业者的培训等社会资源。非正规就业能够让农民工获得小企业主和中小企业管理者等较高的社会地位，这些少数成功跨越阶层障碍的农民工是引领该群体融入城市的社会趋势，是潜在的中产阶层。从社会公平的角度看，这也是协调农民工阶层与城市各阶层利益的必要机制。

三　适当控制户籍限制，完善社会保障一体化体系

城市管理体系应坚持协调、共享的发展理念，让公共服务惠及更多人群，分享社会经济发展的果实。户籍在新形势下仍然限制了农民工在城市中的福利和待遇，城乡户口的分割给社会保障整合带来很大的挑战。户籍在城市劳动力市场中的分层仍然发挥巨大的作用，在部门进入、职业获得和收入不平等的模式中体现城乡差异，同时还存在本地居民与外地移民的双重区别对待现象。② 市民和农民工的收入差异还体现于基于城市工人户籍所产生的福利性收入，城市社会保障制度影响在职农民工在经济上融入城市社会。③

目前城市发展上，超大城市在户籍上仍然是非常严格的控制政策，I 型大城市是相对严格的控制政策，鼓励小城市对农民工放开户籍。虽然每个城市的户籍改革进度和内容不一致，但是都设立了户口准入制度，农民工获得户口需要满足一定条件（最基本的条件是有固定住所、稳定的工作、一定的学历），这些要求即使是在东莞这样比较宽松的城市，对他们来说门槛也偏高。户口的准入制度让农民工仍然会继续存在，户口差异必然带来城市相关福利和权利上的差别对待。户籍改革是削弱对农民工的"制度排他"必要措施，而公正的社会流动机制是"个体排他"为主，现代社会人们达

---

① 李强、唐壮：《城市农民工与城市中的非正规就业》，《社会学研究》2002 年第 6 期。
② 李骏、顾燕峰：《中国劳动力市场中的户籍分层》，《社会学研究》2011 年第 2 期。
③ 谢桂华：《农民工与城市劳动力市场》，《社会学研究》2007 年第 5 期。

到理想中的社会地位是在"个体排他"中实现的。[①] 城市在评估承载力的情况下优化户籍制度，分梯队将外来劳动力纳入城市社会保障体系，将会改变当下僵化的公共资源分配格局，释放同等的福利分配机会，发挥户籍管理的正功能，为农民工提供更为宽广的劳动力市场，促进他们从底层阶层向中产阶层过渡，缓解农民工阶层与大城市之间的张力。

目前，农民工社会保障水平总体偏低，社会保险仍然受到区域限制，许多地区的医疗保险仍然与户籍挂钩。大城市农民工社会保险等社会保障参保率已有所提升，人群保障率和保障水平都在不断提高，但是整体参保率还不是很高，相当比例是在异地参保，现阶段异地结算还有诸多障碍，存在农村缴纳的新农合保险无法在异地报销，换工作时积累的医疗保险无法统一账户等问题。为实现农民工的城市融入应加强养老保险、医疗保险等社会保障统一化的改革，打破空间阻碍实现"随人走"适应农民工的流动性，是实现社会融入的有力保障。现在已有地区尝试建立社会保障信息一体化，在不同省份、不同城市之间统筹城乡社保基金，降低户籍的影响。同时，进一步探索建立社会保障信息共享机制，让不同地区的社会保障通过网络实现信息共享，解决城镇社保与农村社保对接，医保跨区转移和报销等问题。完善社会保障机制有利于增进社会和谐发展，减小社会继承、后天教育环境等不利因素的影响，实现自由迁徙。农民工作为大城市的社会底层，相对剥夺感较强，实际生活质量较低，向上流动和个人发展的可能性很小，构成了社会潜在的不稳定因素，社会保障就是为农民工重建发展机会，将潜在的社会破坏者转变为社会的建设者，推动社会发展。

四　做好分类市民化，提高农民工幸福感

目前农民工市民化表现为"水平低、速度慢"，市民化水平滞后于常住人口城镇化率和土地城镇化率，出现这种状况的原因有很多，包括粗放型的城市化方式、市民化成本较高等。如何在大城市

[①] 李培林、李强、马戎：《社会学与中国社会》，社会科学文献出版社 2008 年版，第 112—113 页。

更好"筑巢",即有效地实现市民化,不仅需要在就业上保证农民工获得稳定收入的工作、享受城市公共福利待遇等,还需根据城市容载能力、农民工群体的特征制定有针对性地政策,分类别、依次序实现市民化。

针对不同城市类别实施不同的市民化路径。从研究结果中我们可以看出,农民工在超大城市的社会融入状况不太乐观,超大城市的社会排斥尤其是制度排斥更强。超大城市生活成本高昂、现代化程度高、生活节奏快,农民工实现社会融入有很大的鸿沟。大城市对农民工来说虽然融入有希望,但是门槛也较高。中小城市的生活方式较大城市来说与传统的农村生活方式区隔要稍微小一些,农民工适应起来相对要容易一些。在推进市民化的政策上,地方政府存在一刀切的现象,缺少针对性的政策,导致资源错配等问题。在市民化的政策上,应引导农民工在中小城市进行市民化,将市民化政策和资源向中小城市倾斜。分解市民化的进程,依照不同的次序和类别逐步实现市民化。

针对不同的农民工群体融入城市的难度探索不同的市民化道路。新生代农民工与老一代农民工在城市社会融入上有很大差异,新生代农民工的社会融入更高。新生代农民工由于年龄小、接触城市更早,部分新生代农民工在城市成长,在文化上更容易认同城市文明,更能适应城市节奏,生活习惯、价值观念更接近城市居民,融入障碍相对于老一代农民工更小,在市民化过程中也更加主动。市民化政策应优先考虑新生代农民工,将新生代农民工作为市民化的主力军。针对老一代农民工在文化、就业、生活方式上的弱势,有针对性地在政策上保障他们获得稳定就业、完善社会保障,从而稳步实现市民化。在市民化的同时,也要关注农民工群体的生活满意度,社会融入也决定了农民工对生活的满意度。农民工有追求平等、个人发展和融入城市的愿望,但是,现实融入的障碍与期望的落差,降低了农民工在城市中的生活满意度。

五　完善大城市公共服务,着重提供基础教育

农民工参加公共服务有利于社会安全感的建立,获得城市公共

服务有助于建立对城市的融入感。与中小城市相比，大城市的经济、教育、文化和医疗资源更多，为了获得更多的公共资源，理想状态下农民工考虑定居地时仍然倾向于大城市而非中小城市，获得公共服务的农民工更容易保持生活稳定。从研究的调查来看，公共服务的社会分异特征明显，呈现典型的社会空间分异状态。要解决这种状况，一是要在大城市逐步向农民工提供公共资源，逐步实现公共服务均等化；二是加快信息化建设，探索异地社保统筹，实现异地结算。

教育方面，虽然教育部实施了"两为主"政策，大城市农民工随迁子女在流入地接受义务教育得到一定改善，但是仍然有相当比例的留守儿童。在流入地接受教育的随迁子女异地参加中考、高考还面临很多挑战。农民工从个人打工经历中深刻体会到教育是实现阶层跃迁的重要机会，因此对子女教育抱有很高的期望，希望尽可能获取好的教育资源。留守儿童留守的重要原因就是在城市无法获得接受基础教育的机会，大城市应适当放开基础教育资源，面向常住型农民工解决子女教育问题。同时，加快异地高考政策保障进程，鼓励农民工子女考取大学，异地高考能够让非本地户籍的学生延续一贯的学习努力，促使他们充分发挥个人潜能。

六　构建农民工社区服务平台，实现社会融入

目前农民工在城市中处于无组织的状态，这也导致社会参与不足，无法将分散的个人资源和能量整合为集体意志。要有效解决农民工"无根"的状态，需要扩大社会空间，增加农民工参与机会，鼓励农民工参与城市社会文化活动。[①] 社区社会组织能够为农民工社会融入创造良好的社会条件，培育社区社会资本，参与社区决策，为个体间的互动提供机会。个体参与社区公共事务，被纳入到社区决策体系中，争取社区权利，有助于增权和赋能。目前公共管理部门多以农民工收入低、流动性大、管理经费紧张、任务繁重为

---

① 邓秀华：《西方发达国家公共参与经验对农民工政治参与的启示》，《求索》2009 年第 8 期。

由，回避对农民工的管理服务工作。① 社区提供的服务应该是适宜服务对象的，并且对服务对象的要求有所回应，目前大部分社区的公共服务都有所欠缺。社区组织能够为农民工提供参与平台，将分散的个人能量和意见整合在一起，向社区传递服务需求，从社区内部挖掘资源，避免空洞的、形式化的服务，激发农民工参与公共生活的积极性，提升生活品质。

　　构建以社区为载体的农民工服务平台，打造异质性社区，提升社区包容度。时立荣②提出为促进农民工在城市的社会化，在城市中建立开放型社区，提供社会服务，使农民工超越户籍屏障真正融入到城市社会中。加强社区文化建设，为农民工提供有针对性的服务，组织开展多种形式的宣传教育和交流培训活动，增进农民工对社区的认识，打破城乡生活方式上的隔离，加快他们对城市生活理念和生活方式的适应和融入。吸引农民工参与社区文体组织和活动，丰富相关的文化生活，引导农民工养成现代化文明、健康的生活方式。

　　农民工在城市中长期就业，以社区居住为主，既是社区建设的参与者，也是社区建设的受益者，应该纳入到社区管理的参与群体中，享受社区服务。社区服务和组织应对农民工开放，让农民工参与到公共事务的决策中来。社区在促进农民工社会融入上要遵循四个原则：第一，公平对待，一视同仁。消除对农民工的歧视，保障农民工和城市居民享有同等的权利和义务。第二，强化服务，完善管理。在服务中实施管理，在管理中体现服务，为农民工生活和劳动创造有利条件。第三，求同存异，相互尊重。正视农民工与城市居民之间的生活方式和行为习惯的差异，推动包容式融入。第四，因地制宜，注重实效。社区应提供社区公共物品供给与建设，建设与商品化小区同样配套的城市生活设施，防止生活条件的恶化。农民工虽然无法获得城市中上层成员较好的生活条件，但是可以通过公共物品与设施的建立，防止农民工聚集的城中村或郊区沦为贫民

---

① 刘建娥：《乡城移民家庭融入趋势及政策研究框架》，《江苏社会科学》2015 年第 4 期。

② 时立荣：《透过社区看农民工的城市融入问题》，《新视野》2005 年第 4 期。

阶层社区。

通过以上从宏观政策到具体社区等不同层面上的措施和政策的相互补充和完善，以政府、社会、个人的多方努力，发挥城市环境的同化作用，让农民工在大城市中实现真正的社会融入，使农民工能够在大城市安心工作、安稳居住，平等享受大城市公共福利待遇，适应大城市生活方式和节奏，实现安居乐业的人生目标。

参考文献

中文文献

［美］埃德加·杰克逊：《休闲与生活质量——休闲对社会、经济和文化发展的影响》，刘慧梅、刘晓杰译，钱炜校，浙江大学出版社 2009 年版。

［英］安东尼·吉登斯：《第三条道路：社会民主主义的复兴》，北京大学出版社 2000 年版。

［英］鲍曼：《工作、消费、新穷人》，仇子明、李兰译，吉林文史出版社 2010 年版。

［美］凡勃仑：《有闲阶级论——关于制度的经济研究》，蔡受百译，商务印书馆 2013 年版。

［美］戈比：《你生命中的休闲》，康筝、田松译，云南人民出版社 2000 年版。

［英］吉登斯：《全球时代的民族国家》，郭忠华、何莉君译，《中山大学学报》（社会科学版）2008 年第 1 期。

［英］吉登斯·A.：《阶级分化、阶级冲突与公民身份权利》，熊美娟译，郭忠华校，《公共行政评论》2008 年第 6 期。

［美］加里·贝克尔：《家庭经济分析》，彭建松译，华夏出版社 1987 年版。

［美］李普塞特：《政治人：政治的社会基础》，张绍宗译，上海世纪出版社 2011 年版。

［德］马克斯·韦伯：《经济与社会》，阎克文译，上海世纪出版社 2010 年版。

［美］马特拉斯：《社会不平等：社会阶层化与流动》，台北：桂冠

图书股份有限公司 1990 年版。

［日］蒲岛郁夫:《政治参与》,解莉莉译,经济日报出版社 1989 年版。

［美］普特南:《独自打保龄球》,刘波、朱乃娟、张孜异等译,北京大学出版社 2011 年版。

［美］普特南:《使民主运转起来》,王列、赖海榕译,江西人民出版社 2000 年版。

［美］苏黛瑞:《在城市中争取公民权》,浙江人民出版社 2009 年版。

［美］约翰·克雷斯威尔:《混合方法研究导论》,李敏谊译,格致出版社、上海人民出版社 2015 年版。

［法］埃米尔·涂尔干:《社会分工论》,渠敬东译,生活·读书·新知三联书店 2017 年版。

［法］杜蒙:《阶序人:卡斯特体系及其衍生现象》,王志明译,台北:远流出版事业股份有限公司 2007 年版。

［法］让·鲍德里亚:《消费社会》,刘成富、全志刚译,南京大学出版社 2000 年版。

边燕杰、芦强:《阶层再生产与代际资源传递》,《人民论坛》2014年第 2 期。

蔡昉:《中国城市限制外地民工就业的政治经济学分析》,《中国人口科学》2000 年第 4 期。

蔡禾、李超海、马建华:《利益受损农民工的利益抗争行为研究——基于珠三角企业的调查》,《社会学研究》2009 年第 1 期。

常进雄、王丹枫:《我国城镇正规就业与非正规就业的工资差异》,《数量经济技术经济研究》2010 年第 9 期。

陈爱丽、郑逸芳、许佳贤:《教育能促进社会阶层代际流动吗?——基于中国综合社会调查(CGSS)的经验证据》,《教育与经济》2019 年第 6 期。

陈斌开、陆铭等:《户籍制约下的居民消费》,《经济研究》2010 年第 1 期。

陈成文、彭国胜:《在失衡的世界中失语——对农民工阶层话语权丧失的社会学分析》,《天府新论》2006 年第 5 期。

陈丰:《农民工"虚城市化"现象及其治理》,《城市问题》2013 年第 1 期。

陈建胜、毛丹:《论社区服务的公民导向》,《浙江社会科学》2013
　　年第 5 期。

陈晶晶、许玲:《低家庭经济地位的初中生为何更难获得学业成
　　功?——教育价值观与未来取向的多重中介作用》,《教育科学研
　　究》2020 年第 6 期。

陈文超:《形同质异:进城农民务工经商的分殊》,《华中科技大学
　　学报》(社会科学版)2015 年第 5 期。

陈宪:《劳动力市场分割与农民工就业实证研究》,中南大学出版社
　　2014 年版。

陈映芳:《"农民工"制度安排与身份认同》,《社会学研究》2005
　　年第 3 期。

陈云松、张翼:《城镇化的不平等效应与社会融合》,《中国社会科
　　学》2015 年第 6 期。

程新征:《现阶段中国农民工阶层形成与发展的理论思考》,《马克
　　思主义研究》2009 年第 7 期。

程新征:《中国农民工若干问题研究》,中央编译出版社 2007 年版。

褚荣伟、熊易寒、邹怡:《农民工社会认同的决定因素研究:基于
　　上海的实证分析》,《社会》2014 年第 4 期。

崔岩:《当前我国不同阶层公众的政治社会参与研究》,《华中科技
　　大学学报》(社会科学版)2020 年第 6 期。

崔岩:《流动人口心理层面的社会融入和身份认同问题研究》,《社
　　会学研究》2012 年第 5 期。

单菁菁:《农民工市民化的成本及其分担机制研究》,《学海》2015
　　年第 1 期。

邓秀华:《西方发达国家公共参与经验对农民工政治参与的启示》,
　　《求索》2009 年第 8 期。

丁煜、徐延辉、李金星:《农民工参加职业技能培训的综合效果评
　　估》,《华南农业大学学报》(社会科学版)2011 年第 2 期。

董鑫:《天津紧急为落户新政"打补丁",外地有工作不能按在津无
　　工作申报》(2019 年 9 月 3 日),2020 年 3 月 14 日,https://36kr.

com/p/5134948。

董运生:《地位一致性与阶层结构化》,《吉林大学社会科学学报》 2007 年第 1 期。

杜海峰、顾东东、杜巍:《农民工市民化成本测算模型的改进及应用》,《当代经济科学》2015 年第 2 期。

冯虹等:《中国超大城市农民工问题研究——以北上广深为例》,社会科学文献出版社 2016 年版。

符平、唐有财、江丽华:《农民工的职业分割与向上流动》,《中国人口科学》2012 年第 6 期。

高梦媛、郑欣:《文化自觉:从娱乐消费看新生代农民工的城市适应》,《青年文化》2013 年第 7 期。

耿焰:《差别性公民身份与差别权利》,《政法论坛》2009 年第 7 期。

辜胜阻、李睿、曹誉波:《中国农民工市民化的二维路径选择——以户籍改革为视角》,《中国人口科学》2014 年第 5 期。

顾东东、杜海峰、刘茜、李姚军:《新型城镇化背景下农民工社会分层与流动现状》,《西北农林科技大学学报》(社会科学版) 2016 年第 4 期。

关信平、刘建娥:《我国农民工社区融入的问题与政策研究》,《人口与经济》2009 年第 3 期。

郭丛斌:《二元制劳动力市场分割理论在中国的验证》,《教育与经济》2004 年第 3 期。

郭芳:《中国三大阶层的休闲现状》,《小康》2007 年第 1 期。

郭静、王秀彬:《青年流动与非流动人口生活满意度水平及其影响因素》,《中国卫生政策研究》2013 年第 12 期。

郭星华、胡文嵩:《闲暇社会与农民工的市民化》,《人口研究》 2006 年第 5 期。

郭忠华:《农民工公民身份权利的分析框架——本土化创新的尝试》,《人文杂志》2015 年第 2 期。

国家发展改革委员会:《国家发展改革委员会关于印发〈2019 年新型城镇化建设重点任务〉的通知》,2021 年 3 月 14 日。

国家卫健委:《中国城市流动人口社会融合评估报告》(蓝皮书),

社会科学文献出版社 2020 年版。

国务院发展研究中心课题组：《农民工市民化对扩大内需和经济增长的影响》，《经济研究》2010 年第 6 期。

国务院发展研究中心课题组：《农民工市民化进程的总体态势与战略取向》，《改革》2011 年第 5 期。

韩长赋：《中国农民工发展趋势与展望》，《经济研究》2006 年第 6 期。

何军：《代际差异视角下农民工城市融入的影响因素分析——基于分位数回归方法》，《中国农村经济》2011 年第 6 期。

和红、王硕：《不同流入地青年流动人口的社会支持与生活满意度》，《人口研究》2016 年第 3 期。

洪大用：《农民分化及阶层化研究的回顾与展望》，《社会学与社会调查》1992 年第 5 期。

侯玲：《消费视野下新生代农民工阶层固化的表现及危机》，《中国青年研究》2013 年第 6 期。

侯力、解柠羽：《城市农民工二代移民社会融入的障碍研究》，《人口学刊》2010 年第 6 期。

胡桂兰、邓朝晖等：《农民工市民化成本效益分析》，《农业经济管理》2013 年第 5 期。

胡书芝：《从农民到市民：乡城移民家庭的城市融入之路》，社会科学文献出版社 2014 年版。

胡学勤：《农民工受歧视的二元制度分析》，《扬州大学学报》（人文社会科学版）2007 年第 4 期。

黄斌欢：《双重脱嵌与新生代农民工的阶级形成》，《社会学研究》2014 年第 2 期。

黄锟：《城乡二元制度对农民工市民化影响的实证分析》，《中国人口·资源与环境》2011 年第 3 期。

黄祖辉、徐昆鹏：《农民工及其子女的教育问题与对策》，《浙江大学学报》（人文社会科学版）2006 年第 4 期。

简新华、黄锟：《中国工业化和城市化过程中的农民工问题研究》，人民出版社 2008 年版。

蒋奖、秦明、克燕南、应小萍：《休闲活动与主观幸福感》，《旅游学刊》2011 年第 9 期。

焦亚波：《青年农民工主观生活质量满意度评价分析》，《兰州学刊》2009 年第 6 期。

金江、吴培冠：《宗教、文化与主观幸福感——基于中国劳动力动态调查的实证研究》，《中山大学学报》（社会科学版）2016 年第 3 期。

金一虹：《非正规劳动力市场的形成与发展》，《学海》2000 年第 4 期。

柯元、柯华：《基于社区融入视角的农民工市民化问题探析》，《农村经济》2014 年第 8 期。

冷向明、赵德兴：《中国农民工市民化的阶段特性与政策转型研究》，《政治学研究》2013 年第 1 期。

李爱芹：《农民工阶层的社会排斥研究》，《晋阳学刊》2007 年第 2 期。

李春玲：《断裂与碎片：当代中国社会阶层分化实证分析》，社会科学文献出版社 2005 年版。

李春玲：《流动人口地位获得的非制度路径——流动劳动力与非流动劳动力之比较》，《社会学研究》2006 年第 5 期。

李春玲：《文化水平如何影响人们的经济收入——对目前教育的经济收益率的考察》，《社会学研究》2003 年第 2 期。

李春玲：《中产阶级的消费水平与消费方式》，《广东社会科学》2011 年第 4 期。

李国珍：《互动论视角下的农民工生活满意度研究》，《南方人口》2011 年第 3 期。

李国珍：《武汉市农民工生活满意度调查》，《南京人口管理干部学院学报》2009 年第 1 期。

李建民：《中国劳动力市场多重分割及其对劳动力供求的影响》，《中国人口科学》2002 年第 2 期。

李骏、顾燕峰：《中国劳动力市场中的户籍分层》，《社会学研究》2011 年第 2 期。

李蕾:《城市农民工阶层化问题探讨》,《中国劳动关系学院学报》
　2009 年第 4 期。

李路路:《社会分层与社会流动》,中国人民大学出版社 2019 年版。

李路路:《再生产与统治——社会流动机制的再思考》,《社会学研
　究》2006 年第 2 期。

李路路:《制度转型与分层结构的变迁——阶层相对关系模式的“双
　重再生产”》,《中国社会科学》2002 年第 6 期。

李路路:《制度转型与阶层化机制的变迁——从“间接在生产”到
　“间接与直接生产”并存》,《社会学研究》2003 年第 5 期。

李培林:《流动民工的社会网络和社会地位》,《社会学研究》1996
　年第 4 期。

李培林:《农民工——中国进城农民工的经济社会分析》,社会科学
　文献出版社 2003 年版。

李培林等:《社会冲突与阶级意识》,社会科学文献出版社 2005
　年版。

李培林、李强、马戎:《社会学与中国社会》,社会科学文献出版社
　2008 年版。

李培林、李炜:《农民工在中国转型中的经济地位和社会态度》,《社
　会学研究》2007 年第 3 期。

李培林、田丰:《中国农民工社会融入的代际比较》,《社会》2012
　年第 5 期。

李强:《论农民和农民工的主动市民化与被动市民化》,《河北学刊》
　2013 年第 4 期。

李强:《农民工与中国社会分层》,社会科学文献出版社 2012 年版。

李强:《社会分层十讲》,社会科学文献出版社 2011 年版。

李强、李培林、孙立平:《中国社会分层》,社会科学文献出版社
　2004 年版。

李强、唐壮:《城市农民工与城市中的非正规就业》,《社会学研究》
　2002 年第 6 期。

李荣彬、袁城、王国宏、王领:《新生代农民工市民化水平的现状
　及影响因素分析——基于我国 106 个城市调查数据的实证分析》,

《青年研究》2013 年第 1 期。

李树茁、任义科、靳小怡、［美］费尔德曼：《中国农民工的社会融合及其影响因素研究——基于社会支持网络的分析》，《人口与经济》2008 年第 2 期。

李艳艳：《居住空间阶层化与农村转移人口市民化路径研究》，《吉林大学社会科学学报》2017 年第 1 期。

李莹、周永新：《我国农民工社会政策的变迁：一个分析框架及其应用》，《中国人民大学学报》2012 年第 5 期。

栗志强、王毅杰：《掣肘与鼓励：农民工随迁子女城市社会融合机制研究》，《华东理工大学学报》（社会科学版）2014 年第 2 期。

栗治强、王毅杰：《掣肘与鼓励：农民工随迁子女城市社会融合机制研究》，《华东理工大学学报》（社会科学版）2014 年第 2 期。

林卡：《社会质量理论：研究和谐社会建设的新视角》，《中国人民大学学报》2010 年第 2 期。

林卡、柳晓青、茅慧：《社会信任和社会质量：浙江社会质量调查的数据分析与评估》，《江苏行政学院学报》2010 年第 4 期。

林林、胡乃宝、刘海霞、贾改珍、王玉萍、颜康康、马永辉：《山东省新生代农民工生活满意度调查》，《中国公共卫生》2013 年第 3 期。

林巧敏、杨宜音：《时空下的流转：新生代农民工生活方式研究》，《哈尔滨工业大学学报》（社会科学版）2010 年第 1 期。

刘爱玉、陈彦勋：《工作满意度：农民工与城镇工人的比较》，《江苏行政学院学报》2010 年第 2 期。

刘超、李瑞、马俊龙：《城市规模、就业歧视与农民工就业匹配》，《经济科学》2020 年第 5 期。

刘传江：《迁徙条件、生存状态与农民工市民化的现实进路》，《区域经济》2013b 年第 4 期。

刘传江：《推进农民工有序市民化的微观考量》，《参政议政》2013a 年第 7 期。

刘传江：《中国农民工市民化研究》，《理论月刊》2006 年第 10 期。

刘传江、程建林：《第二代农民工市民化：现状分析与进程测度》，

《人口研究》2008 年第 5 期。

刘传江、程建林:《双重"户籍墙"对农民工市民化的影响》,《经济学家》2009 年第 10 期。

刘传江、董延芳:《农民工市民化障碍解析》,《人民论坛》2011 年第 9 期。

刘传江、龙颖桢、李雪:《城乡统筹背景下农民工迁移范围与行为决策》,《南方人口》2020 年第 6 期。

刘红岩:《国内外社会参与程度与参与形式研究述评》,《中国行政管理》2012 年第 7 期。

刘建娥:《乡城移民家庭融入趋势及政策研究框架》,《江苏社会科学》2015 年第 4 期。

刘建娥:《乡—城移民社会融入的实践策略研究:社区融入的视角》,《社会》2010 年第 1 期。

刘精明:《市场化与国家规制——转型期城镇劳动力市场中的收入分配》,《中国社会科学》2006 年第 5 期。

刘精明、李路路:《阶层化:居住空间、生活方式、社会交往与阶层认同——我国城镇社会阶层化问题的实证研究》,《社会学研究》2005 年第 3 期。

刘锐、曹广忠:《中国农业转移人口市民化的空间特征与影响因素》,《地理科学进展》2014 年第 6 期。

刘小年:《家庭半移民、代际市民化与政策创新——基于城市社区农民落户家庭的调查》,《农村经济》2014 年第 7 期。

刘欣:《当代中国社会阶层分化的多元动力基础——一种权利衍生论的解释》,《中国社会科学》2005 年第 4 期。

刘欣:《当代中国社会阶层分化的制度基础》,《社会学研究》2005 年第 5 期。

刘欣:《发挥中产阶层在城市建设中的作用》,《探索与争鸣》2010 年第 1 期。

刘欣:《中国城市的阶层结构与中产阶层的定位》,《社会学研究》2007 年第 6 期。

刘欣、朱妍:《中国城市的社会阶层与基层人大选举》,《社会学研究》2011 年第 6 期。

刘媛：《都市农民工休闲生活特征及其成因——基于上海农民工的
　调查》，《湖南农业大学学报》（社会科学版）2010 年第 2 期。

刘祖云、戴洁：《农民工：转型中的中国社会的特殊阶层》，《江汉
　论坛》2006 年第 1 期。

卢秉利、匡立波：《农民工：亦工亦农的新阶层》，《社会主义研究》
　2007 年第 1 期。

卢国显：《我国大城市农民工与市民社会距离的实证研究》，《中国
　人民公安大学学报》（社会科学版）2006 年第 4 期。

陆康强：《特大城市外来农民工的生存状态与融入倾向》，《财经研
　究》2010 年第 5 期。

陆学艺：《中国社会阶层的分化与流动》，《江苏社会科学》2003 年
　第 4 期。

陆学艺主编：《当代中国社会阶层研究报告》，社会科学文献出版社
　2002 年版。

陆学艺主编：《当代中国社会结构》，社会科学文献出版社 2010 年版。

吕菲宜：《农民工与城市居民生活质量满意度调查》，《统计与决策》
　2006 年第 17 期。

吕鹏：《生产底层与底层的再生产》，《社会学研究》2006 年第 2 期。

罗峰、文军：《转型期中国的底层群体研究》，《社会科学研究》
　2014 年第 2 期。

《马克思恩格斯全集》第 35 卷，中共中央马克思恩格斯列宁斯大林
　著作编译局编译，人民出版社 2013 年版。

马西恒、童星：《敦睦他者：城市新移民的社会融合之路——对上海
　市 Y 社区的个案考察》，《学海》2008 年第 2 期。

闵学勤：《社区权力多元认同中的公民性建构》，《社会》2011 年第
　4 期。

闵学勤：《行动者的逻辑——公众参与的阶层化与结构化研究》，《江
　苏社会科学》2013 年第 4 期。

宁光杰：《中国大城市的工资高吗？——来自农村外出劳动力的收
　入证据》，《经济学》（季刊）2014 年第 3 期。

宁光杰、李瑞：《城乡一体化进程中农民工流动范围与市民化差异》，《中国人口科学》2016 年第 4 期。

欧盟委员会：《社会融合联合报告》，布鲁塞尔：欧盟委员会就业和社会事务司，2004 年。

潘毅：《阶层的失语与发声——中国打工妹研究的一种理论视角》，《开放时代》2005 年第 2 期。

潘毅：《中国女工——新兴打工阶级的呼唤》，香港：明报出版社 2007 年版。

潘泽泉：《被压抑的现代性：农民工融入城市的困境》，《广西民族大学学报》（社会科学版）2011 年第 1 期。

潘泽泉：《社会、主体性与秩序：农民工研究的空间转向》，社会科学文献出版社 2007 年版。

潘泽泉：《中国农业转移人口市民化：理论争辩、经验比较与跨学科范式建构》，《中国农业大学学报》（社会科学版）2017 年第 1 期。

潘泽泉、林婷婷：《劳动时间、社会交往与农民工的社会融入研究——基于湖南省农民工"三融入"调查分析》，《中国人口科学》2015 年第 3 期。

戚迪明、张广胜：《农民工流动与城市定居意愿分析——基于沈阳市农民工的调查》，《农业技术经济》2012 年第 4 期。

任慧颖：《公民社区——一种重要的社会整合机制》，《山东科技大学学报》2005 年第 1 期。

任娟娟：《新生代农民工市民化水平及其影响因素研究》，《兰州学刊》2012 年第 3 期

任焰、潘毅：《宿舍劳动制：劳动控制与抗争的另类空间》，《开放时代》2006 年第 3 期。

任远、戴星翼：《外来人口长期居留倾向的 Logit 分析》，《南方人口》2003 年第 6 期。

任远、乔楠：《城市流动人口社会融合的过程、测量及影响因素》，《人口研究》2010 年第 2 期。

任远、陶力：《本地化的社会资本与促进流动人口的社会融合》，《人

口研究》2012 年第 5 期。

任远、邬民乐：《城市流动人口的社会融合：文献述评》，《人口研究》2006 年第 3 期。

商红日：《公民概念与公民身份理论——兼及中国公民身份问题的思考》，《上海师范大学学报》（哲学社会科学版）2008 年第 6 期。

沈原：《社会的生产》，《社会学研究》2007 年第 2 期。

时立荣：《透过社区看农民工的城市融入问题》，《新视野》2005 年第 4 期。

孙立平：《断裂：20 世纪 90 年代以来的中国社会》，社会科学文献出版社 2003 年版。

孙永正：《农民工工作满意度实证分析》，《中国农村经济》2006 年第 1 期。

孙湛宁：《公民与阶级关系的再思考：基于公民权与阶级的视角读〈危险的阶级〉》，《社会学研究》2009 年第 3 期。

王春光：《对新生代农民工城市融合问题的认识》，《人口研究》2010 年第 2 期。

王春光：《中国社会政策调整与农民工城市融入》，《探索与争鸣》2011 年第 5 期。

王甫勤：《西方社会流动研究综述》，《兰州学刊》2008 年第 8 期。

王桂新、沈建法、刘建波：《中国城市农民工市民化研究——以上海为例》，《人口与发展》2008 年第 1 期。

王桂新、武志奎：《城市农民工与本地居民社会距离影响因素分析——以上海为例》，《社会学研究》2011 年第 2 期。

王劲松：《关于农民工消费行为的社会学思考》，《商业现代化》2007 年第 31 期。

王静：《大城市流动人口的"职业转换"对工资影响的研究》，《西北人口》2020 年第 2 期。

王俊秀：《不同主观社会阶层的社会心态》，《江苏社会科学》2018 年第 1 期。

王刘飞、王毅杰：《农民工随迁子女初中后教育选择研究》，《江汉学术》2017 年第 5 期。

王宁：《消费社会学——一个分析的视角》，社会科学文献出版社 2001 年版。

王思斌：《我国社会政策的弱势性及其转变》，《学海》2006 年第 6 期。

王小章：《从"生存"到"承认"：公民权视野下的农民工问题》，《社会学研究》2009 年第 1 期。

王晓丽：《从市民化角度修正中国城市化水平》，《中国人口科学》2013 年第 5 期。

王兴周、张文宏：《城市性：农民工市民化的新方向》，《社会科学战线》2008 年第 12 期。

王雄、郭忠华：《公民身份视野下中国底层阶级的形成》，《浙江学刊》2013 年第 3 期。

王毅杰、卢楠：《农民工随迁子女与城市居民收入差距研究》，《河海大学学报》（社会科学版）2015 年第 4 期。

王毅杰、卢楠：《随迁子女积分入学政策研究——基于珠三角、长三角地区 11 个城市的分析》，《江苏社会科学》2019 年第 1 期。

王毅杰、史晓浩：《流动儿童与城市社会融合：理论与现实》，《南京农业大学学报》（社会科学版）2010 年第 2 期。

王毅杰、童星：《流动农民社会支持网探析》，《社会学研究》2004 年第 2 期。

王毅杰、朱艳：《工作回报、工作授权与农民工工作满意度》，《淮北师范大学学报》（哲学社会科学版）2013 年第 3 期。

王雨磊：《工人还是农民——消费对于农民工身份认同的影响分析》，《南方人口》2012 年第 4 期。

王竹林、王征兵：《农民工市民化的制度阐释》，《商业研究》2008 年第 2 期。

魏后凯、苏红键：《中国农业转移人口市民化进程研究》，《中国人口科学》2013 年第 5 期。

文军：《"被市民化"及其问题——对城郊农民市民化的再反思》，《华东师范大学学报》（哲学社会科学版）2012 年第 4 期。

文军、沈东：《"市民化"连续体：农业转移人口类型比较研究》，

《社会科学战线》2016 年第 10 期。

文军、吴晓凯：《大都市底层社会的形成及其影响——以上海市的调查为例》，《华东师范大学学报》（哲学社会科学版）2015 年第5 期。

吴崇旗、谢智谋、王伟琴：《休闲参与、休闲满意及主观幸福感之线性结构关系模式建构与检验》，《休闲运动期刊》2006 年第5 期。

吴敬琏：《让历史照亮未来的道路：论中国改革的市场经济方向》，《经济社会体制比较》2009 年第 5 期。

吴开泽、黄嘉文：《居住模式、住房类型与大城市流动人口留城意愿：基于广州的实证研究》，《华东师范大学学报》（哲学社会科学版）2020 年第 4 期。

吴晓刚、张卓妮：《户口、职业隔离与中国城镇的收入不平等》，《中国社会科学》2014 年第 6 期。

夏显力、姚植夫、李瑶、贺强：《新生代农民工定居城市意愿影响因素分析》，《人口学刊》2012 年第 4 期。

夏怡然：《农民工定居地选择意愿及其影响因素分析——基于温州的调查》，《中国农村经》2010 年第 3 期。

项飚：《从"浙江村"到中关村》，《中国企业家》2000 年第 6 期。

谢桂华：《农民工与城市劳动力市场》，《社会学研究》2007 年第5 期。

谢宇：《回归分析》，社会科学文献出版社 2013 年版。

熊波、石人炳：《农民工定居城市意愿影响因素——基于武汉市的实证分析》，《南方人口》2007 年第 2 期。

熊春文、王毅、折曦：《"混日子"：对农民工子弟就学文化的一种理解》，《南京工业大学学报》（社会科学版）2014 年第 2 期。

徐道稳：《农民工工伤状况及其参保意愿调查》，《中国人口科学》2009 年第 1 期。

徐建玲：《农民工市民化进程度量：理论探讨与实证分析》，《农业经济问题》2008 年第 9 期。

徐林清：《试析我国劳动力市场分割对农村人力资本积累的制约》，

《岭南学刊》2002 年第 4 期。

徐晓军：《阶层分化与阶层封闭——当代中国社会封闭性专题研究》，华中师范大学出版社 2013 年版。

许飞琼：《商业保险与社会保障关系的演进》，《中国人民大学学报》2010 年第 2 期。

许经勇、曾芬钰：《竞争性的劳动力市场与劳动力市场分割》，《东北财经大学学报》2000 年第 5 期。

许世存：《城市适应对农民工主观幸福感的影响分析》，《人口学刊》2015 年第 4 期。

薛进军、高文书：《中国城镇非正规就业：规模、特征和收入差距》，《经济社会体制比较》2012 年第 6 期。

杨江澜、王洁、薛海娇、李华：《流动人口城镇社会融入信心指数编制及应用》，《人口学刊》2016 年第 5 期。

杨菊华：《从隔离、选择融入到融合：流动人口社会融入问题的理论思考》，《人口研究》2009 年第 1 期。

杨菊华：《流动人口在流入地社会融入的指标体系——基于社会融入理论的进一步研究》，《人口与经济》2010 年第 2 期。

杨菊华：《制度歧视与结构排斥：北京市青年流动人口职业流动变动研究》，《南京工业大学学报》（社会科学版）2013 年第 3 期。

杨菊华：《中国流动人口的社会融入研究》，《中国社会科学》2015 年第 2 期。

杨菊华：《"中农"阶层：当前农村社会的中间阶层——"中国隐性农业革命"的社会学命题》，《开放时代》2012 年第 3 期。

姚建平：《消费认同》，社会科学文献出版社 2007 年版。

姚先国、谢嗣胜：《西方劳动力市场歧视理论综述》，《中国海洋大学学报》（社会科学版）2004 年第 6 期。

叶鹏飞：《农民工的城市定居意愿研究——基于七省（区）调查数据的实证分析》，《社会》2011 年第 2 期。

尹世杰、蔡德容：《消费经济学原理》，经济科学出版社 2000 年版。

于建嵘：《市民待遇是农民工市民化的关键》，《农村工作通讯》2010 年第 18 期。

余晓敏、潘毅：《消费社会与"新生代打工妹"主体性再造》，《社会学研究》2008 年第 3 期。

俞可平：《新移民运动、公民身份与制度变迁——对改革开放以来大规模农民工进城的一种政治学解释》，《经济社会体制比较》2010 年第 1 期。

悦中山：《农民工的社会融合研究：现状、影响因素与后果》，博士学位论文，西安交通大学，2011 年。

悦中山、李树茁、［美］费尔德曼：《农民工社会融合的概念建构与实证分析》，《当代经济科学》2012 年第 1 期。

郎彦辉：《农民工市民化程度测量指标体系及评估方法分析》，《学习与实践》2009 年第 8 期。

张斐：《新生代农民工市民化现状及其影响因素分析》，《人口研究》2011 年第 6 期。

张国胜：《基于社会成本考虑的农民工市民化》，《中国软科学》2009 年第 4 期。

张海东：《从发展道路到社会质量：社会发展研究的范式转换》，《江海学刊》2010 年第 3 期。

张金庆、冷向明：《现代公民身份与农民工有序市民化研究》，《复旦学报》（社会科学版）2015 年第 6 期。

张文宏、雷开春：《城市新移民的社会融合的结构、现状与影响因素分析》，《社会学研究》2008 年第 5 期。

张晓霞：《城市农民工的公民权利边缘化及思考》，《兰州学刊》2006 年第 3 期。

张笑秋、陆自荣：《行为视角下新生代农民工定居城市意愿的影响因素分析》，《西北人口》2013 年第 5 期。

张翼：《当前中国各阶层的消费倾向》，《社会学研究》2016 年第 4 期。

张占斌：《积极有序推进农民工市民化》，《内部文稿》2013 年第 3 期。

张占斌、冯俏彬、黄锟：《我国农民工市民化的成本测算与时空分布》，《内部文稿》2012 年第 11 期。

张志英：《居民生活满意度评价模型及参数估计》，《浙江理工大学学报》（社会科学版）2014 年第 1 期。

张卓妮、吴晓刚：《农村劳动力迁移与中国工资收入不平等的地区差异：来自 2005 年全国人口抽样调查的证据》，《人口与发展》2010 年第 1 期。

赵书文：《单位制变迁中社会保障的均等化研究——以公民身份为视角》，《云南大学学报》（法学版）2013 年第 6 期。

赵卫华：《地位与消费——当代中国各社会阶层消费状况研究》，社会科学文献出版社 2002 年版。

郑杭生：《农民市民化：当代中国社会学的重要研究主题》，《甘肃社会科学》2005 年第 4 期。

郑杭生：《社会学概论新修》，中国人民大学出版社 1997 年版。

郑杭生、陆益龙：《都市农业户口阶层的地位、再流动与社会整合》，《江海学刊》2002 年第 2 期。

钟水映、李魁：《农民工"半市民化"与"后市民化"衔接机制研究》，《中国农业大学学报》（社会科学版）2007 年第 3 期。

周长城、袁浩：《生活质量综合指数构建中权重分配的国际视野》，《江海学刊》2002 年第 1 期。

周大鸣：《外来工与"二元社区"——珠江三角洲的考察》，《中山大学学报》（社会科学版）2000 年第 2 期。

周芳：《流动人口子女家庭教育存在的问题及教育干预》，《教育科学研究》2002 年第 11 期。

周晓虹：《时尚现象的社会学研究》，《社会学研究》1995 年第 3 期。

周晓虹：《中国中产阶层的文化消费》，《书摘》2005 年第 12 期。

朱健、朱湘满、袁旭宏：《我国农民工市民化的影响因素分析》，《经济地理》2017 年第 1 期。

朱力：《论农民工阶层的城市适应》，《江海学刊》2002 年第 6 期。

朱力：《农民工阶层的特征与社会地位》，《南京大学学报》（哲学·人文科学·社会科学）2003 年第 6 期。

外文文献

Adler Richard P. , Goggin J. , "What do We Mean by 'Civic Engagement' ?", *Journal of Transformative Education*, No. 3, 2005.

Alba R., V. Nee, "Rethinking Assimilation: Theory for a New Era of Immigration", *The International Migration Review*, Vol. 31, No. 4, 1997.

Askonas P., Stewart A., *Social Inclusion: Possibilities and Tensions*, New York: Palgrave, 2000.

Bhugra, 2004, "Migration and Mental Health", *Acta Psychiatrica Scandinavica*, Vol. 109, No. 4, 2004.

Blau P. M., O. D. Duncan, *The American Occupational Structure*, New York: John Wiley & Sons, 1967.

Brady H., Verba S., Schlozman K., "Beyond SES: A Resource Model of Political Participation", *American Political Science Review*, Vol. 63, No. 2, 1969.

Brubaker, R. Rogers, *Immigration and the Politics of Citizenship in Europe and North America*, London: University Press of America, 1989.

Brubaker, R. R., *Citizenship and Nationhood in France and Germany*, Cambridge Mass: Harvard University Press, 1992.

Borjas G. J., "Self – Selection and the Earnings of Immigrants: Reply", *The American Economic Review*, Vol. 80, No. 1, 1990.

Bourdieu, Pierre, "What Makes a Social Class?", *Berkeley Journal of Sociology*, Vol. 22, 1984.

Caces F., F. Arnold, J. T. Fawcett, et al., "Shadow Households and Competing Auspices: Migration Behavior in the Philipines", *Journal of Development Economics*, Vol. 17, No. 1 – 2, 1985.

Cainzos M., C. Voces, "Class Inequalities in Political Participation and the 'Death of Class' Debate", *International Sociology*, Vol. 25, No. 3, 2010.

Collins H., "Discrimination, Equality and Social Inclusion", *The Modern Law Review*, January, Vol. 66, 2003.

Dimmaggio P., J. Mohr, "Cultural Capital, Educational Attainment, and Marital Selection", *American Journal of Sociology*, Vol. 90, No. 6, 1985.

DiMaggio P. , F. Ostrower, "Participation in the Arts by Black and White A-
  mericans", *Social Force*, Vol. 68, No. 3, 1990.

ESFP, "Further Information: Social Inclusion", http: //www. esep. co.
  uk/03 – info – social – inclusion. html (11 – 12 – 2017).

Erikson R. , J. H. Goldthorpe, *The Constant Flux: A Study of Class Mobility
  in Industrial Societies*, Oxford University Press, 1992.

Evans M. D. R. & J. Kelley, "Prejudice, Discrimination and the Labor Mar-
  ket Attainments of Immigrants in Australia", *American Journal of Sociolo-
  gy*, Vol. 97, No. 3, 1991.

Evans J. , Repper, J. , "Employment, Social Inclusion and Mental Health",
  Journal of Psychiatric and Mental Health Nursing, Vol. 7, 2000.

Faulks K. , *Political Sociology: A Critical Introduction*, NYU Press, 2000.

Form, William, *Divided We Stand: Working – Class Stratification in Ameri-
  ca*, University of Illinois Press, 1985.

Gurak D. T. , F. Caces, "Migration Networks and the Shaping of Migration
  Systems", International Migration Systems, 1992.

Grusky, D. B. (ed.), "Social Stratification: Class, Race, and Gender in
  Sociological Perspective" (2nd ed.), Boulder, CO: Westview, 2001.

Henderson, P. , Thomas, *Skills in Neighborhood Work*, The 3rd Edition,
  London: Routledge, 2002.

Henderson, P. , *Including the Excluded: From Practice to Policy in Europe-
  an Community Development*, Bristol: Policy Press, 2005a.

Henderson, D. , "The Roleof Business in the World Today", *Journal of
  Corporate Citizenship*, Vol. 17, 2005b.

Hout M. , C. Brooks, J. Manza, "The Persistence of Classes in Post – In-
  dustrial Societies", *International Sociology*, Vol. 8, No. 2, 1993.

International Labour Office, "Employment, Incomes and Equality: A Strat-
  egy for Increasing Productive Employment in Kenya", Geneva: ILO,
  1972.

Jan E. Leighley, Jonathan Nagler, "Individual and Systemic Influences on
  Turnout: Who Votes 1984", *The Journal of Politics*, Vol. 54, No. 3,

1992.

Kofman, E. , "Contemporary European Migrations, Civic Stratification and Citizenship", Political Geography, No. 21, 2002.

Kohn, Melvin L. , *Job Complexity and Adult Personality*, Cambridge: Harvard University Press, 1980.

Lee E. S. , "The Theory of Migration", *Demography*, Vol. 3, No. 1, 1966.

Lewis W. A. , "Economic Development with Unlimited Supplies of Labor", *The Manchester School of Economic and Social Studies*, Vol. 47, No. 3, 1954.

Lin N. , "Social Resources and Instrumental Action", in *Social Structure and Network Analysis* (eds.), by Peter V. Marsden & Nan Lin, Bevedy Hills, CA: Sage, 1982.

Lin N. , "Social Resources and Social Mobility: A Structure Theory of Status Attainment", *in Social Mobility and Social Structure* (eds.), by R. L. Breigen, New York: Cambridge University Press, 1990.

Lister, *The Exclusive Society*, London: Child Poverty Action Group, 1990.

Mann M. , "Ruling Class Strategies and Citizenship", *Sociology*, Vol. 21, No. 3, 1987.

Mare, "Change and Stability in Educational Stratification", *American Sociological Review*, Vol. 46, No. 1, 1981.

Margolis, M. L. , "From Mistress to Servant: Downward Mobility among Brazilian Immigrants in New York City", Urban Anthropology and Studies of Cultural Systems and World Economic Development, 1990.

Massey D. S. , "Social Structure, Household Strategies, and the Cumulative causation of Migration", *Population Index*, Vol. 56, No. 1, 1990a.

Massey D. S. , "American Apartheid: Segregation and the Making of the Underclass", *American Journal of Sociology*, Vol. 96, No. 2, 1990b.

Massey D. S. , F. G. Espana, "The Social Process of International Migration", *Science*, No. 237, 1987.

Marshall, T. H. , "Citizenship and Social Class, and other Essays", *Cambridge*, UK: Cambridge University Press, 1950.

Marshall & Bottomore, *Citizenship and Social Class*, London: Pluto Press, 1992.

Meng, Xin, Junshen Zhang, "The Two – Tier Labor Market in Urban China: Occupational Segmentation and Wage Differentials between Urban Residents and Rural Migrants in Shanghai", *Journal of Comparative Economics*, Vol. 29, 2001.

Mincer J., "Human Capital and Earnings", Economic Dimensions of Education, 1972.

Nee V., "A Theory of Market Transition: From Redistribution to Markets in State Socialism", *American Sociological Review*, Vol. 54, No. 5, 1989.

Nee V., "Social Inequalities in Reforming State Socialism: Between Redistribution and Markets in China", *American Socialogical Review*, Vol. 56, No. 3, 1991.

Nee, V., Y. Cao, "Postsocialist Inequality: The Cause of Continuity and Discontinuity", *Research in Social Stratification and Mobility*, Vol. 19, 2002.

Park R. E., E. W. Burgess, *Introduction to the Science of Sociology*, Chicago: University of Chicago Press, 1921.

Park R. E., "Succession, an Ecological Concept", *American Journal Review*, Vol. 1, No. 2, 1936.

Park, R. E. & E. W. Burgess, *Introduction to Science of Sociology*. 1921. Reprinted, Chicago: The University of Chicago Press, 1969.

Park R. E., "Human Migration and the Marginal Man", *American Journal of Sociology*, No. 6, 1928.

Park R. E., E. W. Burgess, *Introduction to the Science of Sociology, Including the Original Index to Basic Sociological Concepts*, University of Chicago Press, 1969.

Pakulski, J., "Cultural Citizenship", *Citizenship Studies*, Vol. 1, No. 1, 1996.

Phillips, "Community Citizenship and Community Social Quality: the British Jewish Community at the Turn of the Twentieth Century", 2002.

Phillips D. & Y. Berman, "Social Quality and Citizenship", *European Journal of Social Work*, Vol. 4, No. 1, 2001.

Piore, M. J. , "Notes for a Theory of Labor Market Stratification", Working Paper Department of Economics, 1972.

Portes A. , Parker R. N. , Cobas J. A. , "Assimilation or Consciousness: Perceptions of US Society among Recent Latin American Immigrants to the United States", *Social Force*, Vol. 59, No. 1, 1980.

Portes A. , M. Zhou, "The New Second Generation: Segmented Assimilation and Its Variants", *Annals of the American Academy of Polical and Social Sciences*, Vol. 530, 1993.

Portes A. , "Children of Immigrants: Segmented Assimilation and Its Determinants", *The Economic Sociology of Immigration: Essays on Networks, Ethnicity and Entrepreneurship*, New York: Russell Sage Foundation, 1995.

Rose, D. , D. J. Pevalin (eds.), *A Researcher's Guide to the National Statistics Socio – Economic Classification*, London: Sage, 2003.

O'Leary, S. , "Nationality Law and Community Citizenship: A Tale of Two Uneasy Bedfellows", *Yearbook of European Law*, Vol. 12, No. 1, 1992.

Sanders J. M. , V. Nee, "Immigrant Self – employment: The Family as Social Capital and the Value of Human Capital", *American Sociological Review*, 1996.

Shin D. C. , D. M. Johnson, "Avowed Happiness as an Overall Assessment of the Quality of Life", *Social Indicators Research*, No. 5, 1978.

Solinger D. J. , *Contesting Citizenship in Urban China: Peasant Migrants, the State and the Logic of Market*, University of California Press, 1999.

Solinger, D. J. , 2003, "State transitions and Citizenship Shifts in China", UC Irvine: Center for the Study of Democracy, Retrieved from: http://escholarship. org/uc/item/8vj015bz accessed20. June, 2015.

Stark O. , J. E. Taylor, "Migration Incentives, Migration Types: The Role of Relative Deprivation", The Economic Journal, Vol. 101, No. 408, 1991.

Stark O. , D. E. Bloom, "The New Economic of Labor Migration", *The A-*

merican Economic Review, Vol. 75, No. 2, 1985.

Stevenson, "Localization as Subpolitics: The Transition Movement and Cultural Citizenship", *International Journal of Cultural Studies*, Vol. 15, No. 1, 2007.

Stein L. I. & Santos A. B. , *Accretive Community Treatment of Persons with Severe Mental Illness*, New York: Nortonm, 1998.

Stinchcombe A. L. , *Information and Organization*, University of California Press, 1990.

Taylor M. , "Communities in Partnership: Developing a Strategic Voice", *Social Policy and Society*, Vol. 5, No. 2, 2006.

Todaro M. P. , "A Model of Labor Migration and Urban Unemployment in Less Developed Countries", *The American Economic Review*, Vol. 59, No. 1, 1969.

Treiman, Donald J. , "Industrialization and Social Stratification", *Social Stratification: Research and Theory for the 1970s*, E. O. Laumann: Bobbs – Merrill, 1970.

Turner, B. S. , "Contemporary Problems in the Theory of Citizenship", in: Bryan S. Turner (ed.), *Citizenship and Social Theory*, London: Sage Publications, 1993.

Vigdor J. L. , 2008, "Measuring Immigrant Assimilation in the United States", http: www. manhattan – institute. org/htlm/cr_ 53. htm.

Waters L. E. , Moore K. A. , "Reducing Latent Deprivation during Unemployment: The Role of Meaningful Leisure Activity", *Journal of Occupational and Organizational Psychology*, Vol. 75, No. 1, 2002.

Webb N. , "Evaluating Social Inclusion", *Mental Health Practice*, Vol. 9, No. 10, 2006.

Webber M. M. , "Territoriality and the Elastic Mile", *Papers and Proceeding of the Regional Science Association*, No. 13, 1964.

Weeden K. A. , D. B. Grusky, "The Case for a New Class Map", *American Journal of Sociology*, Vol. 111, No. 1, 2005.

Whitely P. F. P. Seyd, "Rationality and Party Activism: Encompassing Tests of Alternative Models of Political Participation", *European Journal of Political Research*, Vol. 29, No. 2, 1996.

Wright, E. Olin, *Classes*, London: New Left Books, 1985.

Wu, J. M. , "Rural Migrant Workers in China's Differential Citizenship: A Comparative Institutional Analysis", *Rural – urban Inequality in Contemporary China*, Vol. 38, No. 1, 2010.

Wu, J. M. , "Migrant Citizenship Regimes in Globalized China: A Historical – institutional Comparison", *Rural China*, Vol. 14, No. 1, 2017.

Xin Meng & Junsen Zhang, "The Two Tier Labor Market in Urban China: Occupational Segregation and Wage Differentials between Urban Residents and Rural Migrants in Shanghai", *Journal of Comparative Economics*, Vol. 29, No. 3, 2001.

Yau M. K. S. , Packer T. L. , "Health and Well – being Through T'ai Chi: Perceptions of Older Adults in Hong Kong", *Leisure Studies*, Vol. 21, No. 2, 2002.

Young C. , "Nations, Ethnicity and Citizenship: Dilemmas of Democracy and Civil Order in Africa", Making Nations and Creating Strangers, 1994. Resource from Social Sciences E – book Online, Collection, 2007.

Zhang & Treiman, "Social Origins, Hukou Conversion, and the wellbeing of Urban Residents in Contemporary China", *Social Sciences Research*, Vol. 42, No. 1, 2012。

后　记

　　本书是在我的博士学位论文基础上修改而成，几易其稿，主题和方向也在不断调整，除了问卷部分的数据，其他作为对比的数据在准备形成书稿时已经更新。限于学力不足，难免挂一漏万，无法表达农民工在大城市的生存状况之万一。虽然定量研究能够通过数据描绘农民工群体的整体状况，但是难免丧失个性，无法展现社会学研究的人性关怀。在博士期间，我与课题组的同门一起深入到深圳和厦门的城中村、工厂、建筑工地做问卷调查，其中有些农民工在问卷之余向我倾诉了他们的个人经历、人生规划和生活苦难。细节了解的越多，越能感受到他们生命历程中经历的辛酸、彷徨、无奈，非数据可以表达。他们的努力和付出并不比任何一个阶层的群体少，但是仍然难以超越先天禀赋和社会环境的限制，改善个人境遇几乎是一个遥不可及的梦想。在大城市这种处境尤为艰难，近年来深圳出现的"三和大神"们，从"怀揣梦想"到"不思进取"，因为种种打击失去奋发向上的动力，也可以说是对"粘地板"现象的个体反抗。

　　我在本书中所展示的是农民工与城市其他阶层在生活、就业、公共参与等方面的差别，并且分析这些要素对他们融入大城市的影响。农民工融入大城市的障碍不仅存在于正式领域，在非正式领域也同样有各种各样的壁垒需要打破。学界关于农民工群体的研究很多，本书希望从大城市农民工这个细分群体出发，为农民工群体的研究添砖加瓦。如果本书能够让读者和同仁对大城市农民工的生活图景有一个更为清晰的认识，能够为打破社会壁垒提供一点线索，那这一历时数载的研究无疑是值得的。

　　最后，我要感谢我在厦门大学的导师徐延辉教授的悉心指导，导师从论文框架、分析方向、遣词造句等方面都给予了宝贵意见。我要感谢我的家人，是他们的陪伴和支持让我砥砺前行。本书从一点想法到成书付梓，经历了赴美访学、博士毕业、找工作、换工作，其间还孕育了一个小生命，孩子让我更有勇气探索未知，让我的生活更充实丰盈。也要感谢深圳市社会科学院的领导和同事们，对书稿给予了肯定和支持。同时要感谢中国社会科学出版社和李凯凯编辑，正是他们的细心、耐心、用心才使本书得以成功出版。